中国当代青年法学家文库
实质刑法系列

开放的犯罪构成要件理论研究

（第二版）

刘艳红 著

Theory Research about
Open Constitution of Crime

中国人民大学出版社
·北京·

"中国当代青年法学家文库"编委会

编委会主任：王利明

编委会成员（以姓氏拼音为序）：

陈 甦	陈卫东	陈兴良	崔建远	公丕祥	韩大元
黄 进	李 林	刘春田	刘明祥	马怀德	秦前红
史际春	王 轶	王贵国	王利明	吴汉东	杨立新
叶必丰	余劲松	张明楷	张守文	张卫平	赵旭东
郑成良	周叶中	周佑勇	朱慈蕴		

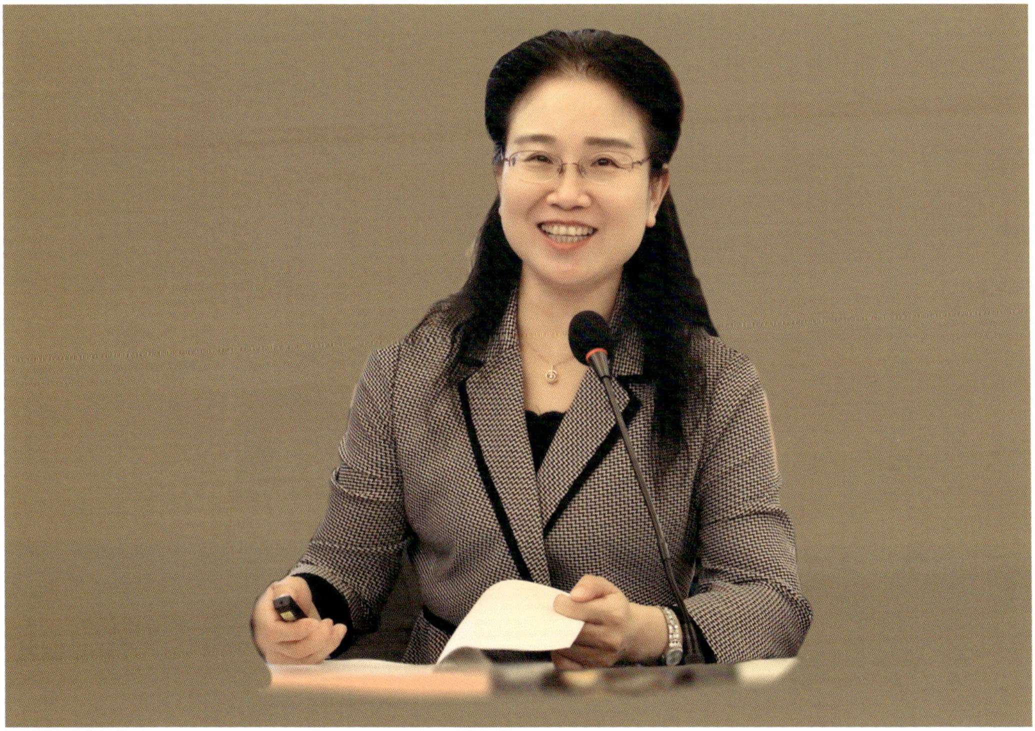

总 序

近代中国命运多舛，历经战火和民主思想洗礼的法律学科百废待兴。中华人民共和国成立后法治建设也走过了一段曲折、艰难的道路。改革开放的春风吹拂大地，万象更新。伴随着经济的飞速发展，我国在立法、司法、执法、守法等法治建设的方方面面取得了长足发展，法治在社会治理的方方面面发挥着重要的作用。我国的法律体系趋于完备，各个法律部门具有"四梁八柱"功能的规则体系已经建成，无法可依的时代已经成为历史，中国特色社会主义法律体系已基本形成。可以说，在立法方面，我们用短短几十年的时间走过了西方几百年走过的道路。与此同时，司法体系已基本完备，司法作为解决纠纷、维护社会正义最后一道防线的功能日益凸显，依法行政和法治政府建设也有长足进步。法学教育欣欣向荣，蓬勃发展，法学院从最初的寥寥几所发展到今天的六百多所，在校法学学生已逾三十万人。

中国市场经济腾飞的四十年也是我国法学研究蓬勃发展的四十年。风雨百年过，智慧树常青。得益于法学前辈融汇东西的学术积累，经过学界同仁的不懈探索和创新，各个法学学科都涌现出了一大批杰出的法学家。他们不仅躬耕学问、立身治学，而且积极为国家法治建设贡献智慧。他们严谨治学，具有深厚的法学功底，深谙各部门法的骨骼和精髓，并归纳总结出自成一派的法学观点；他们借鉴域外，精通比较法学的逻辑和方法，在博采众长之后，致力于完善我国的相关法学理论。多年的刻苦钻研早已使他们成为中国当代法治和法学教育的大梁，并在著作等身之际桃李天下，培育出更多优秀的青年学者。

当下法学发展的社会环境更是得天独厚。中国以昂扬的姿态迈入新时代，在党的领导下，我国的经济与社会发展更加繁荣昌盛，经济总量已跃居世界第二位。在习近平总书记的领导下，社会治理模式愈见清晰，"一带一路"宏伟倡议彰显大国担当，"中国梦"植根于每一个百姓的心里。全面依法治国被确立为国家治理的基本方略，建设法治中国、全面建设法治国家开始成为社会发展大方向和主旋律。党的十八大强调法治是治国理政的基本方式，并围绕全面推进依法治国、加快建设社会主义法治国家的战略目标，规定了法治建设的阶段性任务，强调要更加注重发挥法治在国家治理和社会管理中的重要作用。党的十九大报告更是以宪法为纲，突显了法治在社会发展中不可替代的基本性作用，全面依法治国使中国站在了新的历史起点。

对于我们法律人而言，这不仅是最好的时代，也是新的起点。历经半个多世纪，中国的法学发展从中华人民共和国成立初期的百废待举，学习西方的法律内容和格局，到如今逐渐形成自己的理论体系和话语体系，经历了从"照着讲"到"接着讲"的过程，法学已全面服务于国家治理，并深切关注人类命运共同体的前途和命运。随着科学技术的飞速发展和社会矛盾的日益变化，法学研究也面临着前所未有的挑战。随着我国经济转轨、社会转型，社会结构和执法环境发生了深刻变化，如何以问题为导向，如何利用法律思维解决现实社会问题，成为当代法学与实践相结合的新思路和新机遇。

法学学科以法的发展为研究对象，以公平正义为主要价值追求，不同于其他学科之处在于其实践性。"问渠哪得清如许？为有源头活水来"。法学学者要注重理论研究，但不可囿于象牙塔中，而应当走进生活、走向社会，密切关注我国的法治建设实践。法学学者需要守经，既坚守法治理念，守护法治精神，维护社会正义，也要与时俱进、不断创新，切不可因循守旧、故步自封。法学学者需要注重对域外有益经验的借鉴，但不可定于一尊，奉某一外国法律制度为圭臬，忽视本国法治实践，照搬照抄外国的法律制度。面对任何社会问题，法学学者都有义务和责任展开相应的法治思维，以法治的方法解决我国的现实问题。在互联网和各项新的科学技术飞速发展、日新月异的今天，法学学者不仅要思考当下所遇到的法律问题，也要思考未来的法治走向和可能面临的问题。这些都对青年学者们提出了更高更新的要求。所幸我们的法学学者一直在孜孜不倦地努力，不断贡献着智慧与力量。

中国人民大学出版社邀请我组织这套"中国当代青年法学家文库"，我欣然同意。这套书收录了我国当代青年法学研究者中的佼佼者们的代表作。入选著作具有以下特征：既秉持我国法学研究的脉络和精神传统，又反映我国当代法学研究的创新发展水平；既注重对基础理论的深入研究，又注重解决重大社会现实问题；既注重立足于中国学术研究，又有广博的域外研究视野；既博采众长，又落足于中国法学学科体系、话语体系的创新发展。这些作品综合运用了多种研究方法，探索了中国法学研究可能的学术转向，既有效吸收其他学科的研究方法和研究成果，也使法学研究的方法和成果能够为其他学科的学者所借鉴。我希望这套文库的问世，能够为国家法治建设建言献策，为中国法学理论的构建添砖加瓦，为世界法律文化的发展注入中国元素,为中国法治文化的传承贡献一份应有的力量。

是为序。

2018 年 4 月

引 言

犯罪构成是刑法理论的基石，罪刑法定是法治国的基本原则。我国刑法确立了罪刑法定原则之后，如何在不违背该原则的基础上适用刑法中的犯罪构成要件，是一个急需解决的理论和实践问题。开放的构成要件理论交给了我们解决以上问题的钥匙。

根据大陆法系的犯罪论体系，成立犯罪必须具备构成要件该当性、违法性与有责性。依照一般学者的见解，行为具备构成要件该当性即具有违法性的征表机能，如果没有违法性阻却事由，违法性即可被认定。但是，德国学者汉斯·威尔哲尔先生则提出：刑法中的构成要件能够分为封闭的构成要件与开放的构成要件。在封闭的构成要件情况下，构成要件具有违法性征表机能，如果行为满足了构成要件该当性且无违法性阻却事由，行为即能被认定违法；在另外一些情况下，由于立法者未能详尽地规定被禁止行为的各构成要素，构成要件并无违法性征表机能，行为即使无违法性阻却事由也不能被认定违法，是否违法还需要法官从一般的违法性判断或与其他要素的联系之中进行违法性要素的积极查明，进而作出判断。这样的构成要件就是开放的。构成要件规定的不完整性以及由此导致的违法性征表机能失效，进一步要求法官进行价值补充判断，是开放的构成要件的最本质特征。

汉斯·威尔哲尔的开放的构成要件理论提供了一个在刑法体系上新的观察构成要件与违法性之间关系的思考方向，开辟了研究构成要件与违法性之间的关系的新视野。该理论对构成要件与违法性的关系，作了与一般封闭的构成要件情形完全不同的解释，使构成要件与违法性之间建立了一种全新的、更深层次的关系。同时这种细密思考的体系结构，也拓展了对违法性要素的理解，它一方面界定出与构成要件无关的要素，另一方面则促进了对在整个刑法体系中违法性由何而来问题的思考。凡此种种，对于构成要件理论的发展，予以正面的助力，使刑法的体系非但能够在各层次有其设定的理由，而且也有紧密的关系。

在目前国内外的刑事法学领域，开放的构成要件尚未得到普遍认可。英美法系国家刑法采用判例法制度，虽然其犯罪构成的某些要件也是法定的，但却明显带有要件形成过程中所具有的诉讼程序上的特点，因此，它们的犯罪构成要件在实体上的理论性并不是很强，也不存在所谓开放的构成要件的概念。在大陆法系国家，对这一问题展开系统研究的也只有德国，其他各国鲜有论及。对我国刑法理论而言，开放的构成要件是一个全新的范畴，暂无学者系统研究过这一理论。对此概念的研究，在1997年刑法典颁布后显得尤为重要。1997年刑法典明确规定罪刑法定原则是我国刑法的基本原则，而构成要件又具有罪刑法定机能，故如何在遵循罪刑法定原则的前提下适用《刑法》分则的构成要件，便成为刑事司法实践需要解决的当务之急；而刑法学界对犯罪构成要件问题的探讨仍停留在既有的层面上，难以为现实的需要发挥指导性作用。

本书通过借鉴德国刑法中开放的构成要件理论，解决我国刑法理论上和司法实践中存在的问题，既开拓一种全新的研究犯罪构成要件问题的视野，推进我国刑法学界对犯罪构成要件理论问题的研究，又满足刑事司法实践之需，解决犯罪构成要件理论研究与司法实践需要脱节而产生的刑法适用中的种种问题。在我国《刑法》分则的条文中，同样存在大量构成要件的规定不完整而导致的违法性判断非自足的开放的构成要件。根据刑法规范对一些犯罪构成要件的字面规定，还不能确定其是否违法——就我国犯罪论体系而言也就是指是否构成犯罪，还需要法官根据犯罪的一般原理或者具体各罪的成立特征等因素加以补充。过失犯的预见义务、不真正不作为犯的作为义务、目的犯中未规定的目的，以及情节犯中的情节等，都属于开放的构成要件。

用罪刑法定主义的构成要件明确性原则来衡量，开放的构成要件并不违反罪刑法定主义。现代罪刑法定主义已丧失了早期严格的形式主义特点，已由严格走向松弛，由绝对走向相对。开放的构成要件正是配合罪刑法定主义的发展，应运而生的刑法构成要件规定方式。它与罪刑法定主义具有内在统一的深厚哲理基础。从构成要件明确性原则在立法技术上的实现可能来说，开放的构成要件更没有违背罪刑法定主义。承认开放的构成要件概念，还必然带来我国刑事司法观念的改革与刑法适用体制的转变，因为所谓的"开放性"其实是针对法官而言的，它需要法官补充适用对刑法条文的解释，而目前我国的司法实践并非如此。在以往及现在，我国的刑事立法者和司法实务部门认为，可以制定一个确定的、永恒的刑法规则体系，只要从这个体系出发，通过纯粹的逻辑运算，可以推导出来一个包罗万象，甚至连每个细节都完美无缺的法律体系。从概括的旧刑法到"统一"和"完备"的新刑法，再到最高司法机关针对"完备"的新刑法颁布的大量司法解释，都充分体现了这一点。国家立法机关及国家最高司法机关，总是力图将刑法中的构成要件精确化，力图对刑法典条条解释、字字说明，唯恐有所疏漏！在《刑法》分则规定的犯罪章节中，均存在因司法解释的公布，个罪法条在很大程度上被虚置的情形。刑法的适用变成了司法解释的适用！层出不穷的司法解释不但使刑法典被虚置、被架空，也导致法官根本无权解释刑法条文，法院和法官的职能日益萎缩，甚至被细则化、立法性质的司法解释所完全消解！刑事司法日益陷入僵化的境地，刑事立法也日益陷入19世纪概念法学的桎梏之中！罪刑法定主义日益失去其应有的活力，蜕变为僵化理解及机械适用刑法条文的代名词，蜕变为国家最高司法机关颁布一个又一个司法解释的最好理由！这种极端追求罪刑法定明确性的做法导致的极端轻视司法的倾向，可以说是对历史上长期存在的片面发挥刑法的保护机能的矫枉过正！

现代法理告诉我们，经验立法本身所具有的滞后性决定了成文法是不可能对无尽的个人犯罪行为的各个方面、构成犯罪的各种条件都予以调整的。为了对有害于社会正常秩序的行为加以禁止，就需要用开放的犯罪构成的立法方式加以规定，并由法官加以补充适用。开放的构成要件及其适用原理要求我们把刑法与生活联系起来，提倡法官运用自由裁量权而非依照精密的成文性规定——如司法解释——适用刑法，从而将刑法的适用重心从国家主权者移向法官。这是一种基于实用主义刑法观的建构，通过确立以法官自由裁量权为中心的刑法适用体制，来改变我国"刑法的适用＝司法解释的适用"的不正常现象。

于刑法而言，开放的构成要件不是关于构成要件的简单命题，而是现实本身，它具有实践的性质；它注意构成要件要素的多重性和非确定性，从而挣脱了传统构成要件理论的限制；它为构成要件理论的研究提供了新的视角、方法和理论基础。这一学说不是对现有犯罪构成理论大厦的摧毁，也不是对现有理论的补充和增加，而是对现有犯罪构成理论的拓展和深化。开放的构成要件使刑法在具备了稳定性与相对的明确性的同时，又能兼顾社会多变性与灵活性。对开放的构成要件予以补充适用的司法官则是解决刑法典的稳定性与社会发展之间矛盾的协调者。承认构成要件的开放性，并倡导法官的裁量适用，才能使刑法的发展与社会同步。总之，开放的犯罪构成所具有的灵活性、时代性、多样性与实用性，使法官能及时根据实际案例予以决断，不仅辅助了刑法、补充了刑法，还可以纠正刑法、发展刑法、创造刑法，从而推动刑法内容的完善。

较之于刑法理论上的意义，开放的构成要件所具有的重要的诉讼意义不容忽视。司法体制改革是当前我国法治建设的最重要内容。要推进司法体制改革，就要"从制度上保证司法机关依法独立公正地行使审判权和检察权"。对如何确保审判独立，社会各界，尤其是法学界和各级法院的法官，进行了广泛的讨论。司法改革的核心是法院审判体制的改革，而法院审判体制改革的关键在于法官作用的发挥。但显然，仅仅从诉讼法的角度论述法官中心作用的发挥是不够的，实体法也应该为这种改革提供支持。具体到刑法，很少有观点认为犯罪构成还会与法官作用的发挥联系起来，开放的构成要件则为这种联系提供了桥梁。适用开放的构成要件要求法官对刑法条文进行解释，要求建立以法官及其自由裁量权为中心的刑法适用体制。法官将会有更大的舞台和更多的机会从事审判活动，而不至于被最高司法机关的司法解释所限制。这有利于法官主动性的发挥，有利于法官素质的提高，也有利于法院审判体制的改革。同时，开放的构成要件还有利于刑事程序法的发展和保证正义的充分实现。"刑事实体法与刑事程序法之间的关系是一个在设定实体法时必须被考虑的问题。"我国现行刑法司法解释作为一种细则化的刑事立法，极大地限制了刑事程序法的发展。广泛存在的司法解释压制了法院和法官的职能发挥，不利于程序正义的实现，因为"程序的正义在于选择"，司法解释恰恰剥夺了法官在诉讼过程中的选择权。提倡开放的构成要件观念，并进一步要求法官对它予以补充适用，使法官行使自由裁量权以选择适合于个案的判决，这既是程序正义的实现途径，也是推动刑事程序法发展的必然之路。通过刑法对开放的构成要件理论的承认及运用，我国被刑事实体法异化了的刑事程序法将恢复其本身的特色。

开放的构成要件观念及实用主义刑法观的提倡，是将犯罪构成理论上升到整个刑事法观念的变革，既包括刑事法理念之革新，又包括刑事司法实践观念与制度之革新。它是一场应该发生在刑事法领域的根本的新的认识转换。

"文章合为时而著，歌诗合为事而作。"如若本书的研究能达其目的之一二，能稍许改变我国刑事司法实践中存在的痼疾，则足矣。

目 录

第一章 开放的构成要件理论之发展	1
第一节 汉斯·威尔哲尔的创建	1
第二节 克劳斯·罗克辛的观点	20
第二章 开放的构成要件理论之本质	27
第一节 学说的分歧	27
第二节 构成要件与违法性之间的关系	30
第三节 开放的构成要件理论本质	42
第四节 规范的构成要件要素与开放的构成要件	63
第三章 我国刑法中开放的构成要件之界定	76
第一节 开放的构成要件的概念及内涵	76
第二节 开放的构成要件的消极外延	87
第三节 开放的构成要件的积极外延	104
第四节 开放的构成要件与相关范畴之区分	156
第四章 开放的构成要件之罪刑法定机能	172
第一节 问题的提出	172
第二节 刑法类型化概念与法治国原则之哲理	176
第三节 刑事立法技术与法治国原则之实践	201
第四节 结 论	222
第五章 开放的构成要件之司法适用	230
第一节 刑事司法历史与现实透视	231
第二节 开放的构成要件的适用理念：实用主义刑法观	236

第三节 开放的构成要件之适用体制 …………… 261
第四节 开放的构成要件之适用方法 …………… 275

第二版后记 ………………………………………… 301

第一章 开放的构成要件理论之发展

第一节 汉斯·威尔哲尔的创建

根据大陆法系的犯罪论体系,犯罪是指该当于构成要件的、违法且有责的行为,因此成立犯罪必须具备构成要件的该当性、违法性与有责性。而对于其中的最基本条件——构成要件的理解,直接影响到它与违法性之间的关系,进而涉及判断某一要素是否为构成要件要素,并影响对违法性与有责性基本性质的界定,因此,如何看待构成要件的意义、本质及机能等成为认定犯罪成立的一个重要问题。依照一般学者的见解,行为具备构成要件该当性即具有违法性的征表机能,如果没有违法性阻却事由,违法性即可认定。但是,德国学者汉斯·威尔哲尔(Hans Welzel,1904—1977)对此有不同见解。他提出:刑法中的构成要件能够分为开放的构成要件与封闭的构成要件。在开放的构成要件情况下,构成要件并无违法性征表机能,是否违法需要法官对违法性要素的正面肯定;而封闭的构成要件具有违法性征表机能,如果行为满足了构成要件该当性且无违法性阻却事由,行为即能认定为违法,从而首次提出了开放的构成要件理论。他的这一理论是从以下几方面展开的。

一、封闭的构成要件[①]

在威尔哲尔看来，法律规范的禁止或命令从法律规范的外形上来看是相悖的。譬如，根据《德国刑法典》第 223 条，"你不应故意'伤害'他人身体或损害他人健康"。这项准则的内容则是"故意伤害他人身体或损害他人健康"。在此，禁止的行为就是法律规定的构成要件。因此，威尔哲尔给出下列定义：构成要件是对刑法上有关禁止行为的具体描述（die konkrete Beschreibung des verbotenen Verhaltens）。[②] 易言之，构成要件是刑法规定的"禁止（素材）内容"（Verbotsmaterie），所谓禁止内容也就是规范内容（Normmaterie）。谁满足了构成要件，意味着谁的行为同法律规范描述的内容一样，如"故意损害他人健康"的，则已违反了规范，但这还不是说，他已经违法。只有当法律条文仅仅由规范内容构成之时，违反规范才等同于违法。但这里并非这种情况，多数时候，在特别的情况下，一个违反规范的行为可以通过违法性阻却事由得以允许。如果我出于自卫伤害了他人身体，那么我违反了准则，即《德国刑法典》第 223 条，但我的行为没有违法，因为此行为符合《德国刑法典》关于违法性阻却事由的规定。

当符合构成要件（违反规范）的一个行为同某个单项准则相矛盾时，违法则意味着"一项禁止规范构成要件的实现同全部法律规范的矛盾"，因此，构成要件和违法的关系根本上可以归结为：一项符合构成要件的、违反规范的行为是违法的。这意味着它同全部法律规范相矛盾而不属于违法性阻却事由。例如：损害了他人健康且没有一条正当化事由来支持他，那么他不仅构成犯罪——违反规范，而且也违法。判定构成要件合法性的法官需在确定违法性时再进行"一次否定审理"。他不需要为判定违法而寻找其他条件，他只需要说明这不符合违法性阻却事由。构成要件"征表"违法性。违反规范同违法的这种关系，威尔哲尔

[①] Vgl. Claus Roxin, Offene Tatbestände und Rechtspflichtmerkmale, Berlin, 1970, S. 1f.

[②] Hans Welzel, Das deutsche Strafrecht, 11. Aufl., 1969, S. 51.

称为"封闭的构成要件"(geschlossenen Tatbeständen),因为显示正面的违法性的这个圆毫无缺口地被封闭了。根据晚近一般观点,刑法中所有的故意犯罪的构成要件都属于这一类,仅仅在不真正不作为犯中,极少数的构成要件没有违法性征表机能;在过失犯罪中占统治地位的也是这种观点。

二、开放的构成要件

威尔哲尔认为:犯罪的构成要件不仅仅是"封闭的"。许多情况下,立法者对构成要件中的禁止内容没能"通过物本质(行为本身)、客观具体的要素(sachlich-gegenständliche Merkmale)的描述竭尽所能地予以规定"。当我们说一个构成要件是"开放的",那就是说,禁止行为各要素并没有通过对物本质客观具体要素详细描述竭尽所能地标明,有构成要件该当性,但不能征表违法性。结果是,在封闭性构成要件情形下,法官通常只需通过"消极程序"(negative Verfahrens)来查明违法性,即确定没有违法性阻却事由便可确定行为的违法性;而在开放的构成要件情形下,他必须通过对违法性的"积极查明"(positiv-ermitteln),即通过判断法律规范中的违法性要素的存在来确定行为的违法性,因为封闭的构成要件中所言的"指示性效果"不适用于包含独立违法性定义的构成要件。① 威尔哲尔进一步将需要积极地查明违法性要素以确定行为违法性的开放的构成要件分为以下几个类别。②

1. 一般的违法性要素

《德国刑法典》第240条的恐吓罪的构成要件被威尔哲尔视为一个极重要的例子。③ 根据他的看法,构成要件符合性和规范的违反性在这

---

① Vgl. Volker Krey, Deutsches Strafrecht Allgemeiner Teil, 6. Aufl., 2016, S. 637.
② Vgl. Claus Roxin, Offene Tatbestände und Rechtspflichtmerkmale, Berlin, 1970, S. 3ff.
③ 根据《德国刑法典》第240条规定,恐吓罪的构成要件的内容是,"恐吓(1)行为人违法地使用暴力或者通过带有明显害恶的威胁恐吓某人作为、忍受或者不作为的,处三年以下的自由刑或者金钱刑。(2)该行为是违法的,如果为其企图的目的使用暴力或者害恶的威胁被视为受谴责的。"(参见《德国刑法典》,冯军译,北京,中国政法大学出版社,2000。)

个规定里都体现出来了，但是，在这种情形下，法官不能像在封闭的构成要件下判断违法性那样，即行为已经违反了规范，如果行为人没有正当化事由，恐吓应该受惩罚。法官必须在"消极地"证明之前，"积极地"确定第240条第2项的"违法性要素"，不管是运用暴力还是以害恶相恐吓以实现其目的。① 第240条第1项也是一个开放的构成要件，它没有征表违法性："因为在社会生活中，有许多人通过带有明显害恶的威胁恐吓使人行使无义务之事，虽然没有特别的许可事由存在，但它仍然是彻底合法的（rechtmäβig），而非具有违法性。"海因里希教授曾举例道：乌韦教授为了制止课堂骚乱威胁学生，"如果你们现在不小心，我会增加期末考试的难度，以至于你们中的一半人会不及格"。根据《德国刑法典》第240条第1款，其行为已经符合恐吓罪的构成要件。但是，乌韦教授的行为显然不具有刑事违法性，因为根据《德国刑法典》第240条第2款规定，立法者要求这种胁迫必须是"违法的"。如果该胁迫并非违法——就像这里的情况一样——则排除刑事责任。② 总之，根据威尔哲尔的理解，第240条因为没有包含对恐吓行为本身所有内容客观具体详细的描述，即或有构成要件的该当性，法官并不是立即开展有无违法性阻却事由的审查，而是在"消极"的审查之前必须作出行为人所用的手段与其所达成的目的之间是否有非难可能性的"积极"审查。③

2. 特殊的违法性要素

除了前述的恐吓罪是属于一般的违法性规则，依照威尔哲尔的理解，还有特殊的违法性要素。这些要素在威尔哲尔看来都不属于构成要件要素，而属于违法性要素。对符合这些犯罪构成要件的行为，必须确定这些特殊的违法性要素的存在，才能确定违法性。这类特殊的违法性要素主要包括以下内容。

职务行使（der Amtsausübung）的合法性。根据《德国刑法典》

---

① Vgl. Wessels Beulke Satzger, Strafrecht Allgemener Teil, 50. Aufl., 2020, Rn. 396.
② Vgl. Bernd Heinrich, Strafrecht Allgemeiner Teil, 6. Aufl., 2019, Rn. 315.
③ Vgl. Helmut Frister, Strafrecht Allgemeiner Teil, 9. Aufl., 2020, S. 92.

第一章　开放的构成要件理论之发展

第113条规定，"谁在官员（Amtsträger）依法执行职务时进行对抗，将会受到惩罚"[1]。其中"在他依法执行职务"的表述按照威尔哲尔的观点不属于构成要件，因为构成要件要素的意义是对禁止行为的描述，而在此欠缺此种性质。它只想说明，当官员依法行使职权时，他人负有不抵抗的法律义务。由于其内容不影响构成要件，因而如果将之删去，并不影响犯罪是否成立的构成要件之实质内容，当没有事实上的变动时，人们可以忽略这一条款。按照这种观点，第113条的意思是，每个人以该条规定的方式抵抗执行职务的人都违法或违反规则，已经有了妨害公务犯罪的构成要件该当性，但在此种情形下行为人是否具有违法性仍不能确定，法官还要"积极"审查官员行使其职权是否具有合法性的问题，在此种违法性被正面肯定之后，才能认定行为人的对抗行为是违法的。[2] 依照威尔哲尔的理解，"执行公务的合法性"是纯粹的违法性要素，而非构成要件要素，因为其对行为的描述可谓无涉。[3] 基于同样的原因，《德国刑法典》第117条中的表述"在合法执行其职权或权利中"是纯粹的违法性要素，它与犯罪行为描述毫无关系。[4]

法律或规定（Verordnung）的有效性（Rechtsgültigkeit）。《德国刑法典》第110条规定，谁让他人对抗有效的法律或规定谁就将会受惩。"有效的"一词是一种违法的时间限制。[5] 人们清楚地看到，这一词在"法律"前面是省略的，虽然毫无疑问，只有对抗有效的法律才是

---

[1] 需要说明的是，此处及下文多次出现的"官员"一词，与我们所熟悉的"公务员"一词是有区别的。根据《德国刑法典》第113条的规定，妨害公务犯罪的对象包括"公务员和联邦军队的军人"，因此，将这两种人概括为"官员"是合适的（参见《德国刑法典》，冯军译，86页，北京，中国政法大学出版社，2000）；将其译成"公务员"则有不妥［参见陈志龙：《开放性构成要件理论》，载《台大法学论丛》，1991（1）］，因为我们通常所说的公务员是不包括军人的。

[2] Vgl. Paeffgen, in: Nomos Kommentar StGB, 5. Aufl., 2017, §113, Rn. 2.

[3] Vgl. Welzel, Die Regelung von Vorsatz und Irrtum im Strafrecht als legislatorisches Problem, ZStW 1955, S. 226f.

[4] 1871年《德国刑法典》第117条规定，"对于有保护森林、猎物或鱼类职务的官员，或森林或渔区的所有人，或有使用森林权利或渔业权利之人，或受许可狩猎或捕鱼之人，或此等人所选任的监守人，于其依法执行职务或行使权利中以暴力攻击之者，处14日以上3年以下轻惩役"。但是，德国1998年11月13日新颁布的刑法典已将第117条废除。

[5] Vgl. Welzel, Das neue Bild des Strafrechtssystems, 3. Aufl., 1957, S. 23.

违法的，因而，这一词对于被禁止的行为的描述是多余的，也就不属于构成要件。①

管辖权限（die Zuständigkeit）。管辖权的特点出现在许多法律规定中，如《德国刑法典》第153、164条等。② 还有一系列规定，里面虽然没有明确提出管辖权的特点，但毫无疑问，它必须存在于其中，据此，才算构成违法。如《德国刑法典》第134、136、154、164条等。③ 管辖权的必要特征或是明确的或是含蓄的，据威尔哲尔的观点其不属于犯罪行为描述，而常常只是意味着主管部门在某些事件上积极行动的权利和义务，对于被涉及者来说，就是要尊重政府所采取的措施。④ 若有人拒绝告知非主管部门其姓名，同样符合构成要件，只是不再具有违法性了。

行为人要素（die Tätermerkmale）。在威尔哲尔看来，行为人要素也不是构成要件要素，而是纯粹的违法性要素。他认为，在所有人都可能犯下绝大多数不良行为的情况下，有一系列惩罚规定。据此，行为人的范围集中到单个的、由特殊的或更高的专门义务联结而成的群体。立法者将这些被赋予特殊义务的人如同官员、目击者、律师等诸如此类的名词一样称作所谓的行为人要件。在威尔哲尔的学说中，这种行为人系统归类已有了变动。在这里，官员的错误行为作为特殊处罚行为中最重

---

① 《德国刑法典》第110条规定，"公然当众劝诱，或以散发、张贴或展览文字或其他物品公然劝诱他人不服从法律、有效法令或主管官员所发布的命令者，处罚金或2年以下轻惩役"。1998年11月13日新颁布的刑法典废除了该条。

② 《德国刑法典》第153条规定，以证人或鉴定人的身份，在法院或接受证人或鉴定人宣誓的主管机关，未经宣誓而作虚伪陈述的，构成未经宣誓的伪证罪。第164条规定，意图使他人受有关当局的调查或处分而违背良知，向有关当局、有权接受告发的官员、军队长官或公众，告发他人有违法行为或违背职务义务行为的，或告发他人有犯罪事实，致使他人受到当局调查或处分的，成立诬告罪。

③ 《德国刑法典》第134条规定，明知为官方张贴之布告或陈列之文书，而加以毁弃、去除、涂改，使其无法辨认或意图进行篡改歪曲的，构成毁坏官方布告罪。第136条规定，对公务上扣押或没收的物品加以毁弃、损坏，使其不能使用，或以其他方式使其全部或部分地失去效用的；或对没收之物、公务上查封或标明查封的封印予以损坏、去除或使其不能使用，或使查封全部或部分失去下用的，构成毁坏查封物和封印罪。第154条规定，在法院或接受宣誓的主管机关作虚伪宣誓的，构成虚伪宣誓罪。

④ Vgl. Hans Welzel, Der Irrtum über die Zuständigkeit einer Behörde, JZ 1952, S. 135.

要的一种情况常常居于被考察的突出地位。故而以下论断是成立的："官员"这个标志和说明官员特征的情况不属于犯罪行为描述，它只是表明了一种特殊的或相对于其他公民来说更高的义务而忽略了在构成要件中所描述的行为，因而是一种纯粹的违法性要素，一种特殊义务。对它的侵犯是违法的，它不是在其客观前提存在时就已经自然产生了，而是产生在行为者已熟知其义务说明的生存环境情况，即其官方职位之后，因而，官员特征的事实前提还不成为构成要件，其要件必须包含行为者的故意成分，即现实的自觉意识。这个前提是违法性要素，但只有在行为者熟知之后，它才可解释法律义务。这种认识不像在故意的情况下那样，是在行为之时对官职的自觉意识，而是只要在任何时间可重复性意义上的认识就够了。与"官员"作为违法性要素描述相类似的也适用于其他的违法行为，这些违法行为以一种特殊义务（作为家长方面、教育者、证人、医生、律师，等等）为前提。如同在官员违法情况下，在所有这些情况中，行为人的身份都不是构成要件，而只是单纯的违法性要素。这里，对奠定义务的生活关系（如《德国刑法典》第174条规定的对被保护人的性侵罪、第223条①规定的对受保护照顾者的虐待罪中的监护关系）的认识虽然不是构成犯罪的前提，但它是违法性成立的先决条件。②

缺少某种职权（die mangelnde Befugnis）。这种情况在很多规定中都出现了。例如《德国刑法典》第99条秘密职务的谍报活动罪、第132条的越权罪、第132条a的滥用头衔、职称和徽章罪、第136条毁坏查封物和封印罪、第168条的扰乱死者安宁罪、第290条的非法使用典当物罪、第299条商业活动中的索贿与行贿罪及第300条关于该罪情节特别严重的处罚规定、第353条b泄露案件秘密罪等中，都可找到有关的这项规定。威尔哲尔将所有这些犯罪中规定的"未授权"等特征，都作为纯粹的违法性要素来看待，而不是作为构成要件要素来看待。

---

① 现《德国刑法典》第225条。
② Welzel, Das Deutsdie Strafrecht. Eine systematische Darstellung, 4. Aufl., 1954, S. 422.

缺少主管部门（behördliche）及警方（polizeiliche）的允许（Erlaubnis）或批准。这种情况出现在《德国刑法典》第284条、第286条、第330条b等条文。[①] 对于这些犯罪来说，只有在缺少有关主管部门的许可时，行为才是具有违法性的。

包庇犯罪的预备行为（die Vortat bei der Begünstigung）。《德国刑法典》第257条[②]包含两种构成要件：事实包庇犯罪的构成要件（保护行为人获得犯罪的利益）及逃避惩罚的构成要件（逃避受罚）。两者的前提是，这种行为随着犯罪而来。根据威尔哲尔的观点，包庇犯罪也即支持犯罪并不属于构成要件。在事实包庇犯罪的情况下，只有预备犯罪和违法才属于构成要件。而在个人包庇犯罪中，预备的可罚性是犯罪描述的组成部分。在这里，更多涉及的是，具有一种违法的高级标志特征的特殊违法性要素。这些违法性要素向行为人表明，什么时候他有此法律义务、放弃对其意识到的行为的包庇，否则即是违法。

另外，威尔哲尔还以德国军事刑法中的一些条文作为例子加以说明。如《德国军事刑法》第19条军人违背其所负下级义务的不服从命令罪，该罪中的"命令"显然是对作为发布命令的下级的军人具有约束力的命令，因此，这里的"命令的约束性"就不是对犯罪行为的描述，而是违法性要素。

3. 社会的不相当性（die soziale Inadäquanz）

在封闭的构成要件中，违反规范即意味着违法，因而法官能够针对正当化事由的存在并根据对犯罪的调查，采用"消极"的方式进行验证。它可能表明了以下的考虑：一个人如果没有特殊的辩护事由（允许正当防卫等），而实施了剥夺自由权利的犯罪行为（如《德国刑法典》第239条），本质上来说常常是违法的。然而，在日常生活中有大量的

---

① 《德国刑法典》第284条规定，未经官方许可而公开开设、经营赌场或准备赌博工具的，为非法开设赌场罪。第286条是对第284条法定刑的有关具体规定。第330条b是有关行为人真诚悔罪情节减轻法定刑的规定。

② 《德国刑法典》第257条规定，为确保犯罪人因其犯罪行为所得的利益而提供帮助的，构成包庇罪。

剥夺自由的犯罪。在此，一般的观察者完全不会想到正当化事由，因为这种行为是完全立足于历史地形成的社会生活的伦理道德规范的范围内，并由它决定。这些行为是具有社会相当性的。它适用于对现代交通工具的使用，如当一个人不是在他想要，而只能是在已规定的站台下车的时候，他的个人的自由就受到了剥夺。德国学者赫兹伯格（Herzberg）也赞成此种观点。他认为，社会相当性是开放的构成要件，即没有完整描述犯罪行为的不法，而要求补充特殊的违法性要素才能确定不法。他借用了德国恐吓罪的法理，认为行为人使得被害人目的落空是否成立诈骗罪的判断过程中，认定其行为只是单纯的不正派还不够，还需要认定行为人对被害人谋求实现的目的进行的欺诈必须被评价为是可以非难的，即"对他人的决意自由有重大的侵犯，从而需要通过刑法进行谴责"[1]。他以"攀比案"为例指出：在本案中，虽然篡改捐赠名单是不正派的骗术，但考虑到道义价值上的目标设定，还不能说其具有可非难性，因为其是符合社会相当性的。是以，欺诈行为是否可罚没有一般性标准，可非难性的判断必须取决于具体个案的事实。[2]

这里，并不是因为社会认可的违法被排除了，而是因为其行为的社会相当性并不算违法。这导致实际上所有的构成要件在下面情况下都是开放的，即当法官在寻找正当化事由之前，他须根据犯罪验证这个行为是否越出了历史形成的社会生活准则的界限。虽然在社会相当性理论当中，威尔哲尔没有提及违法性要素，相反将社会相当性称作正当化事由，但与此处所涉及的问题的紧密联系是显而易见的。

4. 不真正不作为犯（Unterlassungsdelikten）

在威尔哲尔的学说中，对在不真正不作为犯罪中处于担保人位置的可系统化环境的判断和在行为人要素中一样有变动。要成立故意的不真正不作为犯罪的客观构成要件，构成要件界定的结果及它避免的可能性不是必不可少的，而主观构成要件的成立以对危险结果的预见性和对结

---

[1] BGHST 17, 328 (332).
[2] Vgl. Herzberg, Bewusste Selbstschädigung beim Betrug, MDR 1972, S. 93ff.

果避免的可能性以及对其实现的意愿性的认识则是必不可少的。对于构成要件来说，现实的自觉意识或对保护人地位的现实认识不需要存在。只有当行为人在一种具体的情况下处于担保人位置，这种位置赋予他避免结果的义务时，他的行为才自然地违法了。在这里，要明确行为人要素相应的情况，只有说明担保人地位（garantenstellung）特征的客观存在并不足以产生法律义务。此外，对担保人地位外部前提的认识也是必不可少的，如危险的提前行动或同受害人密切的生活关系。源于担保人位置的避免结果的义务是纯粹的违法性要素，且不需由故意和对行为人的认识构成。威尔哲尔认为全部的不真正不作为犯罪都可看作是"开放的构成要件"的典型例子。行为具备了构成要件该当性，并不能表明违法，而必须在寻找正当化事由之前持续地积极调查：行为人是否具有担保人地位。

5. 过失犯（Fahrlässigkeitsdelikten）

关于过失犯中的客观注意义务（Sorgfaltspflicht），根据威尔哲尔的理解，在所有过失犯罪中，只要犯罪的结果是以一种可预见的、相应的方式与另一种行为相联系的，就足以使该犯罪的构成要件成立。例如，一个司机突然开车撞倒了一个孩子，即使一个熟练的驾驶员也不可能避免这种情况，只要有相应原因存在——如司机没有履行客观的注意义务，他就构成了造成身体伤害的过失罪。在某些情况下，每个人的行为都可能在他极力避免结果发生后仍无法控制原因性的事后影响而导致对他人的伤害。这种伤害在最好的意愿及极大的注意中无法回避。这种情况下，行为人的伤害行为就不会构成犯罪。显然，仅仅自然因果性对人的伤害不能被看作违法，因为只有与法律禁止的行为相背的行为才是违法的。根据威尔哲尔的观点，单纯的违法，即构成要件的充足同样没有过失征表机能。因而过失犯罪的构成要件是开放性的。[1]

总之，当行为人采取了在社会生活中用于避免违法所提供的控制措施时，他不构成违法；只有当他对客观上的避免措施视而不见，才构成

---

[1] Vgl. Hans Welzel, Das deutsche Strafrecht, 11. Aufl., 1969, S. 51.

违法。这种注意义务是违法性要素；法官在每个正当化事由被证明之前对违法性加以认定，正是对这种注意义务的违反的认定。对于责任，接着只剩下一个问题，行为人是否能够被指责在已经调查的违法范围内对客观注意性的侵犯。

三、对威尔哲尔观点之分析

威尔哲尔开放的构成要件理论提出的背景，是建立在对构成要件与违法性关系的讨论上的，即构成要件是否具有违法征表机能。这样一个自从构成要件理论产生之后就被长期纠缠不休并争论不清的问题，也是威尔哲尔思考问题的起因。虽然威尔哲尔对开放的构成要件的外延作了相对明确的界定，但是，威尔哲尔没有仔细分析他所提出的开放的构成要件的内涵，只给了我们一个简单的定义。为了更好地理解开放的构成要件理论，有必要对威尔哲尔的观点做一番分析。

1. 开放的构成要件的特点

威尔哲尔所提出的开放的构成要件有构成要件规定的不完整性、违法性判断上的开放性两个特点。首先，构成要件规定的不完整性。开放的构成要件的基础，是建立在刑法规范内容是否具有完整性上的。在威尔哲尔看来，构成要件是一种禁止性的规范，是对禁止行为的具体描述。不同犯罪中这种描述的详细程度有所不同。在有些构成要件中，立法者已经尽力地对禁止行为本身的要件素材予以详细描述。此种情况下，凭借详尽的构成要件内容就基本上可以推断违法性，因为有关违法性的内容可以通过构成要件得到体现和认定，此乃封闭的构成要件。而有些犯罪的构成要件，立法者未能尽其所能地对禁止行为构成要件本身的内容予以详细而具体的描述，这些构成要件在禁止内容的描述上是存在遗漏的，因而是开放的。显然，承认构成要件的不完整性和相对性，是威尔哲尔的基本出发点。

构成要件禁止内容规定的不完整性分两种情况，一种是条文中已经包含了对违法性要素的记载，但是这种记载被威尔哲尔排除在了构成要件要素之外，视为违法性要素而非构成要件要素。这包括一般违法性要素和特殊的违法性要素。作为一般违法性要素例证的恐吓罪中目的与手段的关联性，其实在条文中并非没有文字的涉及，因为条文规定"为企图目的使用暴力或者恶害的威胁被视为受谴责的"。"为……使用……"这样一个句型构造实际上就已经向我们表明了行为人所使用的恐吓行为必须与其目的之间具有关联性，否则不视为违法。而在威尔哲尔所说的特殊的违法性要素中，情况更是明显。这些特殊的违法性要素在条文中并非没有规定，如条文要么规定"官员依法执行职务时进行对抗"，要么规定"让无权者得到……国家秘密""仲裁人……为自己或第三者要求、使被约定或者接受利益的……"，等等。也就是说，刑法条文对这些违法性要素已经作了明确规定，法官在判断违法性时所需要做的是对这些违法性要素的判断，即其目的与手段之间是否存在关联性，他人是否为无权者，行为人是否为仲裁人等等。威尔哲尔将这些要素统统排除在构成要件要素之外，而将它们称为违法性要素，定性为不具有行为描述功能的违法性要素。它们的欠缺，是假性的欠缺，是因排除而生的欠缺。另一种是构成要件要素本身的空缺。即刑法条文中空缺对行为违法性要素的记载，需要法官对这些违法性要素加以补充。这包括社会的不相当性、不真正不作为犯和过失犯。何谓社会的不相当性，刑法条文中当然没有记载，需要法官根据历史地形成的社会生活的道德伦理规范，判断行为相当或不相当；不真正不作为犯的防止结果发生的义务，也是条文中没有规定的，它需要法官根据行为人所处的环境加以判断；过失犯中行为人的预见义务或者防止结果发生义务，同样是没有以文字规定于刑法条文之中的，它们的确需要法官于刑法规范之外寻找根据予以补充。

与前述一般违法性要素和特殊的违法性要素以及真正不作为犯作为典型的开放的犯罪构成要件不同，还有以社会的不相当性、不真正不作为犯和过失犯为代表的非典型的开放的犯罪构成要件，它们很类似于哈特（H. L. A. Hart，1907—1992）所说的具有空缺结构的法规范。虽然在威尔哲尔看来，开放的构成要件是因为立法者在构成要件中没有竭尽

第一章 开放的构成要件理论之发展

所能地对禁止内容予以规定,即欠缺对刑事不法内容的详细描述,但是,在一般违法性要素、特殊的违法性要素以及真正不作为犯中,对行为的刑事不法在刑法规范中实际上已有描述,只是这种描述被威尔哲尔视为违法性要素而不是构成要件要素,因此它们的构成要件也被视为欠缺对刑事不法要素描述的开放的构成要件。它们的欠缺,是将违法性的文字描述排除在构成要件之外之后的欠缺,是一种因排除而生的欠缺;而在社会的不相当性、不真正不作为犯和过失犯中,刑法条文没有对违法性要素作出文字表述,法官必须在成文法的规定之外探求判断刑事不法的要素,因此,它们的欠缺,是真正的欠缺。

刑法理论上有观点认为,"开放的构成要件需要补充的部分,一般是规范性要素,而且是没有写出的规范性构成要件要素"[①]。且不论开放的构成要件中需要法官补充的部分是否为规范性构成要件要素,单是将需要补充的视为是"没有写出的",就没有正确地领会威尔哲尔的开放的构成要件理论。难道那些被威尔哲尔视为特殊的违法性要素的要素都是没有写出的吗?当然不是。对它们而言,所需要补充的,只是如何理解诸如"非法""未授权"等特殊的违法性要素,是对已有文字表述要素的评判问题,而不是如同过失犯或不真正不作为犯中的补充一样,是补充条文中的空白,所以,开放的构成要件之开放,绝对不意味着没有文字表述,有的开放的构成要件中有文字表述,有的则无;只不过是在有文字表述的情况下,这种文字表述在威尔哲尔看来不是对构成要件的行为的描述,而是人为地被划归为违法性要素罢了。而在威尔哲尔将这些征表违法性的要素如"非法""依法"等从构成要件中排除出去以后,构成要件中当然就存在欠缺,存在空白了。但无论如何,此时的空白与刑法条文中欠缺对诸如过失犯预见义务等描述的真正的空白是不同的,是一种有文字描述而被排除在构成要件要素之外的假性的空白。因此,认为开放就是"没有写出"或者说没有规定是错误地领会了开放的

---

① [日]大塚仁:《犯罪论的基本问题》,冯军译,55页,北京,中国政法大学出版社,1993。

构成要件理论的结果。开放的构成要件中所说的开放,不是等于没有规定,不是等于空白,虽然在有的情况下确实如此,但这并不是所有的情形,因此也不是开放的构成要件的本质;其所说的开放,是相对于构成要件的规定不足以提供违法性的判断而言的,绝不是条文中没有能够提供违法性判断的其他文字规定。

此外,就犯罪成立与否的判断而言,有时不成文的构成要件要素比已经规定在条文中的成文构成要件要素还要容易判断。例如,在刑法条文中没有规定犯罪主体时,很容易就通过总则中对犯罪主体的一般性规定,明确具体犯罪的主体是什么,它对于具体犯罪违法性的判断而言完全不成为问题。而对于刑法条文中使用了"情节严重"这样的字眼的,虽然是有规定,可是由于这一规定的高度概括性,其内容反而难以判断。而且,对于成立犯罪的判断来说,情节是否严重是至关重要的。因此,是否有成文的文字记载只是一种形式,而这种形式对于判断构成要件的构造是封闭或是开放的,并不是唯一标准。

其次,违法性判断上的开放性。这有两层意义,一方面,封闭的构成要件由于已对禁止内容作了详细的描述,因而能够为我们提供违法性的相对完整的判断,在不具备违法性阻却事由的情况下,即能确定符合构成要件行为的违法性。换言之,封闭的构成要件已将刑事不法的内容也包含在内了,因此对于详细地涵盖了违法性内容的构成要件,只需确定一般的违法性阻却事由不存在即可。构成要件该当性的判断基本上就可推断行为的违法,而违法性阻却事由的确定则最终使违法性的判断得以完成,而不需要法官在法定的构成要件和违法性阻却事由之外寻找任何其他的因素来补充该当于构成要件的行为违法性的判断。但在开放的构成要件下,对构成要件的描述是如此广泛,以至于法律上完全"中立"的行为也可以归入其中,因此,构成要件的成立并不具有违法性。法律规定的对违法性的独立审查是对这一犯罪范围的必不可少的纠正,借助它,可以将行为的刑事可罚性限制在与刑法的最后手段性相对应的适当水平。① 换言之，当行为符合构成要件时，仅仅确定违法性阻却事由的不存在，也不能得出其为违法的结论，还需要法官在构成要件与违法阻却事由之外，以"独立的司法价值判断"，来判断该符合构成要件的行为是否违法。② 由于违法性的判断需要违法性阻却事由之外其他表示违法性要素的补充才能完成，故这种构成要件在违法性的判断上是需要补充的，是不完整的。另一方面，需要补充的违法性判断是指实质的违法性，而非形式的违法性。根据德日刑法理论，刑法符合构成要件原则上具备了形式的违法性，只要没有违法性阻却事由，行为的违法性即实质的违法性就可以得到推断。但是，具有形式违法性的行为并不是总具有实质的违法性，反之亦然。威尔哲尔所探讨的正是那些该当于构成要件而又不具备违法性阻却事由的行为是否违法的问题。这里的违法当然是指实质的违法。既然该当于构成要件，那就表明行为符合实定法规定的行为类型，具有了形式的违法性，再探讨违法性当然是指实质的违法性了。从威尔哲尔所建构的开放的构成要件理论之外延分析，我们也可得出这一结论。不论是恐吓罪中手段与目的之间的可非难性，还是职务行使的合法性；也无论是不真正不作为犯中的保证人义务，还是社会的不相当性，无一不是从实质的违法性层面探讨行为的违法性问题，它们都是在行为具备了形式的违法性之后被进一步探讨，并在根据构成要件的一般原理找不到答案之后，才被威尔哲尔以开放的构成要件这一概念来论证。

总之，由于禁止内容形成的程度在具体的刑法规范中的体现不同，法官根据一般违法性要素判断或与其他要素的联系对构成要件的禁止内容进行补充判断，形成了新的构成要件特征。而构成要件规定的不完整性以及由此导致的构成要件违法性征表机能失效，进一步要求法官对此类构成要件进行价值上的补充判断。这是开放的构成要件的最本质特征。

---

① Vgl. Wessels/Beulke/Satzger, Strafrecht Allgemener Teil, 50. Aufl., 2020, Rn. 396.
② Vgl. Günther Jakobs-Strafrecht Allgemeiner Teil, 2. Aufl., 1991, §6, Rn. 61.

另需要指出的是，在威尔哲尔封闭与开放的构成要件理论中所反复提到的违法性阻却事由，应该是指法定的违法性阻却事由。虽然威尔哲尔并没有直接地使用法定的违法性阻却事由表述这一概念，但是，从其将社会相当性理论作为开放的构成要件的一种来看，即不难得出这一结论。社会相当性理论是威尔哲尔提出的关于违法性阻却事由的一般理论，同时也是表示实质违法性内容的一般原理。当在刑法中已经规定了譬如正当防卫和紧急避险等具体的违法性阻却事由时，再将社会的不相当性这样一种抽象的确定违法性阻却事由的一般原理作为开放的构成要件的一种情形，它当然只能是一种超法规的违法性阻却事由。而且，从刑事立法来看，没有任何刑事立法将社会相当性或者法益说等这样抽象的判断实质违法性内容的学说作为法定的违法性阻却事由规定在刑法之中。既然如此，当这种超法规的违法性阻却事由被作为开放的构成要件的一种情况时，那么，出现在威尔哲尔所说的封闭的构成要件中的违法性阻却事由当然是指法定的违法性阻却事由了。正因为法定的违法性阻却事由在某些情况下存在违法性上的判断困难，所以他才提出要用作为违法性阻却事由的一般原理——社会相当性来弥补这一缺陷。因此，认为威尔哲尔所说的阻却封闭的构成要件违法性的违法性阻却事由包括"法定或超法定之违法阻却事由"的观点，值得商榷。①

2. 开放的构成要件的标志

开放的构成要件的标志，或者说它区分于封闭的构成要件的标准，在于前者违法性的确定需要法官的积极判断，后者通常只需消极判断。由于开放的构成要件没有违法性征表机能，因此，符合构成要件的行为是否违法还需要法官对具体违法性要素进行积极判断。② 不过，这并不表明封闭的构成要件就不需要法官的价值判断，而只是说，具有违法征表机能的封闭的构成要件如果被充足了，一般情况下就可以断定行为违法了，除非具有违法性阻却事由，即法官只需要进行违法性阻却事由存

---

① 参见陈志龙：《开放性构成要件理论》，载《台大法学论丛》，1991（1）。
② 此观点已经为德国通说。Vgl. Hilgendorf, Strafrecht Allgemeiner Teil, 2. Aufl., 2018, §5, Rn. 1f.

在与否的判断。由于这种判断是通过对违法性阻却事由进行否定而得出行为具备违法性的结论,因此它被威尔哲尔称为违法性的消极判断。而开放的构成要件则不然,其并不具有违法性征表机能,行为符合构成要件并不能得出其具有违法性的一般推论。它需要法官在确定违法性阻却事由之前,对行为人的具体违法性要素进行确定,如果肯定了行为人违法性要素的存在,此后再通过对违法性阻却事由的消极判断,就可得出是否违法的结论。法官对违法性要素的正面肯定由此成为判断违法性的重要内容。这种正面的、肯定的判断,被威尔哲尔称为违法性的积极判断。由于这种积极判断在封闭的构成要件中是不存在的,因此它成为区分开放与封闭的构成要件的一个重要标准。

此外,开放的构成要件中违法性要素不具有行为描述功能。由于对违法性要素的积极判断是开放的构成要件得以适用的一个极重要环节,而违法性要素是判断违法性的内容,因此威尔哲尔认为,违法性要素是与构成要件相分离的,它不可能具有构成要件的行为描述功能。威尔哲尔将违法性要素区分为一般的和特殊的两种。他认为恐吓罪中的恐吓行为与恐吓目的之间的关联性问题是一个需要法官进行积极确定的违法性要素,也是一个一般的违法规则。至于特殊的违法性要素,如职务行使的合法性、法规的有效性、管辖权限、行为人要素、职权的缺乏、官方许可的缺乏、包庇的预备犯罪等,它们并不涉及对构成要件行为的描述,不是构成要件要素,而是纯粹的违法性要素。不作为犯与过失犯中防止结果发生的义务也是纯粹的违法性要素。总之,所谓的违法性要素就是只表明行为是否违法的特征,它们都没有行为描述功能。

3. 开放的构成要件之适用结果

开放的构成要件经过法官的补充之后,所形成的新的构成要件如同封闭的构成要件一样,能够提供充分的关于行为是否犯罪的判断。但是这并不意味着开放的构成要件不存在。开放与封闭的构成要件是就构成要件在刑法条文中的本身状况而言,而不是指经过补充之后的状态。在威尔哲尔在最初提出开放的构成要件时,他就是直接针对《德国刑法典》中规定的构成要件而言的。他明确指出,开放的构成要件是"立法者对构成要件中的禁止物质没能通过物本质、客观具体的要素竭尽所能地予以规定",因此才需要法官对违法性要素进行积极查明来证明行为的违法性。显然,这指的是构成要件的立法状态而不是司法适用状态,是针对法条中规定的构成要件本身的状况而非司法适用中变化了的构成要件而言。正是因为立法状态所显示的构成要件在违法性判断上的非自足性,才产生了开放与封闭的构成要件之分,也因此才需要探讨法官的价值判断的补充性的问题。开放的构成要件立法在前,对其适用司法在后。立法上不完整的构成要件经过法官补充之后当然变成了封闭的构成要件,但此时形成的封闭的构成要件当然不同于立法状态下本身就是封闭状态的封闭的构成要件。可以说,开放的构成要件经过补充之后就成为了封闭的构成要件。

不过,佐伯千仞教授根据开放的构成要件经过补充之后形成封闭的构成要件的特点而认为,开放的构成要件经过补充后所确定的构成要件,就成为关闭的构成要件。从这个意义上说,只存在开放的刑罚法规,不存在开放的构成要件。[①] 这一看法值得商榷。

当佐伯千仞教授认为"开放的构成要件是需要补充的,但经过补充后确定的构成要件,就成为关闭的构成要件"时,本身就表明了对开放的构成要件的承认。因为只有开放的构成要件才需要法官的补充判断,封闭的构成要件则不需要,所以,"补充"是针对开放的构成要件进行的。对开放的构成要件进行补充后所形成的新的构成要件当然是封闭的构成要件,我们不能在承认开放的构成要件概念并对这种构成要件进行补充之后,用形成的新构成要件来否定开放的构成要件本身的存在。没有承认开放的构成要件的前提就不会有补充之说,既然已经承认开放的构成要件,如何又否认它呢?这显然是一种前后自相矛盾的看法。退一步,即使我们用补充后形成的新的封闭的构成要件来否认有开放的构成要件概念的存在,即使自相矛盾是可以的,佐伯千仞教授的看法仍然不能成立。既然开放的构成要件与封闭的构成要件是针对构成要件在立法

---

① 转引自张明楷:《外国刑法纲要》,3版,81页,北京,法律出版社,2020。

上的状态而非司法中的状态而言，我们就不应该用经过补充后形成的新的构成要件是封闭的形态来否定开放的构成要件的存在。否则，就是将构成要件在立法与司法上的状态乱作一团，而且还脱离了开放的构成要件概念的本意。承认开放的构成要件的概念，就是要研究如何去补充和适用它，如何经过法官的补充之后形成能够提供违法性或违法性完整判断的封闭的构成要件。这是研究开放的构成要件的目的。当我们达到这一目的之后，当然不能用实现的目的来否认意图实现这一目的的事物本身的存在，正如长跑，虽然到达了终点但并不能否认起点的存在——即便是终点和起点是在同一条线上，起点的独立意义仍旧是存在的。

更为重要的是，开放的构成要件经过补充之后所形成的新的构成要件固然成为了封闭的构成要件，但是，这是适用中的封闭，而不是立法者在条文中规定的封闭式的构成要件；就条文的形式来看，其本身仍然是开放的，它在下一次的适用中仍然需要法官的补充判断，每一次的补充判断内容都不会完全相同，上一次所补充的内容并不意味着下一次就可以直接适用。这与在《德国刑法典》中本身就呈现为封闭的构成要件当然有着本质区别。

至于"开放的刑罚法规"，这显然是一个不合适的命题。刑罚法规无非是指刑法分则中的刑法规范，具体说应该是指刑法分则条文规定的犯罪的构成要件及其法定刑。佐伯千仞教授的意思当然不是针对法定刑，但是，在大陆法系刑法典的刑法规范中，舍去法定刑当然就只剩下构成要件的规定了，因为违法性与有责性是价值判断，刑法条文中只规定了可以经由事实判断的构成要件，至于违法性和有责性的判断则均要以构成要件该当性的判断为依据，然后才能对行为人的行为予以价值判断，认定其违法性或非难可能性。所以，使用"开放的刑罚法规"，实际上等于承认了开放的构成要件概念的存在。

综上，对威尔哲尔的封闭与开放的构成要件理论可作如下总结：具备了构成要件该当性且并无违法性阻却事由即可判断行为具有违法性的构成要件，是封闭的构成要件；立法者对禁止行为规定的构成要件欠缺详尽而具体的描述，仅无违法性阻却事由并不能确定行为的违法性，还须由法官寻找其他的违法性要素用以判断行为违法性的构成要件,为开放的构成要件。开放的构成要件是针对法官而言的,它经过补充之后,就成为了适用中的封闭的构成要件。

第二节　克劳斯·罗克辛的观点

威尔哲尔开放的构成要件理论受到了来自德国慕尼黑大学刑法学教授克劳斯·罗克辛(Claus Roxin)的批判和否定。罗克辛对开放的构成要件的批判比较庞杂,为了使我们能集中精力理解主要的问题,本书在此只打算重点介绍罗克辛关于开放的构成要件理论的基本观点和结论性看法。

一、开放的构成要件具有违法征表机能

罗克辛针对开放的构成要件的几个特点进行了一一批判。关于开放的构成要件无违法征表机能的观点。罗克辛首先反驳了威尔哲尔认为开放的构成要件没有违法征表机能的观点。[1] 根据威尔哲尔的理论,对开放的构成要件,符合构成要件意味着原则上还不能得出违法性。罗克辛以威尔哲尔惯用的《德国刑法典》第240条的恐吓罪和某些条文为例进行了反驳。他认为,诚然,在第240条中,立法机关没有通过描述性、事实的和具体性特征来充分描述犯罪:因为社会的正常运转依赖于一定限度内的压力和反压力,故所谓可感受的恶害并不是一种足够明显的犯罪类型。然而在"对目的的追求所做痛苦的胁迫被视为可谴责"时,只有当"出于预期目的的邪恶威胁被认为是应受谴责的"时,该不法就已

---

[1] Vgl. Claus Roxin, Offene Tatbestände und Rechtspflichtmerkmale, Berlin, 1970, S. 54.

经被积极地证明了，不公正才具有积极的正当性。① 还有疑问的是在其余的开放的构成要件中确定违法性界限。譬如，《德国刑法典》第229条中的"开拆他人信件"的行为并不比其他符合构成要件的行为征表的违法性要小；对行政机关做虚假誓言在一般情况下是违法的，没有理由表明由此征表的违法性比其他构成要件要小。此类情况对所有包括"管辖权"要素的构成要件都有效。被威尔哲尔作为开放的构成要件的例子的前述《德国刑法典》第113条，还更明确地显示出与封闭的构成要件相比至少是同样程度的违法征表。那种认为"合法履行职务"这句话是多余的意见，是完全正确的。假如没有这句话，那些阻碍官员实施违法行为的人不应受处罚，而是通过正当防卫事由得以辩护，因为对一个人实施的违法行为是可以进行正当防卫的。但同时也表明，《德国刑法典》第113条中的构成要件和违法性的关系与其他情况并非具有不同的性质。罗克辛由此得出，当人们首先未经考察地把违法性要素这一体系的立足点、构成要件与违法性的关系作为威尔哲尔的学说的基础时，被威尔哲尔看作是"开放的"构成要件比"封闭的"构成要件较少征表违法性，在这一普遍性上是不符合实际的。

二、开放与封闭的构成要件区分标志不明确

罗克辛认为，威尔哲尔提出的"法官对违法性采用积极还是消极程序予以查明，是开放的构成要件与封闭的构成要件之区分标志"的说法是存在问题的。② 因为根据威尔哲尔的学说，在封闭的构成要件中，法官在肯定构成要件符合性后，要考察违法性只需要确定"不存在正当化事由"。而所有开放的构成要件则相反，必须积极查明违法性。当某人做虚假誓言（如《德国刑法典》第154条③），尽管符合构成要件，法

---

① Vgl. Roxin & Greco, Strafrecht Allgemeiner Teil Bd. 1, 5. Aufl., 2020, §10, Rn. 44.
② Vgl. Claus Roxin, Offene Tatbestände und Rechtspflichtmerkmale, Berlin, 1970, S. 55f.
③ 该条规定的是虚伪宣誓罪："在法院或接受宣誓的主管机关作伪誓的，处1年以上自由刑；情节较轻的，处6个月以上5年以下自由刑。"

官只有积极地确定"行政机关负责接受誓言",才能肯定违法性。威尔哲尔总是把这一"积极的"措施与封闭的构成要件需"消极的"措施相对。但在罗克辛看来,由此并没有真的发现开放的构成要件的确定标志,因为威尔哲尔的一系列违法性要素具有已说出的消极特点,在大量法规中出现的词,例如"无权的""缺乏官方许可""缺乏明确授权""未经批准",等等。对于这些表明了消极特点的违法性要素只能这样查明违法性,即在符合构成要件时法官进一步确定"行为是无权的,不存在允许"等。这种违法性查明方法与其他的法官确定"不存在现存的违法攻击"的区别是不明显的,它们都带有一种消极色彩。在此法官判决的积极性应存在于哪里是不明显的。

在这些情况下,同样很少发现在查明违法性方面的区别:积极的和消极的评价可以毫无困难地互相替换。在过失违法中,不管人们是确定行为人违反了(积极的)客观的注意义务,还是确定该行为人未注意(消极的)该义务,效果是一样的;同样,对于第240条的恐吓罪、第253条的勒索罪,对社会来说不管人们确定行为是消极的,还是积极的,对查明违法性都没有作用。而且,在有些开放的构成要件中本身就需要法官对违法性要素作出积极评价,如确定《德国刑法典》第110条中法规的法律效力性、第113条中官员行为的合法性、第116条等条文中官方或官员的管辖权等,都需要积极的评价。由此,威尔哲尔的开放的构成要件和封闭的构成要件之间仍没有显示出明显的本质区别。

对封闭的构成要件,在威尔哲尔的构成要件的观点的基础上,查明违法性方法是完全正确地被标志出的。通过他的描述,封闭的构成要件包括了禁止行为各方面详尽的情况,提供了界定违法性的要素,所以在符合这种构成要件时,不须寻找违法性积极存在的情况,人们只需考察这种构成要件是否作为例外被排除,即必须把它从构成要件所包括的大多数情况——那些缺乏违法性的情况中单独"取出"。

但这对开放的构成要件并不同。人们通过确定开放的构成要件中"未详尽描述被禁止内容"的内容来认定犯罪的违法性,以确保不被引入歧途。罗克辛说,威尔哲尔将把一些行为的构成要件改写为应通过禁止被把握。通过《德国刑法典》第212条中的句子"故意杀人的人",故意杀人的情况像正在防卫中杀死敌人(被禁止的行为像不被禁止的行为)一样被把握;《德国刑法典》第153条的"开放的"构成要件以完全同样的方式描述对主管和非主管机关的虚假陈述,即所有违法的和此外还未违法的虚假陈述;《德国刑法典》第113条描述了适法的和不适法的抵抗行为,在其他情况下也是这样。人们可以把威尔哲尔的开放的和封闭的构成要件称为"蔓延的构成要件",此概念是他作出的共同性总结。因为它们不仅包括所有被禁止的行为,而且还蔓延至不被禁止行为的范围。

因此,不论构成要件是"开放的"还是"封闭的",法官必须不定期在违法的考察中确定不存在适法地实现构成要件的情况,即他必须使用消极的措施。即使在开放的构成要件中,他首先不是必须通过补充其他的要素积极地查明,而是必须排除适法的情况,查明其不存在,使可纳入构成要件的大多数情况减少,以便能够确定违法性。而且,查明所谓开放的构成要件的违法性是否为积极方法,其实还在于是以行为人作为考察对象还是以行为的客体为对象。对封闭的构成要件而言,当人们查明违法性时,人们考察行为人,并消极地确定:对他不存在正当化事由。相反,对开放的构成要件而言,人们考察行为客体,或者一些诸如法律、官员身份、法庭管辖权等规范性要素,并积极地说:法律是有效力的、官员的行为是适法的、法庭有管辖权。假如人们在此使用同样的方式考察行为人,那么人们就一定会像对封闭的构成要件一样作出消极的确定:被要求的人没有做他那种行为的权利,抵抗行为不能通过正当防卫正当化,不允许陈述虚假的证据。由此,罗克辛认为,积极评价和消极评价可以根据评价者的视角相互交换。以它们为区分开放的与封闭的构成要件的特点,是不合理的。

三、违法性要素同样具有行为描述功能

威尔哲尔认为,违法性要素仅仅揭示行为人的法律义务,并不具有行为描述功能,并无技术咨询作用。对此,罗克辛表示了异议。他认

为：如果威尔哲尔所列举的要素只起到违法性认定的基础作用，那么，它们便没有行为描述功能。但事实并非如此。构成要件只由描述的、感官可知的状况组成，威尔哲尔是这种观点的代表。行政机关的管辖权或履行职务的适法性显然不是感官可感知的，而只能在智力的理解活动中被把握。这些特征没有描述感官可把握的东西的意义。

但是，在构成要件中描述的状况和过程属于感官无差别的自然科学的存在，这一假设受到威尔哲尔本人的有力反驳。根据他的观点，只能用智力理解的状况与感官可感知的情况同样真实，因此，这些描述的状况和那些故意包括的情况完全一样，都属于构成要件。这对所有的规范要素都有效，只要它们是法律的内容。特别是在开放的构成要件结构下，由于价值补充需要，对被禁止行为本身的评价不能通过规范描述标明，而是交给法律外的、植根于习惯规则或大众意识的评价来实现。但这种解释并没有完全正确地评价威尔哲尔的意图。譬如，根据他的学说，《德国刑法典》第183条等条文规定的对某种"猥亵的行为"和"粗野的话"进行处罚，不是开放的构成要件，虽然这里毫无争议地涉及价值补充所需要的概念。在这种意义上，开放的构成要件并不意味着返回到描述性的无价值的构成要件。

相反，如果构成要件中描述的状况不因为其标准和价值补充需要性而成为违法性要素，那就很难解释为什么"管辖权"、"履行职务的适法性"或"受谴责的"不应是行为状况。威尔哲尔认为"主管的"一词的意义仅限于"所涉及的行政机关有权实施某行为并且……所涉及者有忍受该行为的义务"。这不能令罗克辛同意。例如，这一要素在《德国刑法典》第154条伪誓罪中不包含真实陈述的义务，而且它标志着大量不同的取得宣誓的正当地位，因而它对被禁止的内容进行了具体的事实描述。因此，管辖权的概念描述的客体行为和其他所有规范的构成要件要素是完全一样的。《德国刑法典》第240条第2款的"受谴责的"一词同样包含对胁迫行为的描述，即使其事实的内容只能从公共道德的未写出的规则中得出。第113条中的"在适法履行其职务时"使官员有权根据官方的法律规定采取措施的全部状态被拉入行为描述中，这与诸如

"猥亵的行为"的概念将大量不能一目了然的不同行为方式引入行为描述中并无不同。只要人们不将描述的概念仅限于描述状况，具有描述性的特点并无不同，它并不排斥违法性要素。

罗克辛继续批评道：甚至由威尔哲尔自己关于其"开放的"构成要件的表述也可以得出这一结论。他写道：对于开放构成要件，构成要件"没有详尽"描述出被禁止的素材。所以，根据他的观点，人们期待在违法性的范围内用违法性要素将这种描述补充完整。当然，这种情况也是确实存在的：威尔哲尔从构成要件中取出一些描述性的要素，剩下的形象当然不能再详尽描述被禁止的行为，人们必须加入违法性要素以获得完整的描述。但假如威尔哲尔认为，违法性要素完全没有非法行为描述功能，那么，人们会得出特殊的结论，在任何地方被禁止的行为都根本没有被完备地描述，《德国刑法典》第240条有所不同；然而以合乎宪法的角度来考虑，"受谴责的"这一含糊的概念几乎不允许法官通过解释将其具体化，即问题不取决于人们将它归入构成要件还是归入违法性。

因此，罗克辛认为不能同意所有违法性要素均无行为描述特点这一命题。人们对被禁止内容的标志像对其他事实描述的状况一样总是省略了违法性要素，违法性要素的缺乏只能在诸如履行职务的适法性中，其全部内部已经为另一概念（如正当防卫）所涵盖。但该特征多余的原因不在于它缺乏描述功能，而在于其他概念已完成了这一任务。人们对违法性要素的认识总是与德国刑法中禁止的内容也即构成要件的内容联系在一起。

四、对罗克辛观点之总结

综上，根据罗克辛的看法，威尔哲尔所做的开放与封闭的构成要件划分不可能清楚地区别构成要件特征、违法性要素和正当化事由。首先，开放构成要件和封闭的构成要件的本质区别在于：封闭的构成要件征表违法性，而开放的构成要件不征表违法性。罗克辛的研究表明，这在普遍性上不切合实际。有些开放的构成要件征表违法性并不比封闭的构成要件要少。他所认为的构成要件同贝林所认为的构成要件一样，是无价值的，两个人可以说是殊途同归，因此，开放的构成要件与现今德国刑法认为构成要件是违法类型之通说是矛盾的。其次，在考察违法性时，威尔哲尔认为开放的构成要件要求积极的法官评价，而封闭的构成要件要求消极的法官评价。而罗克辛强调，就总的来说，这没有说明开放的构成要件的本质；并且这一结论仅仅是基于评价的对象不同，在一种情况下把行为人作为评价对象，而在另一情况下则把行为客体作为评价对象。这不仅不能区别开放的构成要件和封闭的构成要件，而且用以划分违法性要素和正当化事由（Rechtfertigungsgründe）都成问题。类似的，西原春夫教授也认为，所谓"开放的"意指针对违法性的开放，故缺少违法性的判断是无法确定构成要件符合性的。①

最后，威尔哲尔认为构成要件要素和违法性要素的区别在于违法性要素没有行为描述作用的结论，是错误的。违法性要素不仅规定法律义务，人们也不能将它从行为描述中取出。由于违法性要素同样具有构成要件要素所具有的描述行为的功能，构成要件和违法性要素就不能决然区分开来。但罗克辛认为，根据威尔哲尔的目的行为论，过失犯罪的本质部分不在于造成损害结果，而在于错误的行为，按此逻辑，未遂的过失犯也应当具有可罚性，而这显然与如今的刑法规定相悖，这也说明许多开放的构成要件要素并不具有违法性。

总之，罗克辛的结论是，由于开放的构成要件存在的上述种种问题，最主要的是，开放的构成要件不具有违法性征表机能，使构成要件概念成了一个缺乏可把握内容的、纯形式上的范畴，违背了构成要件价值判断性的本质，换言之，与构成要件作为违法构成要件的本质不相适应，因此，"在刑法系统中没有开放的构成要件的存在空间"②。

---

① 参见［日］西原春夫：《犯罪论定型性思考的界限》，载［日］西原春夫等编：《齐藤金作先生还历祝贺论文集》，180页，东京，成文堂，1963。
② Vgl. Claus Roxin, Offene Tatbestände und Rechtspflichtmerkmale, Berlin, 1970, S. 172.

第二章 开放的构成要件理论之本质

第一节 学说的分歧

从威尔哲尔、罗克辛和我国学者对开放的构成要件理论的观点来看,学者关于该理论的分歧主要集中在以下几方面:

开放的构成要件的价值色彩。开放的构成要件是否具有违法性征表机能?威尔哲尔认为,在封闭的构成要件情形下,如果具备了构成要件该当性,则可以征表出行为的违法性,在没有违法性阻却事由时,可以推断行为是违法的;而在开放的构成要件情形下,行为具备了构成要件该当性却不能征表其违法性,即使没有违法性阻却事由也不能断定行为是违法的。这一点,在罗克辛和陈志龙先生看来,是不能成立的。他们指出,构成要件的无价值是古典构成要件概念的特色,而现代构成要件概念是有价值判断性的,它是可罚性内容的载体,构成要件具有违法性征表机能,而非价值中立;开放的构成要件与封闭的构成要件具有同样的违法性征表机能,认为开放的构成要件缺乏价值判断性和当今的构成要件作为违法性类型的通说是相违背的。

违法性的审查方式能否成为区分开放与封闭的构成要件的标准。威尔哲尔认为开放的构成要件由于不具有违法性征表机能,当行为符合构成要件之后不能征表违法,因此,法官必须要从正面积极审查行为人违法的要素存在,随后才能通过排除违法性阻却事由来确定违法性;但在封闭的构成要件情形中,由于具备了构成要件该当性即征表了违法性,因此,法官只需消极审查违法性阻却事由的不存在即可断定该行为违法。对违法性的积极审查与消极审查是区分二者的一个重要界限。但罗克辛认为:威尔哲尔所说的违法性要素已表明了消极的特征,对这些违法性要素的肯定实际上使用的就是消极的方法,此时法官判决的积极性并不明显;同时,无论是开放的还是封闭的构成要件,法官在确定违法性时都必须消极排除正当化事由,即都必须使用消极的方法;此外,基于评价者是以行为人还是以行为客体作为评价对象的视角不同,积极评价和消极评价可以相互交换。总之,查明违法性的方法在罗克辛看来对所有的构成要件原则上是一样的,根据积极或是消极的违法性审查方法无法获得开放的构成要件和封闭的构成要件的区分标准。

违法性要素与构成要件要素的明确区分问题。由于威尔哲尔认为开放的构成要件是在确定具备构成要件该当性之后,再通过法官对行为人的行为是否具有违法性要素的积极审查来确定的,因此,违法性要素成为区别于构成要件要素的一个重要概念。在威尔哲尔看来,它不具备构成要件要素的行为描述功能,是和构成要件要素截然相分离的一种要素;通过它只能获得对违法性的认识,不能获得对构成要件行为的任何了解作用。罗克辛和陈志龙先生都不赞成这一界定。他们认为违法性要素并非没有行为描述功能。违法性要素在显示行为人的违法之外,也包含了对构成要件行为的描述,人们不可能将它们从行为描述中取出,因此它们也是不可以省略的。

虽然二者的以上几点反驳意见相同,但是在最后结论上,罗克辛和陈志龙先生却并不完全一致。罗克辛认为,开放的构成要件最终违背了构成要件的本质,因而其在刑法系统中没有存在的余地,也就是说,罗克辛彻底否定了开放的构成要件学说。陈志龙先生虽然也对开放的构成要件提出了一些批评意见,其中不乏与罗克辛相同之处——这一点正如前文所述,但是,陈志龙先生的整个论述并无明确的特性,给人的总体印象很模糊，例如他在批判了开放的构成要件的无价值判断性之后并未给我们一个明确的结论，而随后他又提出了主张缩小开放的构成要件的范围，即威尔哲尔开放的构成要件在范围上显得过广，随着规范的构成要件要素概念的出现，许多被威尔哲尔视为开放的构成要件的情形已有缩限之势。但至少可以肯定的是，陈志龙先生对开放的构成要件是持一种怀疑态度的。

综上，学者对开放的构成要件理论的批判主要可分为两个层面：一是开放的构成要件本质上是否合理的问题。罗克辛对开放的构成要件持否定态度。他否定的最主要的理由在于，威尔哲尔所认为的开放的构成要件的无价值性与当今构成要件理论相违背，不符合构成要件有价值判断性的本质，因此其无法立足于刑法体系之中。而且，这一理论也与威尔哲尔所提出的人的违法观念相矛盾。这一点也是陈志龙先生所赞同的。二是开放的构成要件的范围问题。陈志龙先生虽未如罗克辛一样完全或明确地否定开放的构成要件，但是他对开放的构成要件的无价值性的意见，显示出其对该理论存有怀疑。在怀疑的态度之下，陈志龙先生进一步表达了开放的构成要件范围应有限缩的看法，主张诸如身份犯、不真正不作为犯和过失犯应排除在开放的构成要件范围之外。虽然罗克辛和陈志龙先生都对开放的构成要件违法性的积极判断以及违法性要素的特性等问题进行了批判，但这无疑都是开放的构成要件无价值判断性这一前提所自然衍生的问题，对后两者的批判也因此可以看作与开放的构成要件的价值性问题间接相关。这两个层面的问题如果进一步归纳，实则为开放的构成要件的合理性的问题——存在合理性与范围合理性的问题，即开放的构成要件是否能够合理地存在于刑法体系之中？如果能够，其存在的范围应该如何合理界定？为此，下文拟从开放的构成要件之实质与外延两个方面展开考察。

第二节 构成要件与违法性之间的关系

为了清楚地知道开放的构成要件理论是否合理,必须将它放到整个学说大厦特别是构成要件学说历史的发展中去考察。这种考察致力于勾勒出一个局限于构成要件与违法性的关系发展的本质的概况,而不是按照各个阶段描述构成要件学说的历史。

一、构成要件与违法性关系之理论发展

构成要件一词由德语 Tatbestand 翻译而来。[①] 德语中的这一概念来源于中世纪意大利宗教裁判上的纠问程序。在犯罪纠问的过程中,首先必须进行确证是否有犯罪存在的一般纠问,其后再对特定的嫌疑人进行特殊纠问。意大利刑法学者法里西斯(Farinacius,1554—1618)从 Constare de delicto 中引申出 Corpus delicti(通译为犯罪事实)一词,用以"指示已被证明客观犯罪事实的东西"。至此,这里的犯罪事实仍是诉讼法上的概念,它被用来证明客观犯罪事实的存在,强调如果是没有严格按照证据法则得来的证据,就不得进行特殊纠问的原则。15、16世纪,犯罪事实这一概念被德国刑事诉讼法采用,德国学者克莱因(Ernst·Ferdinand·Klein,1744—1810)把犯罪事实一词翻译成德语 Tatbestand,它与 Corpus delicti 一样都不是实体法上的概念。直到斯鸠贝尔(C. C. Stübel,1764—1828)和刑事古典学派的代表人物费尔巴哈(Paul A. Von Feuerbach,1775—1833)之后,构成要件概念才完成

[①] 需要指出的是,Tatbestand 一词,如果严格根据德文文义,应该译为"'行为情况'之义,用以表示刑法分则上各个抽象的构成犯罪事实(法定构成事实),日本学者译之为'构成要件',原不甚确切,惟学术界辗转援用,殆成习惯"(韩忠谟:《刑法原理》,83 页,台北,台湾雨利美术印刷有限公司,1981)。

了从诉讼法意义到实体法意义的完全转变。斯鸠贝尔认为，犯罪的构成要件"是那些应当判处法律所规定的刑罚的一切情况的总和"。费尔巴哈最早将构成要件的概念明确用于实体法，他在其起草的《巴伐利亚法典》（1813年）中指出，"当违法行为包含依法属于某罪概念的全部要件时，就认为它是犯罪"。他提出构成要件乃是"违法的行为中所包含的各个行为或事实的诸要件的总和"。显然，当费尔巴哈在实体法意义上使用构成要件概念时，实际指的是每一个具体犯罪行为的客观事实特征在法律上的表现，还没有进行理论上的抽象，还不具有刑法体系上的意义。

通观19世纪刑法学的全部发展，尽管有了实体法意义上的构成要件概念，但可以说还没有建立起现代意义上的构成要件理论，构成要件理论的真正建立是在20世纪之后。现代构成要件学说的创始人是德国刑事古典学派学者贝林（Ernst Beiling），它将单纯的刑法各论意义上的构成要件概念演变为体系性理论，开创了真正意义上的构成要件理论的研究。

1. 中性无色的构成要件

贝林是一位自然主义刑法学者，崇尚科学性思考，拒绝所有超越论的思辨。在此思想支配下形成的自然主义刑法学，主张模拟刑法体系中的犯罪行为是自然方面的要素，即犯罪行为的确定，应与可感知的以物理性或生物性的概念体系可以叙述的事实相一致[①]，所以，他对构成要件秉承的是中性无色的、客观化的立场。

在他1906年出版的著作《犯罪论》一书中，"第一次将构成要件的概念作为犯罪系统的基本概念"。他不是仅将构成要件作为刑法各论中概念来对待，而是将其作为整个刑法的基本概念来对待。他认为只有法条中表明的犯罪外在、客观的因素才能纳入构成要件因素的范围；行为人与构成要件行为之间的内在关系，则是有责性的范畴，因此，行为是否该当构成要件，仅根据行为在客观上的现象作判断即可，而不必进行

---

① Vgl. Beling, Die Lehre vom Verbrechen, 1906, S. 7.

主观上的价值判断。违法性,是指客观发生的事实与法规范在形式上的矛盾。罪责概念,则依行为人内心之意思与行为之关系而作判断,责任能力乃罪责条件,故意与过失乃两种不同的罪责形式。至于构成要件该当性与违法性之间的关系,在贝林看来,某行为该当于构成要件之后,并不能推论行为是违法的。对行为违法性的确定,势必要有"外加"的方式,即以"规范"为标准来判断行为是否具有违法性,而这种规范,是就整个法秩序而言的。在贝林看来,"构成要件并不决定,而只是从规则上规定不法类型",因为"构成要件是个纯粹功能性概念",而且"依范畴的种类,它是没有内容的(inhaltsleer)"[①]。这样,贝林赋予了构成要件与违法和责任相分离的独立意义。一方面,构成要件是无价值的,它不包含立法者的法律价值评价,因为对行为的法律评价不能由立法者在法律中对"无价值"的制定来完成。作为内含了行为的描述性的构成要件,并不含有任何违法性要素,根本不涉及任何违法性问题。对构成要件的研究严格地处于中性立场,因此如果某人已符合构成要件也不能被指控。另一方面,对构成要件的确定也不需要探索行为人的心灵,所有主观的、心灵内部的过程和构成要件是分离的,因为它是纯客观的。用他自己的话说,法定构成要件的作用,只是记述性地勾勒出刑法规定的客观方面……法律的规定,尚未完成对行为的法律评价。[②]

由于贝林将犯罪的构成要件理解为客观的纯记述性的东西,同时又具有与"犯罪类型"概念相联系的矛盾,因此他在晚年修改了以前的提法,把构成要件说成是犯罪类型的指导形象(Leitbild)。在这里,他把构成要件与犯罪类型区分开来,认为各种行为,只有经过构成要件指导,才能认为是犯罪,因此,构成要件在理论上是先于犯罪类型的指导形象。贝林后期对构成要件理论的修改,显然是想力图赋予构成要件以价值判断色彩,以突破其前期认为构成要件为纯粹中性无色所带来的弊端。但是,这种努力仍然没有脱离前期理论的窠臼,因为构成要件的指

---

① Beling, Die Lehre vom Tatbestand, 1930, S. 5ff.
② Vgl. Beling, Die Lehre vom Tatbestand, 1930, S. 9.

导形象是空泛意义上的,它只具有"指导"的意义,它只表明一个行为可能是违法的,但并不是说,符合构成要件的断定已经包含了对行为违法的评判,对该问题的结论须通过违法性、有责性要件的具体考察后方可得出,构成要件仍然不带有规范性。因此在犯罪论上,它与其早年所提倡的作为"观念形象"的构成要件论在本质上并无区别,贝林的构成要件理论自始至终都没有改变其客观性特征。正如我国台湾地区学者韩忠谟指出,刑法所预定的犯罪行为的纯客观的轮廓,与主观要素无关,在价值上是中性无色的;与违法没有直接的关系,二者的关系,恰如两个部分相交的圆圈;与有责性并不等同,即虽具有该当性,如不具备责任要素仍不负责任。[①]

2. 规范的构成要件要素的发现

贝林的构成要件理论提出以后,对旧派学者产生了极大影响。M. E. 迈耶(Max Ernst Mayer,1875—1923)继承并发展了贝林的学说。他开创了将构成要件与违法性相关联的考察方法,并首次提出了规范的构成要件要素的概念,使构成要件学说迈出了重要一步。与贝林一样,迈耶主张构成要件的无价值性,但是,他将无价值概念作了内容上的扩展。在他看来,构成要件是一种对违法性的指示,这也是认识它的最重要原因,从而提出了违法性认识根据说。迈耶认为,"构成要件与违法性之间是烟与火的关系,烟不是火,烟不包含火,但它可以得出火存在的结论,直到提出相反的证据"[②]。而违法性,根据迈耶的理论,社会生活中出现的违反文化规范的行为是违法性的实质,在文化规范中国家承认的就是法律规范,即由法律规定下来的违反文化规范的行为。这就是法定的构成要件,所以构成要件本身是一个抽象的东西。某一行为符合构成要件,是违法性认识的重要根据。能够提供违法性的征表,符合构成要件的行为基本上可以推断其违法性,除非具有违法性阻却事由。这样,迈耶从总体上维持了构成要件只具有无价值的记叙性和客观

[①] 参见蔡墩铭主编:《刑法总则论文选辑》,163页,台北,五南图书出版公司,1984。

[②] Vgl. Max Ernst Mayer, Der Allgemeine Teil des Deutschen Strafrechts, 2. Aufl., 1923. S. 10.

性的观点。"其理论还是与贝林的一样，把构成要件作为与违法性、责任相并列的独立的犯罪成立要件。"① 他并未从贝林的构成要件立场中完全走出来。但是，迈耶所认为的构成要件的无价值性已较之贝林有了很大改变，构成要件自此已带上了一些价值色彩；而且迈耶使构成要件与违法性之间产生了关联。

不过，迈耶最重要的贡献在于他首次提出了规范的构成要件要素。这一概念的发现带来了构成要件理论的重大转折。它第一次使构成要件无价值的学说发生真正的动摇。他认为，通常的构成要件是可经由人的感官感知的，而有些要件诸如"陌生的事情"、"事实的不真实性"、"危险性"及"一位姑娘的品行"等，不具有感官可感知性，而需要法官的评价；这种评价不属于构成要件的层次，并不显示违法性，"而属于违法"的层次，是违法性基础，亦即其乃具有构成要件该当结果之内容，仅有确定评价意义的功能；但是"这些要件不可能只属于违法领域，因为毫无疑问，《德国刑法典》第 59 条已经将它归入犯罪情况。人们必须遵循法律。'只有在构成要件概念范围内才允许评价特点'。由于要件涉及的是违法要素及无价值的构成要件中的'陌生人'，因而这些要件被称为'不纯正的构成要件要素'（unechten Tatbestandselemente）。这些要件可以同时确定法律的构成及其违法性。"② 显然，迈耶所认为的规范的构成要件要素是一种有别于构成要件的其他纯描述性的要素，且含有违法性评价但又不属于纯粹的违法性要素的要素，同时也不属于纯粹的构成要件要素。这种观点使构成要件与违法性之间的关系变得不再如同贝林时代的完全相分离，它意味着违法性要素渗透到构成要件中，构成要件要素也含有违法性要素，构成要件与违法性之间的界限逐渐模糊，从而使二者更紧密地联系在一起，而不是如同我国台湾地区学者陈

---

① 马克昌主编：《犯罪通论》，3 版，63 页，武汉，武汉大学出版社，1999。
② Vgl. Max Ernst Mayer, Der Allgemeine Teil des Deutschen Strafrechts, 2. Aufl., 1923. S. 182；Claus Roxin：Offene Tatbestände und Rechtspflichtmerkmale, Berlin, 1970, S. 39.

志龙先生认为的"使构成要件与违法性之间的关系的界定愈加明确化"[①]。自迈耶提出规范的构成要件要素之后,这一概念较之违法构成要件说更快地得到普及。虽然规范的构成要件要素被指责不够明确并难以认定,但这是因为刑事立法是复杂的,它要反映社会上的形形色色的事物,记述的要件和规范的要件都是社会生活现象的反映。在社会生活中既然存在规范的要件所反映的现象,那么它在刑事立法上就是无法完全避免的,更何况在立法技术上有时确也需要,所以我们只能说尽可能少用规范的要件,尽可能多用记述的要件,但不能说不用规范的要件,全用记述的要件,否则就脱离社会生活实际与刑事立法实际。现今大陆法系国家的刑法理论无不承认规范的构成要件要素概念,而规范的构成要件要素需要由法官根据特定社会的文化和法律进行评价以后才能确定。换言之,对于这种要件的认定,仅仅根据对事实的认识还不能确定,还需要由法官"依刑法以外之其他法律规范或社会规范予以补充评价,始能确定其立法意义、内容或界限者",此时,"此项构成要件要素非纯粹之构成要件要素,而具有违法性要素之性质",对于这样的构成要件要素的判断实际上已"不失为违法之评价"[②]。

迈耶同时认为,规范性要件只是涉及个案,从本质上来说,构成要件要素不具有违法性征表机能,规范的构成要件要素只是少数情况下的特例。此外,对于贝林所主张的构成要件的客观性,迈耶也有一定发展。他并不决然认为构成要件是纯粹客观的,而认为构成要件中也包含主观性要素,但是他并没有从正面去加以肯定。总之,如前所述,迈耶所认识的构成要件原则上并未走出贝林所主张的立场。但是,无论如何,迈耶的违法认识根据说及其规范的构成要件要素的发现,对贝林所主张的无价值构成要件理论毕竟带来巨大冲击,所以即或其与贝林的基本立场一致,但实际上已有很大改观。正是迈耶的构成要件理论,才使构成要件由贝林时代的形式意义逐渐演变为含有实质的不法,使构成要

---

① 陈志龙:《开放性构成要件理论》,载《台大法学论丛》,1991(1)。
② 蔡墩铭:《中国刑法精义》,67页,台北,汉林出版社,1986。

件学说实现了一大突破。也因此，迈耶所主张的构成要件理论对于我们认识威尔哲尔的开放的构成要件，特别是规范的构成要件要素对于开放的构成要件的意义，具有重要作用，也是下文我们要展开讨论的一个重要问题。

　　本书认为，对于迈耶的规范的构成要件要素理论，刑法理论上有一些误解，有必要在此交代和澄清。日本学者小野清一郎认为，迈耶所说的规范要素并不是构成要件要素，而是违法性要素。例如盗窃"他人的财物"、陈述"虚伪的事实"，并不是真正的构成要件要素，实际上"只不过是违法性的要素"。这样，规范的构成要件要素在属于"构成要件要素"的同时，"还是真正的违法性要素"。结果，"迈耶一方面笼统承认规范的构成要件要素，另一方面又在实际上提出了一些不属于构成要件而应属于违法性的东西，仍然维持了构成要件只具有无价值的记叙性和客观性的观点"[①]。依笔者愚见，小野清一郎对迈耶的规范的构成要件要素并未完全正确地把握。迈耶的观点是，无法直接感知而需要评价的要件是规范的构成要件，这些要件首先在层次上"属于违法"领域，但它又"不可能只属于违法领域（Diese Merkmale können aber nicht ausschließlich in den Bereich der Rechtswirdrigkeit）"，同时还属于构成要件领域，是一头在构成要件领域中，另一头在违法领域中的一种要素。显然，它不是像小野清一郎所理解的"还是真正的违法性要素"，而与构成要件无关。的确，迈耶是维持了贝林关于构成要件无价值的基本立场，但是，这种基本立场的维持不是通过"提出一些不属于构成要件而应属于违法性的东西"进行的，换言之，不是通过排除规范的构成要件要素在构成要件中的位置——虽然这个位置与在违法性领域具有同时性——进行的；恰恰相反，迈耶也承认规范要素在属于违法性要素的同时也属于构成要件要素，只不过，在迈耶看来，涉及规范的构成要件要素的只是少数情况下的个案，绝大多数构成要件中是不含有规范的构

---

　　① ［日］小野清一郎：《构成要件理论》，王泰译，22、25、53页，北京，中国人民公安大学出版社，2004。

成要件要素的，因此他才得出结论，原则上构成要件不具有违法性征表机能。关于规范的构成要件要素概念还有一个误解需要澄清，即人们总是从贝林主张的中性无色的无价值构成要件的观点中得出贝林不主张规范的构成要件要素的结论。这实际上是对贝林的主张的一个很大误解。贝林将构成要件的内容仅限于客观的、记述的构成要件要素，即纯粹描述性的，但他并不把这个称谓理解为独立于法庭裁决的自由。他后来写道："把构成要件这个标志作为纯描述性的只是说明，一个人的行为通过构成要件并不能就划定为违法。"在他的《犯罪论》一书中，贝林并未对构成要件是否包含有规范性特征的问题表明立场，因为在那时犯罪情况的特点还未被发现。事实上，贝林认为，现今规范性的特征毫无争议地被看作是构成要件的组成部分，其在该书中也承认了这一点。①

总之，贝林并没有提出构成要件"不包含规范的要素"，并没有排除规范要素。而在刑法理论上一直认为贝林提倡客观的、记述的构成要件论，于是得出他是反对规范的构成要件要素的结论。这从各种表述都可窥见端倪。如在论述规范的构成要件要素时，日本学者小野清一郎谈道，"……如果这种判断还需要法官的规范的、评价的行为，则是规范的构成要件要素。例如，'吸食鸦片者，处……'，只需要法官的认识活动便可进行判断，属于记述的构成要件要素。又如，颁布淫秽文书罪，对于什么是'淫秽文书'，则需要进行规范的、评价的判断，属于规范的构成要件要素。贝林将构成要件的内容仅限于客观的、记述的构成要件要素，但这种观点现在很少有人支持。"②在贝林的《犯罪论》一书中，"构成要件仅仅含有被认为是客观记叙性的'结果'，而不包含规范的……要素""构成要件仅仅是客观的、记叙性的，它排除了规范要素……"③。言下之意，贝林当然是规范的构成要件要素的反对者。总之，"在小野清一郎眼中，

---

① Vgl. Beling, Lehre vom Tatbestand, 1930, S. 10.
② 张明楷：《外国刑法纲要》，3版，80页，北京，法律出版社，2020。
③ [日] 小野清一郎：《构成要件理论》，王泰译，49、50-51页，北京，中国人民公安大学出版社，2004。

贝林的观点是一种概念的、形式的观点，其构成要件中也不包含主观要素。① 笔者以为，这种根据贝林的中性无色的构成要件理论就得出贝林反对规范的构成要件要素的看法，是混淆了贝林所说的构成要件对犯罪类型的"描述"与我们所说的构成要件要素中的"描述"的结果。后一种意义上的"描述"，是指不需要法官的价值评价，而前一种意义上的"描述"，是针对违法性判断而言的，即符合构成要件的行为是否就能被推断为违法。

3. 暂时的无价值判断的构成要件和主观要素的介入

迈耶所提出的规范的构成要件要素很快就在刑法理论中得到了贯彻。麦兹格（Edmund Mezger）在迈耶的理论上前进了一步。他认为构成要件是违法行为的类型，构成要件与违法性而言不仅仅是认识根据，而且是存在根据，即行为符合构成要件，原则上就成为违法性的根据。麦兹格认为，构成要件是立法者制定的特别的不法类型，构成要件意味着为达到某一特殊目的而明确被要求的不法的界限。立法者制定构成要件的行为就是宣布法律上的可罚性。立法通过特别的构成要件而规定特别的违法性，因此行为符合构成要件并非单纯地是违法性的认识根据，正确地说，应当是实在根据。这样，麦兹格在迈耶的违法认识根据说的基础上更进了一步，认为行为符合构成要件，原则上就成为违法性的根据。

而作为违法类型的构成要件的核心在于对外在世界的客观事物的描述，而要求构成要件本身能够被客观外在的事物的不法因素——进行纯粹的描述是不可能的。这样，麦兹格很快就贯彻了迈耶的规范的构成要件要素理论。他认为，在有些犯罪结构上，仍然有相当多的构成要件要素是规范性的。它们不是从内容上被感知，而是通过判决的形式来确认的。麦兹格提出了比迈耶起初预想的适用更多、更广的规范的构成要件要素。他根据这些要素判决的尺度是源于法律规则、文化观点还是主观

---

① 参见马克昌主编：《近代西方刑法学说史》，472 页，北京，中国人民公安大学出版社，2016。

性的法官的判断，将其概括为法律的、文化的、主观裁决特征这三个大的类别。到了沃尔夫（Erik Wolf，1902—1977）时期，规范的构成要件要素理论则达到了一个暂时的发展高峰。沃尔夫并不满足于麦兹格对规范的构成要件要素适用范围的扩充，而是彻底打破了迈耶认为的构成要件原则是描述性的理论，提出了只在少数情况才有规范的构成要件要素的看法。他认为纯粹描述性的概念是不存在的，这种想法是自我臆想的产物；即使如"事物"和"人"这类在我们看来似乎很纯粹的概念，在它们的界限内也不能没有法庭裁决而被确定，因此可以说，所有的构成要件特征都是规范性的。这样，迈耶从本质上持有的构成要件的描述性的观点最终被放弃了。麦兹格最清楚地将由此产生的结论表述了出来。他指责将犯罪与违法"不自然地分离"，并认为，实际上，立法者创造构成要件的行为直接包含着违法解释和作为特殊违法类型的违法性阐述。法律制定者（借助于）通过构成要件的形式创造出了特殊违法：犯罪使行为构成了违法，自然不是只对自身来说，而是处于与排除违法的特殊理由缺乏的联系中。

因此，不同于贝林和迈耶，麦兹格的基本观点是，构成要件不再是判决的对象，而它自身就已包含对在其范畴内所有行为的直接评判。构成要件和违法的区别只在于，通过构成要件得出来的"法律的无价值判断"是暂时的。这种观点"将构成要件看作是伴随例外辩解保留条件的违法性判决"，最终与构成要件的无价值性的观点分裂了。[1] 麦兹格关于构成要件是违法类型的见解最终成为了德国刑法学界的通说，在日本也得到很多学者的支持。当今所认为的通说即为此。规范的构成要件要素的贯彻很快使贝林关于构成要件主观性的学说被动摇了。在许多案例中，行为的违法取决于行为人的意愿方向来源，即取决于主体的内心世界的因素。构成要件只要有助于解释违法性，就会同时被看作是主观的构成要件要素。

---

[1] Vgl. Mezger, Vom Sinn der strafrechtlichen Tatbestände, 1926, S. 11. Vgl. Claus Roxin, Offene Tatbestände und Rechtspflichtmerkmale, Berlin, 1970, S. 40f.

二、构成要件与违法性关系之通说

麦兹格提出的构成要件是包含暂时的无价值判断的理论的,之后,在一些学者看来,这种观点有时会造成一些误解,如将被辩解的行为看作本来就是违法的。当然,对此,麦兹格完全有理由进行回驳,当把构成要件看作是暂时的无价值判断时,不能把构成要件的实现看作是违法。但必须承认的是,譬如对紧急防卫中的杀人行为,不论人们认为它是一个暂时违法的无价值判断,还是将它看作是本来就是违法的,这对于人们来说并无太大的意义,且难以区分。换言之,如果人们认为构成要件只是暂时的无价值判断,即只有部分的刑事不法,就无法合理解释为何在违法性层次具有终极的全部的刑事不法。若人们不愿回到贝林的无价值的构成要件学说中去,则只有通过将所有对于违法决定性的要素放到构成要件中去考察,才能够克服以上的困难,这样,被辩护的行为将来才不再是犯罪,因而,构成要件从一个"暂时的"无价值判断变成为一个"最终的"无价值判断,构成要件的概念被扩张成为违法构成要件。①

朗·欣里希森(Lang-Hinrichsen,1902—1975)为上述观点提供了主要的根据,他指出,如果构成要件能作为违法的根据,则其必须含有全部的违法性要素,而不能只含有部分的违法性要素;若一种构成要件要解释违法,它必须包含所有决定违法的要素,而不是只包含其中一部分。鉴于构成要件决定违法的功能,在特别部分的单个规定中被界定的要素、正当化要素和行为义务要素之间并无区分。这才是违法构成要件学说的正确发展方向。②如今,人们都持有这种观点,即构成要件包含所有决定违法的要素,或至少故意只在认识决定违法情况的条件下才产生。显然,构成要件与违法性之间的关系经过以上学者的发展和论

---

① Vgl. Claus Roxin, Offene Tatbestände und Rechtspflichtmerkmale, Berlin, 1970, S. 42f.

② Vgl. Lang-Hinrichsen, Die irrtümliche Annahme eines Rechtfertigungsgrundes in der Rechtsprechung des Bundesgerichtshofs, JZ 1953, S. 363.

证，由贝林的中性无色的构成要件理论，到迈耶的违法认识根据说，及至麦兹格的违法类型说，最终到违法构成要件学说形成，使得构成要件与违法性，由最初的没有关系发展为具有紧密联系的两个概念。并且，构成要件与违法性之间具有紧密联系的观点在当今刑法理论中，已成为共识。人们不再会为构成要件是否能够征表违法性的问题而争执，在理论上一致采用构成要件是违法类型这样的通说。所谓违法类型的构成要件，认为规定在刑法中的行为本身就表明了这些行为是危害社会的，是受立法者谴责的；为这些行为设计的构成要件从一开始就不是中性无色的无价值判断之物，而是征表了违法性，是违法性的类型，因此，行为符合构成要件，原则上就成为违法性的根据。通过在刑法中设置相应的构成要件，法秩序其实就已经明确体现出了原则上对相关行为加以禁止的价值判断。① 据此，事实上发生的行为在与刑法上规定的构成要件相吻合时，即具备构成要件该当性；又由于构成要件是违法类型，因此，具备了构成要件该当性的行为，基本上就可以推断是违法的了，如果没有违法性阻却事由，进一步便可以认定行为具备了违法性。对于作为违法类型的构成要件，亦有称之为"不法构成要件（Unrechtstatbestand）"者，因为构成要件已被看作是用来描述各种不同犯罪行为的"不法内涵"②。正如罗克辛教授所言，所有的刑法规范都命令公民实施一定行为或者禁止公民实施一定行为；这些规定同时也对违反规范的行为进行了评价：它们至少在原则上是需要谴责的。当立法者在刑法中规定了盗窃、敲诈勒索等行为时，他们并不是这么想的："我在一个段落中描写了一个法律值得注意的行为，但我不想发表我的看法，我不肯定我所描写的行为是好的还是不好的；我的描写只是说明，这些行为不是无足轻重的，它要么是合法的，要么是违法的。"事实上，立法者想的是："我描写的这些行为是社会无法忍受的，我要对这些行为进行谴责；

---

① Vgl. Mitsch, "Nantucket Sleighride" Der Tod des Matrosen Owen Coffin, FS-Weber, 2004, S. 57 f.
② 林山田：《刑法通论》（上册），149页，北京，北京大学出版社，2012。

所以我要通过构成要件描述这些行为并通过刑法惩罚它们。"[1]

第三节 开放的构成要件理论本质

一、开放的构成要件之实质

如果严格地根据构成要件是违法类型的通说,也许开放的构成要件确实不应存在,因为它与构成要件是违法类型的通说显然是相矛盾的。威尔哲尔认为,对符合构成要件行为的违法性的判断中,有些犯罪仅凭法定的违法性阻却事由就可以得出违法与否的结论,有些犯罪却不能。对于这些不能的犯罪,他指出必须要在法定的违法性阻却事由之外,借助其他的条件来帮助判断行为的违法性,具体说是在违法性阻却事由的判断之前,对某些犯罪的违法性要求判断其违法性要素的存在,然后再根据违法性阻却事由的有无,最终确定行为的违法性。这是威尔哲尔开放的构成要件理论所表达的整个核心思想。由于对于后一种情况下的犯罪构成要件,判断行为的违法性需要补充其他条件,因此他将这种违法性的判断需要于法定的违法性阻却事由之外补充其他条件的构成要件称为开放的,相反的情况则为封闭的。因此,在笔者看来,开放的构成要件理论昭示给我们最有价值的问题,是为什么该当于构成要件,具体说是作为违法类型的构成要件的行为,还不能通过确定法定违法性阻却事由的存在与否来判断出行为是否有违法性。对此,威尔哲尔在展开他的开放的构成要件理论之前,并没有为我们详细论述。

笔者以为,这是由作为违法类型的构成要件在违法性判断上的不可能所决定的。当某一行为该当于刑法中规定的构成要件且不具备法定违

---

[1] Vgl. Roxin, Offene Tatbestände und Rechtspflichtmerkmale, 1970, S. 170.

法阻却事由时，该行为就是违法的。此时，对于违法性只要探讨是否存在法定违法性阻却事由即可。此乃违法构成要件违法性判断之可能面，也是违法构成要件与违法性之间一般的情况。违法性理论的复杂性及由此带来违法性判断的复杂性决定了一些特别情况的存在。某些情况下，即使行为该当于构成要件并且也不存在违法性阻却事由，也不能充分帮助我们判断行为的违法性；作为违法类型的构成要件不能让我们如同一般情况下那样顺利地得出行为违法的结论。此时，构成要件存在着违法类型性意义的中断，并导致了违法性判断之不可能。笔者所要探讨的正是从复杂的违法性理论观察分析作为违法类型的构成要件在违法性判断上的不可能，以使我们相信并面对此种与违法类型构成要件学说相违背的事实，并在此基础上，探讨一种暂时或表面上违背违法构成要件学说的新的构成要件理论——开放的构成要件之合理性。

二、构成要件违法性判断之机能障碍

1. 构成要件违法性之内容：形式与实质之违法性

大陆刑法理论中的违法性，从来是分为形式与实质的违法性两方面来考察的。所谓形式的违法性，是指行为违反法秩序或法规范，即为法律所不允许。但是，刑法对于判断违法与合法行为的标准即违法性的内容，没有作出积极的规定，只不过消极地对符合构成要件的行为规定了违法性阻却事由。从形式上说，行为符合构成要件而且不存在违法性阻却事由时，该行为就带有形式的违法性，这就有必要明确区分违法行为与合法行为的标准，即违法性的实质内涵；而且，形式的违法性容易陷入"违法性即系违反法"的循环论证中，不能说明违法性的实质，即法秩序究竟禁止什么、允许什么？这也需要深入到违法性的实质去考察。于是人们尝试探讨用违反实定法以外的实质的根据来说明违法性，这样就出现了实质的违法性论。

李斯特最早同时承认形式的违法与实质的违法的观念。他认为，违法性须分形式的违法与实质的违法两种，"形式的违法是指违反国家法规、违反法制的要求或禁止规定的行为。实质的违法是指危害社会的（反社会的）行为。违法行为是对受法律保护的个人或集体的重要利益的侵害，有时是对一种法益的破坏或危害。其侵害依法规范所保护之生活利益，即法益，与规律共同社会之法秩序之目的矛盾。""只有当其违反规定共同社会目的之法制时，破坏或危害法益才在实体上违法；对受法律保护的利益的侵害是实体上的违法，如果此等利益是与法制目的和人类共同社会目的相适应的。"① 显然，李斯特将实质违法性的重点放在法益侵害的立场上，由此产生了以法益侵害说为内容的实质的违法性论。

宾丁从规范论的角度分析了何谓违法。他认为违法不是违反刑法规范本身，而是违反规定行为人行为准则的一般法令中的"行为法"及该行为法所表现出来的行为规范，详言之，是违反刑法规定之前便已存在并成为其前提的规范——命令及禁止，违法性的本质在于蔑视法规范的要求，即违反法规范性。迈耶一方面受宾丁规范论的影响，同时又发展了宾丁的观点。对于宾丁认为违法是对存在于刑法之外的法规范的违反的看法，迈耶指出，法规范只对国家机关具有意义，而一般公民对其则完全不知，支配人们生活的是文化规范，即宗教、道德、风俗、习惯及买卖与职业规则等决定人们行为的命令和禁止。没有文化规范的要求，行为人便不能被处罚，因此，在迈耶看来，违法性是对国家所承认的文化规范的违反，即对告诫国民，规定明确其义务的规范的违反。②

李斯特和迈耶的实质的违法性论见解发表以后，对后来的刑法理论产生了很大的影响，法益侵害说和规范违反说成为实质的违法性论的两种最有影响力的学说。有学者强调法益侵害说与规范违反说之间的对立，认为规范违反只是表明了违法性是对法的违反，而没有考虑违法的程度与可罚的违法性；而刑法的机能是保护法益，违法应当意味着对法

---

① ［德］弗兰茨·冯·李斯特：《德国刑法教科书》，徐久生译，162-163页，北京，北京大学出版社，2021。
② 转引自马克昌主编：《近代西方刑法学说史》，301、356页，北京，中国人民公安大学出版社，2016。

益的侵害。① 对此,日本学者大塚仁先生指出,法益侵害说是从结果无价值考虑,规范违反说则是从行为无价值思考。这两种观点只不过是从两种不同的角度认识违法性的实质,二者绝非不相容的,只有在考虑结果无价值的同时也考虑行为无价值才能正确认识违法性的意义。以此为出发点,大塚仁先生提出了并使用法益侵害与规范违反的折中论,认为违法性的实质既是对国家、社会伦理规范的违反,也是对法益的侵害或威胁,因为所谓违反规范,并不是单纯地形式上违反规范,而是违反了作为法秩序基础的具体规范。② 我国台湾地区也有学者持此种观念,如蔡墩铭先生认为,侵害法益必定违反文化规范,同时亦有违于规律社会生活之法律目的。唯判断违法之际,除应考虑法益侵害外,还应另依据社会生活之常规,法律秩序之精神与目的,参酌而认定之,不可偏废一端也。这种看法得到了高仰止的赞同。③ 韩忠谟先生也指出,如果仅以法益侵害说为内容认定实质的违法性,"其说尚失诸狭隘,盖社会生活价值不只在世俗利益之满足,并与共同生活之理想息息相关,是以实定法之内容,终不离社会伦理基础,而与公共秩序、善良风俗相为表里"④。

然而在法益侵害说、规范违反说与折中说中,法益侵害说得到了最为广泛的认可。"现在一般说法把违法的内容解释为对生活利益的侵害(或危险)。一切法律都是为了人类而存在的,然而人类却不是为了法律而存在的。在刑法中,被当作违法行为对象的被害人利益,是搞清楚违法的实质的关键。刑法的任务在于依靠施加国家强制力来防止侵犯他人利益的行为。被法律所保护的利益就是法益,带有法律所考虑的标准利

---

① 参见张明楷:《外国刑法纲要》,3版,109-110页,北京,法律出版社,2020。
② 参见[日]大塚仁:《犯罪论的基本问题》,冯军译,116页,北京,中国政法大学出版社,1993。
③ 参见蔡墩铭:《刑法基本理论研究》,48页,台北,汉林出版社,1980;高仰止:《刑法总则之理论与实用》,202页,台北,五南图书出版公司,1986。
④ 韩忠谟:《刑法原理》,138页,台北,台湾雨利美术印刷有限公司,1981。

益的意思。法益就是法律保护的客体，同时，也是犯罪侵犯的客体。"①人们从刑法规定目的出发，将不法视为具有实质上的反社会性。实体上的考察方法提供了根据法益侵害的严重程度来划分不法行为阶段的可能性。② 如果事实上不存在任何利益侵害，那么，行为不可能违法。③ 另外，从法益侵害与国家任务、刑法正义、刑法机能、刑法本质及犯罪本质的关系等几方面来看，法益侵害说较之规范违反说也同样的更加合理，因此也应该全面贯彻法益侵害说，反对规范违反说。④ 总之，形式的违法性是指行为符合实定法规范的构成要件的形式及外观；实质的违法性是指违反规定社会共同生活之法制，对法益的侵害或者威胁。

2. 违法性判断之要求：形式与实质违法性之关系

那么，形式与实质的违法性之间是一种什么样的关系？对这一直接涉及违法性判断的问题，理论上存在一定争议。德国学者 Nagler、Frank 等人指出，形式的违法性观念与实质的违法性观念的对立，只是一种观念的重复。⑤ 李斯特则把形式与实质的违法视为是二元的、对立的两个概念，当两者有矛盾时，应优先考虑形式的违法性，就是说当实定法规定它不属实质性的违法时，审判官由于法律约束无权修改现行法。假若如此，那么，实质的违法性仅意味着立法者制定法律时的一个程序，成为刑法上的无用概念；另外，假如两个概念都成立，在对具体的事件进行评价时二者将产生矛盾，这在法律上也是难以容忍的，因此，迈耶认为，关于违法性的两个概念，乃是对违法性这一事实的名义和实质上的定义。作为名义上的定义如果说违法性是违反法的规范当然是正确的，但仅仅这样说就属于一种循环论，有必要突破这种说法并阐述违法性的实质概念。为此，迈耶试图从违反规范本身中找出实质性的

---

① ［日］泷川幸辰：《犯罪论序说》（上），王泰译，载高铭暄、赵秉志主编：《刑法论丛》，第 3 卷，204 页，北京，法律出版社，1999。
② Vgl. Kern, Grade der Rechtswidrigkeit, ZStW 1952, S. 262ff.
③ Vgl. Jescheck Weighed, Lehrbuch des Strafrechts Allgemeiner Teil, 5. Aufl., 1996, S. 206.
④ 参见张明楷：《法益初论》（上册），334 页以下，北京，商务印书馆，2021。
⑤ 参见张明楷：《外国刑法纲要》，3 版，110 页，北京，法律出版社，2020。

违法并把两者一元化。这就是说，在迈耶看来，由国家承认并保障的文化规范就是法的规范，违反法的规范——形式的违法性，就意味着违反文化规范——实质的违法性，所以形式的违法性与实质的违法性就不会发生矛盾。总之，形式的违法行为，也常常在实质上属于违法，从而，实质的违法性并不是修正形式的违法性，只不过是加以补充使之正确（解释原理）而已。[1]

迈耶关于形式与实质的违法性并非对立的观点得到了大部分学者的赞同。现今学者普遍认为，"形式的违法性与实质的违法性，是相对应的概念，但不是相对立的概念，二者分别从形式的、外表的，以及实质的、内容的角度来探求违法性的实质，将二者结合起来就说明了违法性的本质。"[2] 换言之，只是形式与实质的违法性判断角度不同，才导致其概念有别。实质的违法性以形式的违法性为前提，是我们把握、明确和解释形式的违法性内容的指导原理。因为刑法规范具有抽象性，具体的事实是否与抽象的法规范相符合，有时未必明显无疑，而需要通过实质的违法性，对形式的违法性的内容具体化、明确化。总之，实质的违法性具有补充形式的违法性的内容，使其正确化、明确化的机能。这种将形式的违法性与实质的违法性结合而形成的对违法性的认识是有其合理性的。因为法律特别是作为法律体系中性质最为严厉的刑法，目的就是保护国家和社会生活过程中各种合法的利益，以维持社会生活及国家的安定与秩序，实现社会公共利益的目的，因此，违法行为从形式方面来看有时虽然具备刑法规范规定的构成要件，但是如果未违反法律精神，未侵害法律所保护的利益，则并不构成犯罪。反之亦然。如果行为虽然损害了法律所保护的利益，但并未具备刑法各条规定的构成要件，则不具备形式的违法性，即使行为对法益侵害程度再为严重，也不能因

---

[1] 参见［日］福田平、大塚仁编：《日本刑法总论讲义》，李乔等译，77-81页，沈阳，辽宁人民出版社，1986。

[2] 张明楷：《外国刑法纲要》，3版，110-111页，北京，法律出版社，2020。

此而处罚，否则即违反了罪刑法定。① 总之，形式的违法性仅指行为形式上违反法规范，以形式的概念为其基础；实质的违法性是为了贯彻形式的违法性的本质，通过法益侵害或威胁的内容阐明形式的违法性具有实体的价值性。

3. 构成要件违法性判断之不可能

以上论述表明，对于该当于构成要件的行为违法性判断必须通过形式与实质的违法性两方面进行，那么，如何根据构成要件该当性进行违法性的形式与实质判断？

形式的违法性与实质的违法性的判断大不相同。对于形式的违法性而言，"行为该当于构成要件，并无违法阻却事由者，其形式即属违法。故形式的违法性，只要行为符合构成要件，而又不具备法定的违法阻却事由，即具有违法性。"② 换言之，"这种违法性系纯就本法规定的容许构成要件而从事的形式判断，故称为形式的违法性"。③ 因此，形式的违法性的判断就比较容易。当行为符合实定法规范的构成要件的形式及外观，并无违法性阻却事由者，就可得出形式违法性之结论；判断行为是否具有形式的违法性与判断构成要件的该当性基本是一致的，实定法的规范因而是形式违法性的判断基准。

实质的违法性的判断则不然。在具备形式的违法性的情况下，通常可以推断行为在实质上也是违法的。"该当于构成要件之行为，并无违法性阻却事由者，即为形式的违法，而其内容，亦实质的违法，无再斟酌实质的违法性之必要，但其行为虽与构成要件相当，而具备阻却违法事由时，则应从实质的违法性之观点加以判断。"④ 根据构成要件的违法性推断机能，如果行为符合构成要件，一般就可以推定该行为属于违法，如果没有特殊事由即违法性阻却事由的存在，通常就可推断形式上

---

① 从这一点看，虽然李斯特将形式与实质违法性对立起来的看法并不可取，但是他提出当形式与实质的违法性相矛盾时，应优先考虑形式的违法性的看法却无疑是正确的。
② 张明楷：《刑法学》（上册），6版，137页，北京，法律出版社，2021。
③ 参见林山田：《刑法通论》（上册），192页，北京，北京大学出版社，2012。
④ 陈朴生：《刑法专题研究》，38页，台北，三民书局，1988。

违法的行为实质上也违法，所以，实质的违法意味着符合构成要件的行为排除了违法阻却事由，判断违法阻却事由之有无，遂成为判断实质的违法性的关键，即从法律所保护的人类共同利益出发，如为侵害或者威胁法所保护之利益，则可认定违法。因此，符合构成要件该当性的"行为是否具备阻却违法事由，其范围及内容如何，仍应依实质的违法性之见解加以认定"[1]。这种考察的一个重要结果便是认定合法化事由的可能性。这是实质的违法性判断的全部内容。

然而，法定的构成要件与实质的违法性判断之间存在着一定的距离。构成要件是中性无色的也罢，是违法性的认识根据也好，抑或是违法性的存在根据，及至今日广为承认的违法类型说，无论如何将构成要件与违法性之间的关系从理论上拉近，我们不得不承认的是，刑法中的构成要件并没有从正面在每一条文之内规定违法性阻却事由，也即实质的违法性的具体类型，只是消极地在构成要件之外规定了若干违法性阻却事由。这样，实质的违法性在一定意义上是超越实定法上的构成要件的，与法定的犯罪构成要件是两个相分离的概念。即使承认构成要件是违法性的类型，我们也只能说，符合了构成要件的行为基本上可以断定它有违法性，因为立法者规定他认为应当予以处罚的犯罪类型并设立相应的构成要件，也就意味着一种以刑罚处罚来强调的对违法性的宣告。但是，"此等宣告不等同于具体的由法官在具体的情况下进行判决的行为；立法者不考虑这些具体的行为，他也不可能考虑。浮现在立法者脑海里的是行为类型，立法者通过规定这些行为类型中构成要件而产生犯罪类型。由此可得出结论：如一个行为属于此等犯罪类型之一种，对调查它的刑警来说，虽然违法性可能存在，但并未确定。"[2] 因此，即或我们承认构成要件有价值判断性，但这种构成要件的价值要素也并非现实的，它仅仅存在于法官的头脑之中，并由他们将此变成现实。而在这样一个过程中，对违法性的判断则有一个取舍过程，因此，构成要件该

---

[1] 陈朴生：《刑法专题研究》，38页，台北，三民书局，1988。
[2] ［德］弗兰茨·冯·李斯特：《德国刑法教科书》，徐久生译，169-170页，北京，北京大学出版社，2021。

当性与实质的违法性判断之间的不一致性或者说距离性、中间环节即违法性阻却事由的存在，使得实质的违法性的判断不可能如形式的违法性的判断那样，仅仅局限在构成要件要素以内进行，而必须在法定的构成要件以外寻找一些有助于违法性判断的要素。

正是这种诉之于法定构成要件之外的寻找违法性判断的要求，使实质的违法性的判断成为一个难题。

首先，法定合法化事由的漏洞性。

"现实社会的生活中，行为的形式符合犯罪的构成要件，而且不符合正当防卫、紧急避险等要件，但是从法律的基本理念出发也可以否定其中有些行为的违法性。"[①] 这种从法律的基本理念出发对行为违法性的探讨，实际上就是对超法规的违法性阻却事由的肯定和运用。刑法规范既是禁止规范也是容许规范，阻却违法事由即为容许规范。由于这类事由的存在可使该当于构成要件的行为合法化，故又称之为合法化事由（Rechtfertigungsgründe）；同时由于阻却违法事由是在特定情况下容许排除刑法的禁止而形成的例外，因此，相对于法定的违法构成要件来说，它们也可称为容许构成要件（Erlaubnis-tatbestand），或者合法化构成要件。而既然是"构成要件"，从实现法律的安定性与明确性的要求来说，对于违法性阻却事由就应该尽可能明确地设立一些类型化的规定，符合这些类型的即为合法，反之为违法。然而，由于社会生活利益错综复杂，依照法律所保护利益的范围日益扩展，不仅各种利益或价值相互交错，法益冲突的现象也时常发生，因此，刑法规范不可能从正面将所有违法事由一一明文规定，只能自反面对排除违法性的一些特定条件予以规定。即使自反面规定的排除违法性的事由，也因成文法之局限，而不可能规定所有的违法性阻却事由之类型，通常它们都是一些最为明显及最为重大的违法性阻却事由。因此，各国刑法都规定了的违法性阻却事由是正当防卫和紧急避险，至于其他的违法性阻却事由，各国

---

① 李海东主编：《日本刑事法学者》（下册），203 页，北京，中国法律出版社；东京，成文堂，1999。

立法则有差别，法国刑法规定依法律的命令或合法当局的指挥而为的行为，特殊情况下的受害人同意的行为为违法性阻却事由；日本刑法规定的合法化事由有基于法令的行为、正当业务行为、正当防卫和紧急避险；《德国刑法典》也规定正当防卫和紧急避险是违法性阻却事由，同时还规定个别情况下被害人的同意也可阻却违法。例如，《德国刑法典》第228条规定，"得被害人同意而实施身体侵害的，只有在该同意违反善良风俗时，行为才具有违法性"。我国刑法则主要就规定了正当防卫和紧急避险，等等。因此，如果我们仅仅根据各个具体的刑法规范，根据各具体犯罪的构成要件之规定，根据总则中关于违法性阻却事由的极少数的类型化规定，来断定行为的违法性，很多时候恐怕难以济事。此时，必须就实质的违法性进一步加以探究，视其是否违反法益，以决定行为的违法性。由是，就产生或者说涉及刑法中所说的法定的违法性阻却事由和超法规的违法性阻却事由。前者为刑法规范中已经明确规定了的违法性阻却事由，如正当防卫和紧急避险；后者则是指刑法条文中本身并无明确规定，而是从法益侵害或威胁中引申出来的阻却违法性之事由。换言之，超法规的违法性阻却事由，是指刑法没有明确规定，但根据个案的特殊情况，在法官进行裁决之后可以成为违法性阻却事由的情形。它是从法秩序与法理念的精神中引申出来的正当化事由。超法规的违法性阻却事由是否能够成立，取决于裁判者的判断，更取决于社会发展状况以及公众的宽容度等复杂因素。①

这种广泛地存在于刑法之外的违法性阻却事由也不是没有道理，因为"并非只有刑法才有合法化事由，法秩序的整体均具有合法化事由。与构成要件相反，在成文法和习惯法中，合法化事由的完整的无漏洞的体系是不存在的，这些漏洞只能以'法律补充'方法加以堵塞，也就是说，用实体上的犯罪学的评价尺度对行为的实体内容，其社会危害性或社会有益性作出检验，在确定行为实体合法性情况下，否定违法性的存在。但是，只有当成文法中不存在对行为作出（肯定或否定的）评价可

---

① 参见周光权：《刑法总论》，4版，200页，北京，中国人民大学出版社，2021。

能性情况下，此等法律补充方法方可为之。实体的犯罪学说绝不应劝诱法学家们不理会总是首要的且尽可能首先予以强调的成文法"[①]。

因此，在不可避免地存在超法规的违法性阻却事由情况下，必须尝试借助成文法以外的评价来证明行为的合法性，即根据行为是否违反人类共同生活之目的，侵害或威胁法益为标准对行为进行衡量。如果为了实现国家规定的共同生活目的，采用适当的方法攻击他人受法律保护的利益，即使该行为符合构成要件，但也不具备违法性。借助于这一原则，在所有成文法未规定合法化事由之处，均可为具体的个别情况找到合法化事由。总之，由于"合法化事由在成文法中只得到极不全面的探讨，以至于合法判决的作出在很大程度上不得不借助于在成文法以外来考察合法和不法的实体内容如何"[②]。这种对其他条件的借助，相对于类型化的违法构成要件而言，当然是在它之外进行的。此时，构成要件的类型化对于违法性的判断显然是不充分的，其违法推断机能并没有发挥实效。

其次，法定合法化事由的机能障碍。

承认超法规的违法性阻却事由存在，并不意味着所有犯罪中都要使用超法规的违法性阻却事由。通常情况下，使用的还是法定的违法性阻却事由。在我们使用法定的违法性阻却事由时会发现，有些犯罪中，虽然根本不需要超法规的违法性阻却事由而只能或者说只应以法定的违法性阻却事由为根据，但是，法定的违法性阻却事由又不能完全完成对行为违法性的判断。这正如并非所有的时候我们都需要超法规的违法性阻却事由一样，也并非所有情况下法定的违法性阻却事由都足以完成对行为违法性的判断。这是由刑法规范的特殊性决定的。如前述，刑法规范只是自反面将排除违法性的一些特别事由在刑法中予以了规定，而未从正面对违法事由予以明定。但是，刑法规范对每一种犯罪构成要件的设

---

① [德]弗兰茨·冯·李斯特：《德国刑法教科书》，徐久生译，171页，北京，北京大学出版社，2021。
② [德]弗兰茨·冯·李斯特：《德国刑法教科书》，徐久生译，162-163页，北京，北京大学出版社，2021。

计并不完全相同。有些犯罪违法性判断问题相对简单,立法者只需对其构成要件作出规定,再辅之以消极的排除违法性阻却事由,即可判断违法性之有无。例如,以作为形式实施的故意杀人罪,因为杀人行为极端违背社会共同生活之目的,极端地侵害了公民最重要的人身法益,故其对违法性的判断,只要再辅以没有法定的违法性阻却事由即可。也就是说,对这些犯罪的构成要件,立法者并未加入特殊的违法性因素于其中。但是,这并不排除"立法者将违法性特征吸收进个别犯罪的构成要件当中。……根据立法者的观点,恰恰是在这一类犯罪方面,划清合法与违法特别困难。"[1] 有些犯罪,譬如行政犯,因为其行为构成犯罪并非如自然犯一样违背人伦常理,而只是出于社会一时之需才规定在刑法条文之中的,因此,立法者为这些犯罪设计构成要件时,总会使用一些诸如"非法""无故""违法""不法""未经许可""未授权"等含有违法性要素的成分。不过,因为大陆法系中的构成要件主要精力在于提供事实判断的规格,而非价值判断的标准,因此,刑法罪刑规范的主要精力并不在于规定违法性要素本身,即使少数条文标明了违法性要素、规定有"非法"等字眼,也不过是为了用语上的方便,而并非是对此等犯罪违法性要素的强调。因为"纵在未特别使用如此的修饰词之构成要件中,亦须具有违法性之存在,此仅不过系法律规定文词上之语感而已,并无特殊强调违法性的意义"[2]。但无论如何,对于这样一些犯罪在判断行为的违法性时,就不能仅仅依据违法性阻却事由的有无行事,而必须在使用违法性阻却事由,具体说也就是法定的合法化事由排除行为的违法性之前,对这些预含了违法性要素的规定进行判断,因为,此种情况属于"构成要件的违法性推定机能不起作用的情况,仅确定不存在违法性阻却事由是不充分的,这就有必要积极地把违法性作为基础。例如侵入住宅罪和逮捕监禁罪那样有特殊规定'无故''不法'等要素的构成要件,阐明了这种精神,即外观上同类行为在社会生活中都属于正常

---

[1] [德]弗兰茨·冯·李斯特:《德国刑法教科书》,徐久生译,163页,北京,北京大学出版社,2021。
[2] 洪福增:《刑法理论之基础》,236页,台北,台湾刑事法杂志社,1977。

行为，只有这种行为违法时，才可以认定是犯罪类型"①。对于此类行为，只有表明特殊的违法性要素被认定时，构成要件作为典型的不法才被实现。②

总之，并不是每种犯罪的违法性都能够容易地通过法定的合法化事由得出结论。对于少数犯罪而言，法定的已经类型化的合法化事由并不能完全胜任违法性判断的任务，而仅仅确定不存在违法性阻却事由是不充分的，这就有必要积极地把违法性作为基础，借助条文中那些表明违法性的要素进行判断。虽然这些表明违法性要素的文字表述重点并不在于强调犯罪的违法性，但是，由于包含这类字眼的犯罪毕竟较之其他犯罪多一些要素，也即相对明确一些的违法性要素，因此，在从事违法性阻却事由的整体判断之前，当然有必要判断这些违法性要素的存在，否则，就是忽视了不同条文之间的差异。

最后，作为违法类型的构成要件对禁止要素描述的不完整性。如前述，在没有使用诸如"未许可""非法"等表示特别的违法性要素的场合，构成要件也须具有违法性存在。"根据犯罪论的现状可以认为，必须将反映犯罪行为实体的不法内容所有特征纳入构成要件。"换言之，"禁止行为应当通过构成要件被详尽地改写，因为立法者在这里必须列

---

① ［日］福田平、大塚仁编：《日本刑法总论讲义》，李乔等译，87页，沈阳，辽宁人民出版社，1986。

② 对此种情况，德国学者耶赛克也有论述，他说，"在某些构成要件中，如果一个消极的因素增加到行为人的被描述的行为中，如缺少当局关于赌博的许可，典型的不法才实现。这里要区分其他的构成要件，在这些构成要件中，被描述的行为是如此的危险，以至于它必须被视为典型的不法，但当局的许可可以构成合法化事由。因此，第423条中规定的'未经许可'特征，不属于构成要件，而只能是指明了如果当局许可，则存在污染水域的合法化的可能性。构成要件描述了典型的不法，所以，实现构成要件的那个人在实现构成要件的同时也就破坏了被保护的法益；因此，不需要对法益侵害作出特别的规定。"（［德］汉斯·海因里希·耶赛克、托马斯·魏根特：《德国刑法教科书》（上册），徐久生译，337-338页，北京，中国法制出版社，2017。）此处耶赛克所表达的意思是，在有些犯罪的构成要件之中，立法者添加了一些表明违法性的消极因素，在此情况下，对该当于此类构成要件行为违法性的判断必须在确定违法性阻却事由之前，对这些表明违法性要素进行确定。其所表达的意思，在笔者看来，与日本学者福田平、大塚仁等基本是一致的。

举出反映相关犯罪类型的典型的不法内容的所有特征"①。这是从不法构成要件得出的必然结论。既然构成要件是不法类型,既然要实现违法行为的类型化意义,构成要件就必须包含有全部的表明行为违法性的特征或者说要素,而不是只包含部分违法性要素;就必须使得所有情况下构成要件该当性与违法性的判断成为一种逻辑上的直接肯定关系。如此,在没有表示特殊违法性修饰语词要素的情况下,对实质的违法性的判断也不应该是一个难题。遗憾的是,根本不可能所有的构成要件都包含判断行为刑事不法的全部内容。虽然罪刑法定主义要求立法者详细地规定被禁止行为的各个要素,但是立法者对事物认识的有限性,语言表达的局限性以及立法的简约性要求等主客观情况,使立法者不可能对每一个犯罪的构成要件都予以详细描述,必然存在着一些构成要件未能详尽描述出而又对判断行为的违法性具有重要意义的构成要件要素。此时,即存在构成要件的遗漏,此种遗漏导致了构成要件的违法性判断障碍。例如,在不真正不作为犯和过失犯中就缺少推定行为违法性的构成要件特征。在不真正不作为犯中,对行为人是否有防止结果发生的义务,刑法条文并未规定,而这一问题却和行为的违法性密切相关。只有当行为人处于防止结果发生的特殊地位并由此使其负有了避免结果发生的义务时,他的行为才是违法的。与此相类似的还有过失犯。如果行为人没有预见的义务,或者预见后他采取了避免结果发生的行为,那么,他的行为也不是违法的。但是,过失犯罪并没有规定与违法性判断直接相关的内容,即何种情况下要求行为人有预见义务,及何种情况下认定他尽到了防止结果发生的责任,都需要在成文的构成要件规定之外予以补充。"关于这样一些构成要件,可以说它违法性推断机能(也)已不起作用。"② 此时,行为相当于法定的构成要件同样不能推断其违法;对于违法性同样并非探讨违法性阻却事由就足够,它同样需要由法官在

---

① [德]汉斯·海因里希·耶赛克、托马斯·魏根特:《德国刑法教科书》(上册),徐久生译,336页,北京,中国法制出版社,2017。
② [日]福田平、大塚仁编:《日本刑法总论讲义》,李乔等译,87页,沈阳,辽宁人民出版社,1986。

确定类型化的合法化事由之前进行补充判断，只不过这一过程是针对构成要件中所欠缺的征表刑事不法内涵的内容而进行的。在此之后，该当于构成要件行为的违法性才可以被推断。

总之，即使在将构成要件作为违法类型的当今刑法理论之下，在我们将构成要件与违法性的关系作了最大努力或者说最密切化的尝试之后，构成要件该当性与违法性判断之间仍然存在问题。违法性的判断在很多情况下不能仅通过构成要件该当性及随后判断无合法化事由获得，作为违法类型的构成要件并不能通过其类型性为我们认识行为的违法性提供充分的类型意义。在某些时候我们必须在构成要件要素之外寻找有助于违法性判断的要素，或者凭借超法规的违法阻却事由，或者通过特殊的违法性要素，或通过被遗漏的构成要件特征，来帮助判断行为违法性之有无。不法构成要件对于行为违法性的判断并非总能发挥违法性推断的作用。

三、结论：开放的构成要件之必需

构成要件是否具有违法性征表机能，这是自构成要件理论产生以来就一直纠缠不清的一个问题，而且这一问题即使到现在有了一个相对稳定和为众人所接受的答案，即构成要件是违法类型，也并不能解决所有违法性判断的实际问题。换言之，在违法性的实际判断中，构成要件并不能因其作为违法类型的征表而通过违法性推断机能的发挥在所有情况下都顺利地帮助我们判断行为违法或合法。所谓征表，表面上之征兆也。如此，对符合构成要件该当性之行为的违法性问题，注定了不能仅仅求助于具有征表违法性机能的构成要件，而必须在此之外，借助其他违法性要素帮助我们判断。这样，固然在行为不存在法定违法性阻却事由时，容易得出违法性的结论，但唯有在存在违法性阻却事由的情况下方能够阻却违法性。

违法性阻却事由判断本身的种种困难，决定了构成要件征表的一点点违法性不可能都"表"以致用，所以，将能"表"以致用的构成要件定性为封闭的，将不能"表"以致用的构成要件定义为开放的，并无大碍，至少在实际应用当中如此。相对于那些仅凭法定违法性阻却事由就可判断该当于构成要件的行为之违法性的情形来说，那些需要法官凭借其他条件来确定补充法定违法性阻却事由违法性判断之不足的构成要件确乎是开放的，因为它们需要补充，需要其他要素的帮助证明。日本学者福田平和大塚仁认为，"需要以审判官的判断补充其内容的所谓'被展开的构成要件'，也是与构成要件属于同类性质"①。这两位学者所说的展开的构成要件与笔者所说的开放的构成要件是同一含义，显然，他们不但承认开放的构成要件，而且，正如笔者所赞同的，开放的构成要件在性质上并不违背违法构成要件之通说。德国学者耶赛克则指出，"禁止内容的形成的程度在具体的刑法规定中是不同的"，因此作为违法类型的构成要件并不能"毫无例外地包含全部的对某一犯罪类型的不法内容具有共同决定作用的特征"，这就导致"法官从一般之价值判断或从与其他特征的联系中获得的补充，重新产生新的构成要件特征"②。我国也有学者指出，"有关开放构成要件理论的争议，表面上看在构成要件与违法性问题上纠缠不清，实际上仍与对刑法规范的认识相关。如果认为在刑法规范之外的其他法律规范中去寻找并补足构成要件的全部要素，则构成要件的定型意义似乎就大打折扣了。从'封闭'的状态去理解构成要件，就可以保证'如果 T，则 R'的规范实现；而如果假定开放的构成要件的存在，就无法保证'如果 T，则 R'，因为需要其他法律规范的内容补足构成要件的要素。实质上，否定开放构成要件的实现多有掩耳盗铃的心态，刑法规范的构成要件在很大程度上是开放的，而不仅仅是'异类'的现象"③。所以，虽然根据违法构成要件论，开

---

① [日]福田平、大塚仁编：《日本刑法总论讲义》，李乔等译，87页，沈阳，辽宁人民出版社，1986。需要指出的是，这两位学者虽然使用的是被展开的构成要件概念，但在实质上，其与笔者在此提到的开放的构成要件是一个意思。对此，我们从论者在提及这一概念时的上下文即可看出。

② [德]汉斯·海因里希·耶赛克、托马斯·魏根特：《德国刑法教科书》（上册），徐久生译，339页，北京，中国法制出版社，2017。

③ 参见时延安：《刑法规范的结构、属性及其在解释论上的意义》，载《中国法学》，2011（2）。

放的构成要件似乎必须被拒绝，但是，特殊情况的存在决定了开放的构成要件又是必然的，生硬的拒绝是不现实的。当然，就开放的构成要件理论而言，以上学者兼或其他论及过此问题的学者都不能与威尔哲尔相提并论。

威尔哲尔所说的封闭的构成要件，无非就是那些作为违法类型的构成要件仅仅凭借违法性阻却事由而无须借助其他条件就可以完成对该当于构成要件行为违法性判断的情形。判定构成要件合法性的法官只需在确定违法性时进行排除违法性阻却事由的一次否定审理，他不需要为判定违法而寻找其他条件，他只需说明这不符合违法性阻却事由。而威尔哲尔所说的开放的构成要件，则无非就是那些仅凭法定违法性阻却事由还不能判断符合构成要件行为违法性的情形，就是那些还需要在法定违法性阻却事由之外寻找一些其他的条件帮助我们判断行为违法性的构成要件。在法官判断法定违法性阻却事由之前，他还必须要借助其他条件确定行为的违法性。而需要借助的其他条件，依据威尔哲尔的界定，既有存在于构成要件之外的，也就是说根本无任何文字记载于构成要件之中的违法性要素，如不真正不作为犯中的防止结果发生义务，过失犯中的预见义务等；也有作为判断超法规的违法性阻却事由的一般原理，如社会的不相当性；还有刑法条文中规定的个别的违法性要素，如职务行使的"合法"，法规的"有效性"；等等。无论威尔哲尔所据以凭借的这些法定违法性阻却事由之外的其他要素是否可取，也无论其对这些要素的界定是否合理，只要我们承认法定违法性阻却事由在违法性判断上的缺陷，承认实质的违法性判断存在的以上种种困难，我们就应该承认开放的构成要件是合理的，因为这一理论正是为了弥补法定违法性阻却事由违法性判断的缺陷而提出的。

同时，由于在开放的构成要件情形之下，构成要件所征表的违法性在实际的违法性判断中几乎是没有实效的，如果不借助另外的违法性要素，几乎不可能得出行为违法与否的结论，因此，构成要件本身所征表的违法性，因其无法发挥任何实效，几乎被消解。笔者认为，从这个角度来说，威尔哲尔认为开放的构成要件不具有违法性征表机能似乎也并不为错。至于陈志龙先生所提出的——开放的构成要件将构成要件理解为中性无色的,"将得出任何构成要件均属'开放性'构成要件的结论"的看法,当然是片面的。威尔哲尔只是说在开放的构成要件中构成要件是中性无色的,而在封闭的构成要件中,构成要件具有违法性推断机能。威尔哲尔并不是说所有的构成要件都是中性无色的,然后才来探讨构成要件的开放或封闭的问题,而是相反。所以,这种看法恰恰是没有看到开放的构成要件理论的实质,是片面的。而且,由于构成要件本身所征表的违法性被消解,构成要件只是一部分而非全部,当然就不应将所有构成要件归在开放的构成要件之内了。

其实,即使承认开放的构成要件具有违法性推断机能,也不妨碍我们承认这种类型的构成要件。试看这样的论述:"作为现实的问题,又不得不在一定的范围内设立开放的构成要件""但是,即使在开放的构成要件中,在需要由解释来补充所欠缺的构成要件的情形下,符合构成要件就能推定违法性的机能,与封闭的构成要件的情形是一样可以肯定的。"[①] 在笔者看来,大塚仁的这一论断也许是错误地理解了威尔哲尔的开放的构成要件理论的结果,因为威尔哲尔明确指出开放的构成要件是没有违法性推定机能的。但是,它实际上从另一侧面启迪我们,即使认为开放的构成要件中的构成要件同样具有违法性推断机能,也根本不妨碍我们承认开放的构成要件之存在,正如大塚仁自身所主张的一样,原因就在于在开放的构成要件中构成要件所征表的违法性对于行为违法性的判断来说根本是不够的,是不能像封闭的构成要件中所征表的违法性一样发挥出判断行为是否违法的实际功效的,它必须要借助其他的补充判断才可。因此,以"肯定开放的构成要件,就意味着否定构成要件的违法性推定机能"[②] 为由反对开放的构成要件概念实则站不住脚,开放的构成要件理论与构成要件是违法有责类型的理论立场并不矛盾,"构成要件作为违法有责类型,其无论是在三阶层中独立存在,还是在

---

① [日]大塚仁:《犯罪论的基本问题》,冯军译,56页,北京,中国政法大学出版社,1993。

② 张明楷:《实质解释论的再提倡》,载《中国法学》,2010 (4)。

二阶层中与违法性和有责性分别合二为一，其所具有的违法性和有责性推定机能都不会丧失；恰恰相反，正是因为承认构成要件的违法性推定机能，而有些构成要件中推定违法性的构成要件要素并未在法条中予以明确规定，以至于法官无法判断行为是否违法，因此还需要进行补充判断，而这些构成要件就是开放的。可见，承认开放的构成要件并积极地探讨如何予以补充适用，反倒有利于充分发挥构成要件的违法推定机能"[1]。

一言以蔽之，无论如何看待构成要件的违法性推定机能，对于开放的构成要件是否具有违法性征表机能过多纠缠都不影响这一概念的存在。至于违法性判断的积极程序与消极程序是否能作为开放的构成要件与封闭的构成要件区分标志，笔者以为，如果我们承认开放的构成要件需要法官对违法性要素进行特别的补充，自然就会承认开放与封闭的构成要件在违法性判断程序上的这一差别。在开放的构成要件下，在确定法定违法性阻却事由之外的其他帮助我们判断行为违法性的条件时，对这些条件法官需要的是从正面确定其存在，如存在"依法"、"非法"或"未授权"，存在作为的义务，存在防止结果发生的义务，等等。不管这些条件本身的内容是积极的（如"依法"）还是消极的（如"未授权"），法官所要做的都是积极地对它们予以肯定，在此基础上进一步确定行为的违法性。我们不能根据所确定的内容本身是消极的，如"行为是无权的，不存在允许"，就认为这种确定是消极的，即不能说对消极内容的肯定就带有消极性，只有对积极内容如"合法的"肯定才带有积极性。威尔哲尔所说的积极是在无论其内容是积极还是消极的，都需要法官积极地肯定这些因素的存在；相对于封闭的构成要件而言，由于后者的违法性判断是通过对法定违法性阻却事由的排除即消极地否定而实现的，它不存在从正面积极地肯定某种违法性要素存在的步骤，因此，在判断违法性时，开放的构成要件的积极程序与封闭的构成要件的消极程序遂成为二者区分的一个重要标志。肯定与否定，承认和排除，

---

[1] 刘艳红：《实质刑法的体系化思考》，载《法学评论》，2014（4）。

一正一反，当然应该将前者称为积极程序，后者称为消极程序。如由于这种评价都是以违法性要素作为对象的，也不存在是以行为人还是以行为客体作为评价对象的不同视角，所以，笔者不同意罗克辛关于法官对违法性的积极和消极判断不能成为开放与封闭的构成要件的区分标志的观点。

笔者以为，开放的构成要件最重要的特点是，因为构成要件对禁止要素规定的不完整性导致无法征表行为的违法性，从而还需要法官在从事合法化事由判断之前，寻找是否有其他违法性要素的存在。构成要件规定的不完整性以及违法性判断的需要补充性，才是开放的构成要件的本质。所以，开放的构成要件比封闭的构成要件中要多一道关于违法性判断的工序，这是我们无法否认的。在笔者看来，正因为开放的构成要件在违法性判断上需要法官的补充，所以，威尔哲尔才从违法性判断程序上来界定二者。当威尔哲尔在强调违法性的积极和消极判断是区分开放与封闭的构成要件的标志时，更主要的是在强调在开放的构成要件中，需要单独确定违法性要素的存在与否。这是在封闭的构成要件中没有的程序。从这一点来说，威尔哲尔有关积极与消极程序判断的说法是有其合理性的，至于在论述这种程序上的不同时采用"积极的"还是"消极的"的语词来界定，是次要的问题。即使不尽合理，但如果能使我们更好地理解两种不同构成要件之间的区别，也并非不可以。

总之，从违法性的实质分析，开放的构成要件是合理的。仅仅根据威尔哲尔在定义开放的构成要件时所认为的开放的构成要件不征表违法性的特点，就将这一理论全盘否定，不说没有看到这一理论的实质，至少不符合辩证地看问题的哲学要求。如果我们从构成要件与违法性判断的实际情况，具体说，是与实质的违法性判断之间的关系分析，将具备构成要件该当性的行为是否能通过法定违法性阻却事由判断违法性为已足，将构成要件分为两大类就是合适的。一类封闭，因为其能在法定范围以内实现自足；一类开放，因为它还需要法官在排除法定违法性阻却事之前，通过其他条件补充判断违法性之有无。对前者，法官采用的是消极程序确定违法性，对后者则是采用积极程序确定其违法性，此乃二者在判断违法性时程序上的不同。开放的构成要件是在更为实质或深入的层面上探讨构成要件与违法性之间关系的结果,是在法定违法阻却事由之外,在构成要件征表违法性机能而不能发挥确定违法性的情况下,提出的一种新的探讨构成要件与违法性关系的理论。它不但不存在陈志龙先生所批评的使得构成要件与违法性之间的关系无法建立的不足,相反,它使得构成要件与违法性之间建立了一种全新的、更深层次的关系,开辟了研究构成要件与违法性之间的关系的新的视野。在此基础上,学者进一步深入探讨构成要件与违法性之间的关系,如有学者认为,"不论是将开放的构成要件理解为'在构成要件之外积极寻找违法性',还是将其理解为'在构成要件之内的补充',其共同点都是以承认'违法类型'的轮廓不完整为前提,故此二者皆需补充"[①]。

除却开放的构成要件理论会"否定构成要件违法推定机能"的批评,理论上还存在开放的构成要件理论冲击罪刑法定原则以及不当扩大刑罚处罚范围等反对主张。对前一观点,即"推行开放的犯罪构成要件,甚至会消解罪刑法定原则的形式侧面的作用"[②],笔者将在后文中进行详细阐述;而后一种观点"开放的构成要件理论,实际上是将需要补充的构成要件要素从构成要件转移到违法性中去,使之成为专门的违法要素,从而将其排除在故意的认识对象之外""对于违法性而言,只要具有认识可能性即可,而不需要现实的认识,这便导致不当扩大处罚范围,因而不妥当""大体上可以说,只存在开放的刑罚法规,不存在开放的构成要件"[③],在笔者看来,这仍然是试图"回避不承认"开放的构成要件后的处理方式,并未真正够解决问题。首先,需要补充的内容,在体系逻辑上,不论是放在构成要件中还是放在违法性中,其本质都是需要法条之外的价值补充判断,而就行为人而言,对此类"内容"产生"现实的认识"本就比其他构成要件更困难,因为不真正不作为犯

[①] 刘泽鑫:《论开放的构成要件理论的司法适用》,载《河南大学学报(社会科学版)》,2016(1)。
[②] 陈兴良:《形式解释论的再宣誓》,载《中国法学》,2010(4)。
[③] 张明楷:《实质解释论的再提倡》,载《中国法学》,2010(4)。

第二章　开放的构成要件理论之本质

的义务来源、过失犯的注意义务、目的犯之"目的"等均未在刑法条文中写明，情节犯也是一个相对模糊的内容，即使将它们归入"不成文构成要件"，行为人在"现实认识上"依然困难重重，甚至"认识可能性"都存在很大问题，因此，行为人现实认识的范围，在开放的构成要件所指涉的内容上天然存在一定难度，与其在刑法体系中的位置并无太大联系。其次，由此产生的因"现实认识"而处罚范围的扩大或缩小，其实也是对构成要件理论的一种误解。"由于故意是对构成要件事实的认识与容认，所以，当行为人误以为落入水中的是他人幼儿时，开放的构成要件理论认为，行为人依然具有故意，只是没有认识到违法性。"[1] 开放的构成要件的功能是对作为义务进行法条之外的补充，否则仅从"不救助他人"的行为外观无法判断行为是否具有违法性，当不真正不作为犯的违法性得到填补，才能通过这种类型化了的构成要件确立违法性，其也才能成为行为人的行动指南，而被填补违法性之后的开放的构成要件，当然需要行为人对此具有"现实认识"，而不是一种对违法性的"认识的可能性"，因此，实践中也并不会因为将不真正不作为犯视为开放的构成要件而扩大处罚范围。

第四节　规范的构成要件要素与开放的构成要件

构成要件要素，是指作为构成要件组成部分的各个具体的构成要素，是立法者借以描述禁止行为法律要件的组成元素。根据构成要件要素的表述方式不同，构成要件的结构可以分为记述的构成要件要素和规范的构成要件要素。如前述，规范的构成要件要素自被迈耶提出后，被

---

[1] 张明楷：《实质解释论的再提倡》，载《中国法学》，2010（4）。

麦兹格贯穿于刑法理论之中，至今构成要件逐渐变成了规范性的产物。

也正是规范的构成要件要素概念，使罗克辛和陈志龙先生都反对威尔哲尔将特殊的违法性要素，诸如行为人要素等作为开放的构成要件，区别只是在于罗克辛是在反对整个的开放的构成要件的前提之下对特殊违法性要素作为开放的构成要件的反对。对特殊的违法性要素作为开放的构成要件的情形，在罗克辛看来，那是因为威尔哲尔将这些具有描述性的要素作为特殊的违法性要素从构成要件中取出，剩下的构成要件当然不再能详尽地描述被禁止的行为，于是，威尔哲尔认为人们期待在违法性的范围内用违法性要素将这种描述补充完整。[①] 而根据罗克辛的分析，这些要素也描述了行为，本身就是构成要件要素，只不过被威尔哲尔人为地从构成要件中取出；如果不是这种人为的排除，包含这些要素的构成要件就不应该是开放的了。陈志龙先生则是站在不太明确地同意开放的构成要件的前提下对特殊的违法性要素作为开放的构成要件提出了反对，他认为"在规范性构成要件理论提出后，则必须对此问题另外思考，而威尔哲尔所采之开放性构成要件，在涵盖上亦过广，甚而将成立身份犯之'行为人要素'亦列入其中"。纵观罗克辛和陈志龙先生的思考，他们是秉承着这样的逻辑思路的：特殊的违法性要素具有行为描述功能因而并非纯粹的违法性要素毋宁说是构成要件要素，具体说是规范的构成要件要素；既然是规范的构成要件要素，那么，包含这样一些要素的构成要件本身就包含了对行为违法性内容的描述，所以它们不是开放的构成要件。对这两位学者的思路，笔者准备一步步进行分析，以求得关于开放的构成要件的外延的正确结论。

一、违法性要素与规范的构成要件要素

应该肯定的是，特殊的违法性要素确实就是规范的构成要件要素。如前文所述，自从迈耶提出并经麦兹格全面贯彻之后，现今该观点已为

---

① Vgl. Claus Roxin, Offene Tatbestände und Rechtspflichtmerkmale, Berlin, 1970, S. 60f.

刑法理论普遍认同。笔者以为，规范的构成要件要素具有两个明显特点，一是非自然感官感觉性，二是价值评判的必须性。

非自然感官感觉性。如果站在纯自然主义的立场上，刑法中所描述的构成要件要素都应该是通过人的感官可以感觉得到的，具有可感知性。比如，关于杀人罪的规定，各国刑法一般规定，杀人的，处以一定的刑罚。由于对什么是人，社会大众普遍都能了解，即或他们欠缺科学上关于人的生命的开始与终止的一个精确的定义，也不妨碍他们对"人"的概念的认识。这种很容易为人的感官所感知的概念是记述的构成要件要素。再如刑法关于重婚罪的规定，常常使用的是"有配偶而重婚的"这类的表述，由于社会大众对婚姻的熟知和高度参与性，对于什么是有配偶及重婚行为并不难了解，对于他们而言，写在刑法规范里的此类文字与社会的贴近性和熟悉性，令其往往凭借法律中的文字就不难理解。然而，现实的复杂性注定了在刑法构成要件中所描述的要件要素不可能都是具有可感知性的，一些诸如什么是"人"这样的要素，由于记述的是最为常见和熟悉的事物，当然就具有可感知性，这样的构成要件要素也就成为记述的构成要件要素；但是，有些构成要件要素记述的是具有一定价值含量的客观事实，如对于"非法""擅自""无效""贿赂"等要素来说，它们不像描述性要素那样，是对客观事实的如实表述或描摹，而是通过对客观事实的抽象和提炼而形成的一种具有深厚内涵的要素，是对行为内部的、不可感知而只能深入其中理解的事实的概括性、模糊性规定，因此，它们不像描述性要素那般易感知，而具有不可感知性。是否可感知，于是成为记述性要素与规范性要素相区分的一个重要界限。

价值评判的必须性。是否需要法官的价值补充判断，是判断一构成要件是否为规范性要素的一个更重要标准。由于记述性要素具有易感知性，因此，对于记述的要素，是根据事实的认识来判断，例如，各国刑法关于拐卖妇女犯罪中的"妇女"，德国刑法扰乱葬礼犯罪中的"葬礼"等。这些描述的构成要件要素包含了一般人可以认识的客体，只需要法官对于事实的认识，只需要单纯认识性活动，即可把握。由于规范性要素的不易感知性，因此它需要法官进行一定的价值评价。因此规范性要素必须由法官在单纯的认识性活动的基础上，再根据某种价值判断标准进行评价以后才能确定，即法官必须进行价值判断。但是，这绝不意味着记述性要素不需要任何刑法上的解释，有时，对于一些记述性的构成要件要素也是需要事先进行解释的，不同的是，在解释的结论确定以后，法官只需要根据公认的解释结论来判断即可，而不需要加进任何价值判断。例如，关于杀人罪的客体"人"，在什么时候不是胎儿而成为杀人罪的客体，或者什么时候不是人而成为尸体损坏罪的客体等。在发生解释上的问题时，虽然对人的始期存在部分露出说等，对人的终期存在"三征候说"等诸多学说，但只要确定其解释，法官就可以不进行价值判断，直接对"人"进行认定。与之相对，犯罪的规范的要素是指，尽管就此存在一定的解释，法官还是必须进行价值判断，否则无法认定其存否。①

虽然刑法理论上一致认为，对规范的要素应由法官进行价值补充，但是，法官根据何种具体标准判断规范的构成要件要素的内容，却不是一个能够予以简单回答的问题。有学者认为应该根据"某种公认的价值判断标准"②，有学者认为"对这种要素不单要有事实的认识，还必须要有评价，从某种意义上讲，法律不过是给以一种初步的评价，具体的内容还要在充分考虑历史的和社会的各种情况下，由法官来进行补充性的评价，有时要依靠刑法以外的法律评价，有时要服从道德的、社会的、经济的评价"③。显然，规范性要素的判断标准具有一定的相对性，正如学者所总结的，规范性要素具有"不可避免性"和"相对的明确性"④。本来，作为这些要素的内容都是不易感知的，不好把握的，如果在补充判断时，没有一个相对稳定的标准，则会使法官对规范性要素

---

① 参见［日］野村稔：《刑法总论》，全理其、何力译，112页，北京，法律出版社，2001。
② 马克昌主编：《犯罪通论》，89-90页，武汉，武汉大学出版社，1999。
③ ［日］泷川幸辰：《犯罪论序说》，王泰译，载高铭暄、赵秉志主编：《刑法论丛》，第3期，194-196页，北京，法律出版社，1999。
④ 张建军：《论规范的构成要件要素的明确性》，载《当代法学》，2012（5）。

的判断成为纯粹主观的、个人色彩浓厚的活动，这显然不利于人权保障。因此，一般而言，对规范性要素的补充都会遵循一定的标准，如前述麦兹格所说的法律的、社会的和文化的三个标准。但无论如何，欲将规范性要素的判断标准变得极为细化，则又是不现实的。任何包含价值性的要素由于其本身内含的价值性因素，就注定了只能以抽象的不太易操作的价值性标准来判断，所以，对于这些标准，当然就只能大而言之，以所谓的经济、文化、道德、社会等的标准来判断。

二、规范的构成要件要素与开放的构成要件

如前所述，罗克辛和陈志龙先生一致反对威尔哲尔所认为的违法性要素没有行为描述功能的看法，而认为它们不但能显示行为人的法律义务还同时具有行为描述功能；由于违法性要素同样具有构成要件要素所具有的描述行为的功能，因此，这些要素不应该从构成要件之中排除出去；如果不排除出去，那么，构成要件对行为的描述就是详尽的，包含这些规范性要素的要件也就不能称其为开放的构成要件了。笔者不赞成罗克辛和陈志龙先生的这一思路，而认为，其一，威尔哲尔这种人为地将规范性要素从构成要件之中排除的做法并非不可理解，而是有一定的理论根源的；其二，即使不是将这些要素从构成要件之中排除出去，而是保留其作为规范的构成要件要素的原貌，仍然可以作为开放的构成要件。下文笔者分别进行论述。

首先，根据大陆法系的构成要件理论，威尔哲尔将规范性要素看作是违法性要素而不是构成要件要素有深厚的理论基础，并非完全不可理解的做法。

耶赛克就明确指出，"在某些构成要件中，如果一个消极的因素增加到行为人的被描述的行为中，如缺少当局关于赌博的许可，典型的不法才实现。这里要区分其他的构成要件，在这些构成要件中，被描述的行为是如此的危险，以至于它必须被视为典型的不法，但当局的许可可以构成合法化事由。因此，第423条中规定的'未经许可'特征，不属于构成要件，而只能是指明了如果当局许可，则存在污染水域的合法化

的可能性。因为构成要件描述了典型的不法,所以,实现构成要件的那个人在实现构成要件的同时也就破坏了被保护的法益;因此,不需要对法益侵害作出特别的规定。"[1] 显然,耶赛克认为此类要素为违法性要素而不是构成要件要素。前述洪福增也指出,条文规定的"'私行''非法'等是表示违法性的文辞,系属于开放的构成要件之性质,其认定由法官根据价值判断予以补充"。

为何这些学者均将这些要素视为违法性要素而不是构成要件要素,笔者以为这与大陆法系的构成要件理论有关。根据大陆法系的违法构成要件学说,构成要件应该包含所有不法的内容,但是,这是不可能的。构成要件没有包含全部的刑事不法,需要补充;补充的是构成要件所缺少的违法性的内容;但是,构成要件没有包括,不等于刑法条文没有包括,只不过因为构成要件所包括的对于违法性的判断来说是不充分的、需要补充的。既然补充的目的是判断行为的违法性,而只有对违法性要素的判断才能起到判断违法性的作用,于是,威尔哲尔把那些能够起到这一作用的要素称为违法性要素就是很自然的了,所以,在笔者看来,威尔哲尔将诸如职务行使的合法性、行为人要素、法规的有效性等都称为违法性要素,主要是从价值上来说的,而不是从形式上来说的;是从认识论而言的,而非从存在论而说的。而且,这些表明行为违法性的要件显然在威尔哲尔看来也是应该包含在构成要件之中的,只是刚好遗憾的是,构成要件没有这样做。但是,由于开放的构成要件刚好欠缺这样表明行为违法性的内容,所以,才被他称为是开放的了。总之,开放的构成要件之开放意指应该包含违法性要素,而没有包含;因为没有包含,违法构成要件的违法性推断机能无法发挥作用,所以,其应该具有的违法性推断机能需要补充。

意大利刑法中关于特殊的违法性的理论能够帮助我们理解威尔哲尔的开放的构成要件中的特殊的违法性要素。在意大利刑法理论中,"按

---

[1] [德]汉斯·海因里希·耶赛克、托马斯·魏根特:《德国刑法教科书》(上册),徐久生译,337-338页,北京,中国法制出版社,2017。

典型事实中构成因素分类,特殊违法性因素实际上都是规范性因素。包含在这些因素中的规范可能是法律性的(如刑法典第621条中说的'非法')。也可能是非法律性的(如刑法典第638条第1款中所提到的'没必要'),但它们都从不同角度说明犯罪违法性的特点。"①"'特殊违法性'这个概念指在典型事实(我们所说的构成要件事实——引者注)中本身能单独表明行为违法性的构成要件因素,尽管该因素表示的违法性不属犯罪性质。例如,按刑法典第621条第1款规定,泄露'非法'了解的秘密文件内容为犯罪;而刑法典第638条第1款则规定,'没必要'的杀死或损害动物的行为应受处罚。这两款规定中的'非法'和'没必要'就属于特殊违法性因素。"② 而且即使在承认规范的构成要件要素的场合,是否一定能够将这些要素看成是构成要件要素而非违法性要素也不是那么绝对的。我国台湾地区有学者就曾指出,"刑法所规定的构成要件要素苟须依刑法以外之其他法律规范或社会规范予以补充评价后,始能确定其立法意义、内容或界限者,则此项构成要件要素非纯粹之构成要件要素,而具有违法性要素之性质,盖对于此种构成要件要素所为之评价,不失为违法之评价,是其不应作为构成要件要素予以规定"③。

显然,将这样一些"合法""非法"等直接体现违法性的要素视为违法性要素而不是构成要件要素并不是威尔哲尔的独创,我们也没有必要将这一点作为攻击开放的构成要件的理由。威尔哲尔所列出的特殊的违法性要素的几种情况,如职务行使的合法性、法规的有效性、管辖权、行为人要素及缺少官方的许可等,与一般的违法性规则的不同在于,它们不具有表现的手段与目的之间的关联性;同时,又与过失犯和不作为犯,其中主要是不真正不作为犯不同,它们是在刑罚规范中有文

---

① [意]杜里奥·帕多瓦尼:《意大利刑法学原理》,陈忠林译,145-146页,北京,法律出版社,1998。
② [意]杜里奥·帕多瓦尼:《意大利刑法学原理》,陈忠林译,145页,北京,法律出版社,1998。
③ 蔡墩铭:《中国刑法精义》,67页,台北,汉林出版社,1986。

字规定的，而非如同过失犯或不真正不作为犯的义务前提是欠缺的；与社会相当性理论也不同，它们不是一种根据一种抽象的社会伦理道德所形成的秩序的价值判断，而是一种实际的具体的规范判断。因此，何谓特殊的违法性要素，威尔哲尔虽然并未给出一个一般性的概念或界定，而我们根据以上分析可以对之下以下结论，即所谓特殊的违法性要素，实际是指在刑法中明示的且能够单独表明行为违法性的要素。"明示的"表明其与过失犯和不真正不作为犯的界限，及与社会相当性这样的存在于刑法之外的一种价值观而不是具体的刑罚规范内容相区分；"单独的"，表明的是要素本身即可胜任对违法性的判断，而不是所谓的目的与手段之间的关联性问题。如果不考虑规范的构成要件要素的概念，威尔哲尔将它们列为特殊的违法性要素当然是有其道理的，因为它们是如此明显地表明了行为的违法性问题。作为一种特殊的违法性群体，它们有着自身命名和存在的成分合理性。而且，即使是在对构成要件中的规范要素予以承认的场合，也并不是说人人都赞同将这些规范要素作为构成要件要素的。在此情况下，能否根据威尔哲尔将特殊的违法性要素看作违法性要素而不是构成要件要素，并以此反驳其作为开放的构成要件的理由，值得商榷。

其次，也是最重要的，当我们承认这些特殊的违法性要素实质上是规范的构成要件要素时，包含这些要素的构成要件同样可以成为开放的构成要件。

笔者一再论述威尔哲尔将规范性要素当作违法性要素是可以理解的，并不等于笔者就赞同威尔哲尔的做法。毕竟"在构成要件理论的发展过程中，各学者的认识虽然有所变迁，但是，今天把……记述性要素和规范性要素都包含在构成要件要素之中，几乎不存在什么异议"[1]。为了弄清事实是否该当于构成要件，既必须弄清事实关系，又必须弄清具有构成要件内容的意义，而弄清这种内容，是解释法的任务。然而，

---

[1] ［日］大塚仁：《犯罪论的基本问题》，冯军译，52页，北京，中国政法大学出版社，1993。

第二章 开放的构成要件理论之本质

无论怎样解释构成要件，由于在过去违法性仅停留在某种极度抽象的概念上，因此，尽管是无限的多种具体事实该当构成要件，仍有种种问题。特别是关于该当构成要件的所谓"规范要素"，必须对具体事实作出文化的、社会的、法律的评价。而对这类构成要件的评价，还必须与违法和有责的评价明确加以区分，这是因为违法和有责的评价，是法律对行为作出否定的价值判断。构成要件的评价，应属于违法和有责的评价对象，从而必须在这种意义上加以理解。[①]所以，在规范性要素的性质问题上，笔者愿意秉承当今刑法理论通说的观点，将被威尔哲尔从构成要件之中排除出来并称为违法性的要素收回，即还它们作为规范的构成要件要素的本貌。那么，当我们作这种还原之后，是否就不能将包含了这些要素的构成要件定性为开放的构成要件？是否如罗克辛和陈志龙先生所认为的，此时的构成要件就不再是开放的了？笔者以为答案是否定的。

首先，笔者确实也不能赞同威尔哲尔关于的诸如职务行使的合法性，是否存在官方等的许可等不具有行为描述功能的看法。职务行使的合法性，正是对妨害公务犯罪中行为的直接限制，即要求行为人反抗的行为必须是合法执行公务的官员的行为，否则就不是妨害公务犯罪中的行为。但是，笔者以为，这并不影响这些包含规范性要素的构成要件是开放的。罗克辛的意见无非是，有些违法性要素实际上是已经存在于构成要件之中的，只是威尔哲尔将它们从构成要件之中独立出去了，并进一步称之为特殊的违法性要素，要求法官补充判断，这类开放的构成要件并不真正地欠缺对行为禁止内容的完全描述，只不过这种描述被威尔哲尔排除了，从形式上否定了。然而，前面我们分析过，开放的构成要件的本质在于认为构成要件对禁止行为描述的不完整性以及由此产生的违法性判断的需要补充性，因此，即使我们将这些特殊的违法性要素看成是构成要件要素，也不能认为构成要件对禁止的行为进行了完整的描

[①] 参见［日］福田平、大塚仁编：《日本刑法总论讲义》，李乔等译，54页，沈阳，辽宁人民出版社，1986。

述。对什么是完整的描述，没有一个明确的范围或标准，刑法条文中没有规定的当然是不详尽，譬如不真正不作为犯中的不作为义务，而规定的不清楚也应该是不详尽的，如什么是"合法""未经许可"等。并不是说凡是有规定的必就是详尽的，当某些规定需要我们去补充、去评判时，就是因为它不够清晰。这样，特殊的违法性要素是符合威尔哲尔对开放的构成要件的定性的，即欠缺对构成要件的详尽无遗的规定。

其次，从以上对规范的构成要件要素与违法性要素之间的关系来看，规范的构成要件要素与特殊的违法性要素本来就不是能够严格区分开来的两个概念，规范的构成要件要素被视为违法性要素，反过来亦是如此。这样，当我们对规范的构成要件要素进行评价补充的时候，其实就带有对违法性补充判断的性质，因此，从根本上说，补充规范的构成要件要素与开放的构成要件的本质是不矛盾的。我国有学者认为，由于刑法用语是向社会生活开放的，并随着社会生活的发展变化而变化。例如：同样是"凶器"，在有些情况下可以解释为包括硫酸，但在有些情况下完全有可能解释为不包括硫酸；把"卖淫"这一用语解释为"妇女出卖肉体"的观点虽然占据了人类发展历史的大部分时间，但随着男性出卖肉体行为的增多，"卖淫"则被解释为一切出卖肉体的行为。故在此意义上，任何犯罪的构成要件都属于开放的构成要件。[①] 但是，此种观点显然将"规范的构成要件"与"开放的构成要件"相混淆。此二者均具有一定的开放性，但并非完全相同。因为"规范的构成要件要素体现为一种开放结构，作为一种开放结构，它不但向法官开放，而且向社会开放"，它体现的是一般人的判定标准，随着社会发展，具有较大的流动性与可补充性。这样一来，有关规范的构成要件要素界定标准的诸种传统学说就可以有机地统一起来。规范的构成要件要素是一个具有司法权性质的概念，是一个体现在裁判规范层面上的概念，也是一个具有开放结构的概念。[②] 其概念一旦确定，便无须进行二次判断，直接可以

---

　　① 参见苏永生：《刑法合宪性解释的意义重构与关系重建——一个罪刑法定主义的理论逻辑》，载《现代法学》，2015（3）。
　　② 王昭振：《论规范构成要件要素的刑法内涵与类型》，载《法学评论》，2009（2）。

判断其是否成立犯罪。如前述对"凶器"的理解中，只要我们认定匕首属于"凶器"，便能够将携带匕首盗窃认定为"携带凶器盗窃"，无须对其违法性进行二次判断，而开放的构成要件则不然，在任何情况下都需要对其违法性进行"积极查明"。

再次，从威尔哲尔对开放的构成要件的外延界定也可看出，开放的构成要件并非只是在构成要件中遗漏了某些要件的情况下存在。前已述及，威尔哲尔所划定的开放的构成要件中，既有构成要件中真正欠缺对某些要素的描述而要求的填白性质的补充，如过失犯，不真正不作为犯等；也有构成要件中已经有了相对明确的规定，只是需要法官对这样的规定进行解释性的确定。一般的违法性规则之中，恐吓罪已经为我们提供了这样的例证。该条规定"该行为是违法的，如果为其企图的目的使用暴力或者害恶的威胁视为受谴责的"，也就是说，只有当行为人的恐吓手段与目的之间的关联具有可非难性时，恐吓行为才是违法的。条文要求的目的与手段之间关联的可非难性不是由条文本身就可以得出的，它还需要法官的补充判断，考察行为人的恐吓行为与其目的之间是否具备可非难的关联性。同样的，当我们将职务行使的合法性等规定视为规范的构成要件要素时，这些要素实际上与一般的违法性规则有一个共性，即它们都是构成要件之中已经有规定的要素，只不过这些要素的确定是一个需要结合或法律或社会或文化的价值，需要解释性而非填白性质的判断罢了。既然如此，即使将特殊的违法性要素还原为规范的构成要件要素，又有什么理由不承认包含这些要素的构成要件是开放性的呢？

又次，从规范的构成要件要素实质来看，规范的构成要件要素无非是对构成要件要素进行价值评价上的补充，这与构成要件最初的理论显然是相违背的。早期的构成要件被认为是中性无色的，不含价值评价因素在内的。所以，凡是含有价值评价因素的，就被认为是与违法性挂上了钩。我们对规范的构成要件要素进行补充判断，实际上也就是在对有关违法性的问题进行进一步的确定，这一判断过程与违法性之间是有联系的，而绝非仅仅是单纯的构成要件该当性的判断。规范的构成要件要素的判断,也就是一定程度上对行为违法性的判断,不承认这一点,就等于否认了规范的构成要件要素。"在规范的构成要件要素的场合,法官必须善于实质的解释,使符合客观构成要件的行为具有值得科处刑罚的法益侵犯性,使符合构成要件的行为与具有违法性的行为一体化。"[1]既然规范的构成要件要素与违法性要素具有如此之天然联系,那么,对含有这些要素的构成要件的补充适用与那些未规定在构成要件之中的要素的补充适用的意义就是相当的了,都是为了能够使我们对违法性的判断得出较为确切的结论,都是为了通过对构成要件该当性的判断更好地征表行为的违法性。

最后,对于包含这些要素的构成要件违法性的判断,也的确是需要补充的。何为"合法"等不够清晰具体,是否具备特殊的行为人身份也不明确,法官在判断符合了这些要素的行为的违法性时就要对这些表明了价值判断的东西进行补充。这是构成要件的规定中没有再进一步描述的——如果我们如罗克辛或陈志龙认为的那样,也同意它们是构成要件要素的话。构成要件只是将这样一个概念提供出来了,相对于过失犯完全没有对注意义务进行一个字的涉及而言,这当然是已经比较明确的,但是,相对于判断行为的违法性来说,它当然还是需要法官进一步判断的。而且较之于那些无此类特殊的表明行为违法性要素的犯罪构成要件来说,由于是否合法可以成为在确定法定违法性阻却事由之前行为人行为的合法化事由,对它们的判断不但重要而且是不同于其他无须此类表明违法性特征的构成要件,因此,无论是从禁止内容的不完整性还是从违法性判断需要补充的角度而言,当我们承认将特殊的违法性要素视为规范的构成要件要素之后,对于包含了这些要素的构成要件而言,它们同样是开放的,它们完全符合威尔哲尔对开放的构成要件的定性。总之,包含了规范性的构成要件要素的构成要件当然是开放的构成要件,也正是因为其规范性,这些要件才需要补充,正如大塚仁所说,"开放

---

[1] 张明楷:《规范的构成要件要素》,载《法学研究》,2007(6)。

的构成要件需要补充的部分,一般是规范性要素"①。

总之,即使我们承认如同罗克辛和陈志龙所认为的,特殊的违法性要素具备行为描述功能,是规范的构成要件要素,且不能从构成要件之中排除出去,我们仍然不能就此反对包含这些要素的构成要件作为开放的构成要件的性质,它们正是开放的构成要件中的一种。

特别需要指出的是,笔者以为,威尔哲尔所指出的一般的违法性要素,也即恐吓罪中目的与手段的关联性问题,实际上也是一个规范性要素需要法官进行价值判断的问题。因为《德国刑法典》已经规定,恐吓行为只有在行为人为了达到其企图的目的使用暴力或者害恶威胁时,才能认定为犯罪。换言之,该罪必须具备目的与手段之间的关联性这一要件,这是条文已然规定了的,只是在如何认定这种关联性的问题上,需要法官的补充判断而已。所以,依笔者之见,一般的违法性要素同样也是规范的构成要件要素,并且它当然也同样是开放的构成要件中的一种情形。

---

① [日]大塚仁:《犯罪论的基本问题》,冯军译,55页,北京,中国政法大学出版社,1993。

第三章 我国刑法中开放的构成要件之界定

前文表明，我国与大陆法系刑法的犯罪论体系在实质内容上是基本相同的，因而开放的构成要件在我国刑法中是能够存在的。

不过，前文的论述也使我们清楚，在我国和大陆法系的犯罪论体系之间，毕竟存在着认定犯罪的逻辑结构的区别以及一些概念称谓上的差异，同时也由于威尔哲尔的开放的构成要件理论本身也并非完全无懈可击，如果我们要将开放的构成要件合理地适用于我国刑法，就不能不加区分地照搬，而应有一个借鉴与结合的过程：借鉴威尔哲尔开放的构成要件的理论精髓，结合我国刑法犯罪构成理论和刑事立法的特点。最后的目标则是恰当地运用开放的构成要件理论，从新的角度，进一步推动我国刑法对犯罪构成理论的研究，并使其为刑事司法实践服务。为此，我们必须在我国刑法犯罪论体系之下，对开放的构成要件理论展开探讨。这种探讨将从内涵——我国刑法中开放的构成要件概念是什么，还有外延——我国刑法中开放的构成要件存在的范围两方面展开。

第一节 开放的构成要件的概念及内涵

一、开放的构成要件的概念

构成要件对违法性判断的本身无法自足，需要法官在构成要件之外凭借其他因素从事违法性的判断,这是开放的构成要件的本质特征,因此,开放的构成要件能否适用于我国刑法,关键在于我们的犯罪构成理论是否存在构成要件规定的不完整性而导致的违法性判断上的非自足性。

笔者以为,答案是肯定的。我国刑法不是把违法性作为犯罪成立条件之一,也就是说,不存在单纯的违法性判断。这是因为,如前所述,我国刑法中行为符合犯罪构成本身就表现出了该行为的刑事违法性,犯罪构成的意义与犯罪行为所具有的刑事违法性的意义是一致的。对违法性的判断与对整个犯罪构成的判断是一致的,这与大陆法系国家将违法性单独作为犯罪成立的一个条件有所不同,如果说,违法性是犯罪的一个基本特征,而大陆法系国家将这样一个基本特征作为犯罪的成立条件之一的做法是降低了违法性在犯罪体系中的地位的话,则我国刑法将违法性贯穿在整个犯罪成立的认定过程中,无疑是有效保障违法性在犯罪体系中的核心地位的最好方法,因此而构建的犯罪论体系更科学。由于违法性与犯罪构成的意义是一致的,又由于犯罪构成的具备就是犯罪的成立,因此,在我国刑法中实际上就是违法性具备了,犯罪就成立了。违法性与犯罪性由此等同。而我国刑法中的构成要件在违法性的判断上如同大陆法系的狭义的构成要件在违法性的判断上是非自足的一样,它也是需要法官从法定构成要件之外寻找一些其他的因素,帮助进行行为是否成立犯罪的判断。构成要件要素规定的不完整性在我国刑法中同样是存在的,有的构成要件要素本身能够帮助我们较容易地作出行为是否构成犯罪的结论,如我国《刑法》第232条规定的故意杀人罪;有的则不然,如同样是故意杀人罪,但是以不作为方式进行的,刑法就没有规定不作为的保证义务。诸如过失犯中的预见义务,或者是规范的构成要件要素等在我国刑法中都是存在的。

具体到我国刑法来说,同样存在着开放的构成要件,它是指:由于立法者未能详尽地描述构成要件的各种要素,根据刑法规范对构成要件的字面规定,尚无法判断行为是否违法,还需要法官进行其他补充判断的构成要件。换言之,在行为违法性的判断上非自足的构成要件,就是开放的构成要件。关于这一定义有两点需要单独说明,一点需要特别指出予以避免。

需要说明者,一是关于"构成要件"一词的表达。这里的构成要件与威尔哲尔所说的大陆法系中刑法的构成要件是有差别的。构成要件有广义和狭义之分。广义的构成要件,是指构成刑罚之法律效果的一切法律要件[1],亦即指可罚性之要件(Strafbarkeitsvoraussetzungen)。1906年贝林提出较为完整的犯罪理论,认为违法性与罪责应属于各种犯罪行为共同具备的构成犯罪的法律要件,故应将此二者从广义的构成要件中提出,建立独立的体系,而规定于刑法总则之中,因而狭义的构成要件仅指规定于刑法分则中的构成各个不同犯罪行为的法律要件。至今大陆法系通行的"所称的构成要件,则仅指狭义的构成要件,亦即指立法者就个别犯罪行为的构成犯罪事实,经过类型化、概念化、抽象化与条文化,而规定于刑法分则或辅刑法中的具有刑罚的效果的条款中,以作为可罚行为的前提要件"[2]。所以,大陆法系犯罪成立的三要件说,即构成要件该当性、违法性与有责性中所说的构成要件,正是狭义的构成要件。我国刑法中的构成要件则是广义上的。我国刑法认定犯罪成立的规格和标准是犯罪构成,而犯罪构成的内容就是某一行为成立犯罪所必须具备的一切主观与客观要件,也就是我国刑法所说的构成要件;由于它们实际就是犯罪构成的具体化,从这种意义上来讲,我国刑法中的犯罪构成与构成要件两个概念是可以通用的。我国刑法中"开放的构成要件"概念中所使用的正是广义的构成要件,而在威尔哲尔的开放的构成要件理论中所使用的则是狭义的构成要件。之所以不使用"开放的犯罪

---

[1] Vgl. Baumann/Weber/Mitsch, AT. 1995, S 8 Rn. 6. 转引自林山田:《刑法通论》(上册),115页,台北,台兴印刷厂股份有限公司,1996。
[2] 林山田:《刑法通论》(上册),149页,北京,北京大学出版社,2012。

第三章 我国刑法中开放的构成要件之界定

构成"这样的提法，主要是为了保持"开放的构成要件"这一概念的延续性，并使文章前后在形式上更加和谐。而且，既然我国刑法中的犯罪构成就是构成要件——只不过是广义上的构成要件，那么，笔者不使用开放的犯罪构成而是使用开放的构成要件概念，当然也是可以的。由此可能会导致与大陆法系中同一概念的混淆，此处正是为了要避免该问题而所作的交代。

二是关于"违法性"一词的使用。威尔哲尔的开放的构成要件是针对违法性判断而言的，是指在违法性的判断上不能提供完整的依据的构成要件。虽然笔者在此同样使用了"违法性"一词，但其含义与威尔哲尔的概念中所说的违法性并不完全相同。威尔哲尔的开放的构成要件中所指的违法性是指作为大陆法系的犯罪成立三要件——构成要件该当性、违法性与有责性中的违法性，它是犯罪成立的条件之一。而笔者此处所说的违法性是从犯罪成立的整体意义上而言的。这也是由我国的犯罪论体系所决定的。我国刑法没有规定单独的违法性判断，而是将违法性与犯罪构成的各要件融合在一起，通过各个构成要件来体现违法性；当一行为具备了犯罪构成的全部要件时，实际发生的行为从总体上与蕴含或者说体现了违法性成分判断的各要件相符合，自然就产生了违法性判断的最后的、完整的答案，换言之，对各零散地表现了违法性要件的肯定判断积聚为最后的关于违法性的肯定判断。可见，违法性同样是我国刑法中犯罪的特征及判断犯罪的条件，只不过其条件性不是表现为构成要件之一的形式，而是以整体性的犯罪构成的形式表现出来。"行为符合犯罪构成本身就表现出了该行为的刑事违法性，或者说行为具有刑事违法性就表现为行为触犯刑律、符合法律规定的犯罪构成。"[1]从这个意义上说，犯罪构成的意义与犯罪行为所具有的刑事违法性的意义是一致的，所以，我国刑法中的"刑事违法性，就是指的行为符合刑法所规

---

[1] 马克昌主编：《犯罪通论》，修订版，68页，武汉，武汉大学出版社，1999。

定的犯罪构成的这一性质"①。因此，在我国和德日刑法中，虽同是"违法性"，但含义并不相同。所以，确切地说，笔者在开放的构成要件中所使用的违法性就是指刑事违法性，也就是犯罪性——具备了它，犯罪就成立。

需要特别指出予以避免者：根据我国刑法犯罪构成理论，不能说行为符合构成要件而不能征表违法性，而只能说通过犯罪构成要件的规定还不能判断行为是否成立犯罪。因为根据我国刑法犯罪构成理论，行为如果符合犯罪构成要件就意味着犯罪成立，犯罪构成要件是判断犯罪的唯一规格和标准，不存在符合了犯罪构成要件而无违法性的行为，所以，我们不能如同威尔哲尔一样，在我国刑法的犯罪论体系之下，将开放的构成要件定义为行为符合构成要件但不能征表行为的违法性并需要法官的补充判断，而只能说是仅根据构成要件字面的规定还不能判断行为的违法性。所谓的仅根据构成要件的规定，是指根据我国刑法典中分

---

① 马克昌主编：《犯罪通论》，修订版，73页，武汉，武汉大学出版社，1999。关于我国刑法中违法性与犯罪构成的一致性，理论上有观点认为，"把违法性等同于犯罪性，使行为违反刑法等同于犯罪，由于刑法规定的阻却违法事由总是有限的，不可能完备无遗，则对于法律没有明文规定但实质上不具有违法性的行为（如被害人承诺的侵害、自救行为等），如何在理论上得到合理解释，不无疑惑"。而且，"一方面，违法性评价的内容蕴涵于构成要件的评价中或与构成要件的评价同时进行，另一方面，阻却违法事由的理论又被置于犯罪构成要件理论之外论述，不免在体系上存在不协调。"（肖中华：《犯罪构成及其关系论》，51页，北京，中国人民大学出版社，2000。）此种看法值得商榷。对于法律没有明文规定而实质上不具有违法性的行为如何处理，是大陆法系国家刑法同样面临的问题；同时这也是由成文法的局限性所决定必然存在的问题。总之，该问题的产生不是因为我国刑法中的违法性等同于犯罪性，否则，我们就无法解释为什么在违法性只是犯罪性的一个条件的大陆法系国家同样存在此类问题。而且，根据我国刑法的罪刑法定原则，对于此类法律没有规定而可以阻却犯罪的事由，只能严格地依照法律的规定处理，而不能突破刑法之规定，以它们实质上不违法为由将相应的行为不作犯罪处理，否则，就是违反了罪刑法定原则。实质的合理性是对形式合理性的解释，而不是在不具备形式合理性的前提之下，利用实质合理性来代替形式合理性。至于我国刑法在犯罪构成要件之外论述正当防卫和紧急避险，在笔者看来，也不存在体系上不协调的问题。根据我国刑法理论，类似于正当防卫这类行为，不具有社会危害性的合法行为，从形式要件来看，它们缺乏犯罪构成符合性。换言之，正当防卫与紧急避险等本来就是不符合犯罪构成要件的行为，是存在于犯罪构成要件之外所应讨论的行为。既然如此，将它们置于构成要件理论之外进行讨论正是顺乎逻辑性的，自不存在体系上的不协调性。

则条文已有的文字性的记载或者仅根据文义的规定。这意味着当我们适用这类构成要件时,需要法官从刑法规定的构成要件要素之外寻找其他的要件要素对条文进行补充,来判断行为的违法性。

二、开放的构成要件的内涵

为了更好地理解我国刑法中的开放的构成要件概念,有必要根据上述开放的构成要件的概念对其作一个内涵上的深入剖析。

1. 构成要件规定的不完整性

如果按照罪刑法定主义及保障人权的思想,任何犯罪的构成要件都应该是明确无误、完整无遗的。这是因为构成要件是用来区分合法与违法行为的,只有明确完整的刑法规范才能使对合法与违法的判断得出准确的结论。但是由于立法者主观能力以及客观事物的复杂性之限制,对构成要件明确而完整地规定往往只能在一定程度和一定范围内做到。对构成要件要素规定的完整与否因此成为区分开放的构成要件与封闭的构成要件的第一个标志。

刑法规范在内容上具有不完整性,这是宾丁最早所创的刑法理论。他指出,刑法在事实上不可能将所有应予刑罚制裁的不法行为,毫无遗漏地加以规范,因为犯罪的实质内涵并非一成不变,而是随着社会状况及价值观相对地浮动变化。为了使刑法规范的内容更为完整,刑法应该针对这种变迁不断地作出修正。然而,刑事立法总是落后于司法实践,加上立法功能之不健全,刑法往往未能适时加以修订。一些新兴犯罪,因刑法尚未加以规定,故形成刑法规范内容之不完整。[①] 这样,在宾丁看来,不完整是针对现实生活中形形色色的犯罪行为而言的,是针对那些严重侵害了法益但是尚未被刑法规定为犯罪的行为而言的,是针对刑法规范未能一一规定而言的。但是,笔者以为,刑法规范的不完整性应该还有另一层意思,即对于已经规定在刑法中的犯罪类型来说,刑法规

[①] K. Binding, Lehrbuch des gemeinen deutschen Strafrechts, BT. BD. 1, 2. Aufl. 1902, S. 20 ff.

范是不完整的。规范内容本身存在着欠缺,欠缺对构成要件完整而无疏漏的描述,导致某些构成要件要素未能出现在规范之中;欠缺对构成要件详细而无遗的记述,导致诸多构成要件过于抽象而难以确定其意义。虽然罪刑法定主义要求明确犯罪的构成要件,以使国民能够根据刑法规范准确地预测自己的行为,并使其对犯罪行为的处罚有明确而无争议的依据,以保障犯罪人的权利;然而,由于犯罪行为本身是难以描述的,法律概念与其所描述的客观世界并非严格的一一对应关系。正如博登海默指出,法律概念是人类语言而非自然的产物,而我们语言的丰富程度和精妙程度还不足以反映自然现象在种类上的无限性、自然要素的组合与变化,以及一个事物向另一个事物的逐渐演变过程,而这些演变过程则具有如我们所理解的那种客观现实的特性。用亨廷顿·凯恩斯(Huntington Cairns)的话来说,世界上的事物比用来描述它们的词语要多得多。[1] 不管我们的词语是多么详尽完善,多么具有识别力,现实中始终存在着为严格和明确的语言分类所无能为力的细微差异与不规则的情形。虽然许多概念可以被认为是对存在于自然世界中的关系与一致性的精神反映,但是对现实的这种精神复制,往往是不精确的、过于简化的和不全面的。[2] 因此,任何刑法规范一方面表现为不全面,另一方面表现为不精确。每一种犯罪的情形都不相同:有的犯罪形态容易被描述,复制它们的构成要件时显得相对容易,例如作为形式实施的杀人罪或放火罪或贪污罪;有的犯罪形态难以被面面俱到地复制所有的构成要件要素,例如不真正不作为犯,什么情况下行为人对被害结果的发生具有预防义务,必须要根据具体的案情来决定,比如,行为人的先前行为造成了危害结果发生的,行为人虽然对结果的发生具有防止义务,但是,这一义务形成的本身却是极为复杂的。母亲看护年幼的婴儿时,不够谨慎致使婴儿溺水而死,母亲违反了法律规定监护义务,所以,她可

---

[1] See. "The Language of Jurisprudence", in Language:An Enquiry into Its Meaning and Function, ed. R. N. Anshen (New York, 1957), p. 243.

[2] 参见[美]E. 博登海默:《法理学:法律哲学与法律方法》,邓正来译,503页,北京,中国政法大学出版社,2017。

以构成不真正不作为的杀人罪；但是，如果是受人之托临时几分钟看护小孩，而看护人在看护过程中擅自将小孩带到自己家中，在此过程中，因看护不周，小孩溺入家中的游泳池而死，同样可以构成不真正不作为的杀人罪。同样的结果，却是由不同的义务引起的，前者是法律规定的义务，后者是行为人先前行为引起的义务。这一例子表明，对于不真正不作为犯来说，义务的来源比较繁多，且情形复杂，对它们一一概括或者说规定并非易事，所以，刑法条文一般都不规定不真正不作为犯的结果防止义务。此时，就出现了犯罪构成要件规定的不全面，即应该规定但是没有规定的现象。

刑法构成要件的不完整性有被动和主动之分。构成要件规定的被动不完整性，主要是针对那些难以概括、本身性质和范围就比较模糊的犯罪而言的。这样的例子主要包括有些在立法当时尚不多见的新型犯罪，甚至只是立法者预测将会出现而于实践中还未出现的一些犯罪。换言之，当刑事立法处于超前状态时，由于缺乏一定量的感性认识，立法者本身对这些超前立法规定的犯罪也只是把握了最能体现其典型意义的特征而未能窥其全貌。对于未能清楚认识的那些特点，体现在刑法规范中，就会通过模糊性的语言来表达。构成要件的主动不完整性，则是立法者为了避免法律条文的烦琐不堪，将一些构成要件过于复杂的情形人为压缩的结果。对某些犯罪，立法者在规定它们的构成要件时，对其认识本身就不够充分，于是只好采取相对模糊的概括性规定。对于意图压缩的构成要件要素，当然更是如此。

我国《刑法》第182条规定的操纵证券、期货市场罪，可以说是既有被动不完整性又有主动不完整性的一个较好的立法例。该条中的"情节严重"以及"以其他方法操纵证券、期货市场的"的规定就是一种不完整的构成要件的典型。依笔者之见，前一规定应是主动不完整性的立法，后一规定则是被动性不完整的立法。本罪是1997年《刑法》规定的罪名，1979年《刑法》及有关的补充规定中都没有规定这种罪。2000年来，随着我国证券、期货交易的出现才开始出现这种严重扰乱交易市场的行为。在我国《刑法》规定该罪之初，实践中此类案例尚不多见，全国人大常委会在制定刑法典后，先后三次对那些实践中出现过的操纵交易价格的行为作了列举，对那些尚不能预见的行为方式则采用了"其他"这样的概括性的方式来规定。这是因为无法准确地预见未来会发生的行为的被动不完整性立法。该条中的"情节严重"则是主动不完整性的立法。并非行为一经实施即构成操纵证券、期货市场罪，构成该罪还要求"情节严重"。至于何为"情节严重"，情况则是形形色色的。行为人是否初犯、偶犯或惯犯？行为人实际谋取的利益有多大？造成的损失有多少？对证券、期货市场的不利影响是否严重？行为人操纵交易价格的方式是否恶劣、次数有多少？等等。可以说，影响情节是否严重的因素非常多。但显然，对于如此之多的严重情节，如果立法者一一列举出来，一则不可能，相对于无限多样的实际案情来说，列举的方式显得笨滞；二则易致法条肥大，难以适用。一一列举虽然看似简单，但是社会生活千变万化，操纵交易价格的行为方式也不可能停滞于几种已有的方式，必然会有一些无法预料及层出不穷的新的操纵证券交易价格的方式，只有用一些概括性的列举方式，才有可能防止挂一漏万，防止新情况出现之后再来修改法律。况且，刑法条文不是经文教科书，过于烦琐必然导致法不易行。所以，使用概括性语言规定犯罪的构成要件是无可避免的。我国《刑法》大量地采用"情节严重""情节恶劣""造成严重后果""造成重大损失"等用语，就是主动不完整性的立法的典型例子。

2. 违法性判断的非自足性

根据我国的犯罪构成理论，行为符合构成要件就可以成立犯罪。但是，根据刑法规定的构成要件判断行为是否成立犯罪并非一个简单的问题。构成要件对被禁止行为描述的不完整，使得实践中不得不借助刑法规范以外的规定来找到被禁止行为与被允许行为之间的区别，使得现有的构成要件要素或仅仅是表面化的构成要件要素不能够帮助我们判断行为的违法性，还必须由法官予以补充判断。之所以如此，是因为刑法规范的不明确、不确定。明确的构成要件往往可以使司法人员较为容易地判断行为是罪或非罪。

有的犯罪虽然刑法规定了犯罪的构成要件，可是，欠缺的规定或模棱两可的规定使司法人员在把握构成要件的意旨时无所适从，导致是罪与非罪的结论难以获得。以诈骗罪为例。根据我国《刑法》第266条规定，"诈骗公私财物，数额较大的"，即构成诈骗罪。该条的规定可谓简约。姑且不论该条对"诈骗"的行为方式未有规定，单就诈骗行为的主观方面来说，依照我国《刑法》第15条的规定，虽然主观罪过可以确定为是故意而不是过失，但是，其是否在主观故意之外尚要求有一定的主观目的，却是刑法没有规定的问题，在刑法总则中，也不可能对此问题找到任何根据。但是，我国刑法理论却一致认为，应该对诈骗罪的主观方面进行补充解释，即仅有主观故意尚不能成立本罪，还要求必须具备非法占有的主观目的。这样的观点，早已成为我国刑法理论上关于诈骗罪的通说，也是实践中诈骗罪定罪量刑的准则。因此，仅有"诈"和"骗"是不能判断一行为是否成立诈骗罪的，还要求行为人以非法占有为目的，譬如，如果是为了使自己的债务得到顺利归还而采用虚构事实和隐瞒真相的方法欺骗他人，就不构成该罪。显然，刑法典规定的诈骗罪的构成要件——"诈骗公私财物，数额较大的"，对于该罪违法性的判断来说是不够的，还需要法官在"诈骗公私财物，数额较大的"这一简单的规定之外，寻找行为人是否具有非法占有的目的，将这一目的作为构成要件要素对行为人之诈骗行为进行补充判断之后，才可以确定诈骗行为的性质是一般违法还是刑事犯罪。此种情况的构成要件在行为是否犯罪的判断上，由于还要法官在法条规定的构成要件之外寻找其他的根据，因此它们是非自足的。总之，为成立犯罪所必需的而又为法条中设立的构成要件所遗漏的要素，需要法官的补充；条文虽有规定，但过于抽象而模糊的构成要件要素，需要法官的解释；经过法官的补充解释适用之后，形成新的构成要件，这一新的构成要件帮助我们完整地判断行为的违法性。这些情况下的构成要件，也就是笔者所认为的我国刑法中的开放的构成要件。

3. 判断程序的相似性

违法性判断的积极与消极审查是区分开放的构成要件与封闭的构成要件的一个标志。但是，我国刑法中开放的构成要件与封闭的构成要件并不存在违法性判断程序的区分。我国的犯罪论体系将大陆法系的构成要件该当性、违法性与有责性全部糅合在一起，行为符合犯罪构成的要件，就同时意味着它具备了违法性与有责性，符合构成要件的行为就是违法的。与之相应的，我国刑法在讨论正当防卫、紧急避险等犯罪阻却事由时，其是在整个犯罪构成的层面上进行的，根据犯罪构成的四要件，从主观方面、客观方面等，就可以看出行为人是否具备正当防卫或紧急避险的主观目以及客观限定，这样，判断为符合犯罪构成要件的行为必定就是不具备正当防卫和紧急避险条件的，反之，则必定不是犯罪，所以，我国刑法中的正当防卫和紧急避险是犯罪阻却事由而不是违法性阻却事由。法官对于它们的判断不是单独从负面确定其不存在，而是通过对行为是否符合犯罪构成要件的判断来体现它们不存在。由于我们不存在单独的违法性判断，自然也就不存在单纯的对违法性阻却事由的消极确定过程。在开放的构成要件情况下，法官对能表明行为违法性的其他要素的补充是在对犯罪构成四要件的确定过程中进行的，这与在封闭的构成要件情况下，法官将对有无正当防卫与紧急避险等特殊情况的判断同样通过犯罪构成四要件来确定是一样的。因为我国与大陆法系在违法性判断上的不同，也因为我国刑法对是否符合犯罪构成要件的判断统领了其他任何要素诸如不作为的义务或者是正当防卫事由的判断，任何其他要素的判断在是否符合犯罪构成要件的判断中，其自身在程序上都显得很模糊，因此，根据我国刑法中的犯罪构成要件理论，在确定行为是否构成犯罪时不存在积极程序与消极程序的说法。所以，我们不能套用威尔哲尔正面或负面的程序判断来区分我国刑法中开放与封闭的构成要件。

第二节　开放的构成要件的消极外延

构成要件规定的不完整导致违法性判断上的不完整,这是开放的构成要件的最本质特征。但是,刑法分则中所有犯罪的构成要件的规定都可以说是不完整的,因为完整与不完整只能是相对的,任何完整都只是相对的,而不完整却是绝对的。如此一来,刑法中所有的构成要件是否都是开放的构成要件?换言之,如何根据以上开放的构成要件的内涵界定其外延,则是一个非常重要的问题。对此,笔者试图从两个层面上进行:一是对开放的构成要件进行消极界定,即首先将不属于开放的构成要件的情况排除在外;二是进行积极界定,即从正面肯定属于开放的构成要件的情况。两方面结合,以使我们完整地理解开放的构成要件之外延问题。

一、开放的构成要件的排除情况

构成要件规定上的不完整及其导致的违法性判断上的非自足性,是开放的构成要件之本质。但这一定义很容易使人认为刑法中所有的构成要件都是开放的。

犯罪构成是一种综合性的犯罪行为的定型,实际发生的有害行为一旦符合此一定型,即可认定犯罪成立。作为这种综合性的犯罪行为之定型,虽然是对犯罪行为所进行的评价,但在刑法上却是以构成要件的方式来表示。不仅如此,犯罪成立所需要之要件并未集合规定于一个条文之内,通常分散于不同条文。犯罪类型虽系对犯罪行为所予评价之基础,但在刑法上却以法律要件的方式表示此种犯罪的定型;而且,因为每一种犯罪既有其特殊性,相互之间又有共通性,故为了条文的简练,也为了避免立法技术上的重复,各个具体刑法规范往往只是将犯罪的特殊性部分规定于一个条文之中，而对其共通部分则不全部列入某一犯罪的条文之内。这样，无论刑法规定的是何种犯罪，其犯罪的成立所需要的要件，都无法只依据一个条文确定，除依据规定了特殊性部分的各具体刑法规范之外，还需要依据那些规定了共通性条件的规定，才能确定。而规定共通性条件的是刑法总则。所以，在确定一行为是否为犯罪时，必须同时依据总则中规定的犯罪的共同要件与分则中规定的犯罪的特殊要件，综合起来加以认定。这正如蔡墩铭先生所言，"刑法将社会上行为之中有害于社会者，分别就犯罪成立所需要的要件在总则与分则中予以规定，以使对于被认为成立的犯罪附于刑罚的法律效果，即知刑法对犯罪所设之规定为法律要件而非法律上类型。唯是，对犯罪的认定遂不能不综合刑法总则与分则的规定为之。刑法分则所列举的各个犯罪虽针对社会上可能发生的犯罪，却未考虑各个行为可能包含的价值与规范内容，是以刑法分则上的犯罪仅为行为事实的类型，不能即视为犯罪类型。因之只具备刑法分则某一犯罪的法律要件，尚未进一步依总则上的规定判断其所含的价值与违反规范的情绪，尚不得认为犯罪。易言之，刑法分则的行为类型虽系对之可与以各种犯罪属性，但尚未与以犯罪属性之前，尚无犯罪可言。所以所谓的犯罪类型应指被附于各种犯罪属性后之行为类型。"[1]

1. 法益

我国《刑法》分则条文都没有规定具体犯罪的保护法益，但这并不意味着分则没有规定，而是因为其规定的方式较为特别。具体来说，分则是在犯罪分类的章和节的标题中表明某种犯罪的法益的。以《刑法》分则第三章为例。该章的章标题是破坏社会主义市场经济秩序罪，其下又可分为八节，依次是生产、销售伪劣商品罪，走私罪，妨害对公司、企业的管理秩序罪，破坏金融管理秩序罪，金融诈骗罪，危害税收征管罪，侵犯知识产权罪，扰乱市场秩序罪。在每一节之下又分为诸多具体犯罪。如第二节走私罪中又有走私武器、弹药罪，走私核材料罪，走私

---

[1] 蔡墩铭：《刑法基本理论研究》，45页，台北，汉林出版社，1980。

假币罪，走私文物罪，走私贵重金属罪，走私淫秽物品罪，走私普通货物、物品罪，走私固体废物罪等共十个罪名。但是，条文并没有规定这十个罪的保护法益。不过，通过第三章与第二节的标题，这十个罪的保护法益实际上已经明确。"破坏社会主义市场经济秩序"表明本章的行为侵犯的是国家对市场经济的正常管理活动和管理制度，而节标题"走私罪"表明该节犯罪侵犯的是国家的对外贸易管理制度，如此，我们就可以确定第二节中的十个罪保护的法益都是国家的对外贸易管制。如果我们想使个罪的保护法益更具体一些，则可以结合各个条文规定的是武器弹药还是文物，抑或是假币还是固体废物等，将各罪的犯罪客体具体化，如走私武器、弹药罪的客体是国家对武器、弹药进出口的贸易管理制度等。不过，个罪的保护法益并不需要如此的具体化，否则反倒有流入烦琐之嫌。《刑法》分则其他章节的犯罪莫不如此。所以，分则对各具体犯罪的保护法益不是没有规定，而是从立法技术考虑，从避免条文内容重复考虑，将保护法益相同的犯罪规定在一个章节中，而对章节的标题予以明确规定，通过它们便能明了各罪的保护法益。从明确性和确定性上来说，看似没有规定保护法益，其实比其他任何要件要素都容易确定一些。法官对它们基本上无须过多费心。

2. 行为主体

分则条文在行为主体问题上的立法方式有两种，一种是明确规定行为的主体，如我国《刑法》第222条规定虚假广告罪的犯罪主体是广告主、广告经营者、广告发布者。另一种是在条文中没有规定行为主体。例如我国《刑法》第181条规定："编造并且传播影响证券、期货交易的虚假信息，扰乱证券、期货交易市场，造成严重后果的，处五年以下有期徒刑或者拘役……"该条就没有规定编造并传播证券、期货交易虚假信息罪的主体，而是只规定了客观行为。《刑法》分则绝大多数的条文都是第二种情况。这两种不同的立法例是由刑法中主体的一般性与特殊性决定的。有些犯罪要求主体具备一定的资格或状态，如国家机关工作人员、参战军职人员等，这些是特殊主体；有些则不要求，只需达到《刑法》总则第17条规定的刑事责任年龄，并具备第18条规定的刑事责任能力，这些是犯罪的一般主体。所有的特殊主体都是由刑法分则条文明确规定，而那些没有规定行为主体的，则是一般主体。另外，有些犯罪规定了单位犯罪主体，有些则没有。根据《刑法》总则第 30 条的规定，单位犯罪是由法律规定的，也就是通过分则具体条文规定的，因此，在《刑法》分则规定了单位犯罪主体的情况下，自然人和单位都可以成为某罪的主体；在没有规定情况下，则只有自然人能够成为其主体。所以，没有规定行为主体并不意味着某种犯罪不存在主体，也不是说其主体难以确定，相反，总则性规定和分则对特殊主体的特别规定表明，那些没有规定行为主体的条文实际上等于另一种形式的规定。分则条文对行为主体的省略，既避免了不必要的重复，也使条文简约易行。有无明文规定主体对于行为违法性的判断来说丝毫不成问题，也与法官的价值补充判断无涉，因此未规定的行为主体不属于开放的构成要件。

3. 有责构成要件

刑法中有责构成要件中的故意和过失。我国《刑法》总则第 14 条规定："明知自己的行为会发生危害社会的结果，并且希望或者放任这种结果发生，因而构成犯罪的，是故意犯罪。"第 15 条规定，"应当预见自己的行为可能发生危害社会的结果，因为疏忽大意而没有预见，或者已经预见而轻信能够避免，以致发生这种结果的，是过失犯罪。过失犯罪，法律有规定的才负刑事责任。"因此，刑法分则对于犯罪罪过的立法方式是不大相同的。对于过失犯罪，刑法分则的构成要件基本上都予以了明确规定。例如我国《刑法》第 115 条第 1 款规定："放火、决水、爆炸以及投放毒害性、放射性传染病病原体等物质或者以其他危险方法致人重伤、死亡或者使公私财产遭受重大损失的，处十年以上有期徒刑、无期徒刑或者死刑。"该条第 2 款规定："过失犯前款罪的，处三年以上七年以下有期徒刑；情节较轻的，处三年以下有期徒刑或者拘役。"该条就十分明确地指出了失火罪、过失决水罪、过失投放危险物质罪等过失犯罪应予刑事处罚。我国《刑法》第 119 条、第 370 条、第 398 条等均为适例。虽然有部分过失犯罪，我国《刑法》没有明确规定其罪过为过失，但是，我们根据条文对客观行为的描述，以及犯罪立法上的来源，往往也能确定。例如我国《刑法》第133条、第135条、第136条、第137条等。

刑法对于构成要件的客观事实与主观方面可以说是区别对待的。对犯罪的客观事实特征，刑法往往明示于构成要件之内，"唯独对于主观要素，有时将其明示于构成要件之内，例如过失与意图，但有时并未将其明示于构成要件之内，例如故意。果尔，则故意应为构成要件所不能缺少之要素，故未明示之构成要件要素，其重要性等于被明示之构成要件要素。检讨构成要件要素时不能不将二者一并予以注意。"① 所以，即使刑法没有明确规定犯罪的主观方面，但是，我们可以根据刑法以处罚故意为原则、过失为例外的规则发现，当刑法条文中规定了某一犯罪的主观构成要件是过失，而另外的条文未规定时，根据"过失犯罪，法律有规定的才处罚的原则"可以反推，没有规定的一般是故意，少数如上所述我国《刑法》第133条等的规定，则为过失。"犯罪的法律形象，就是包含法律规定的全部构成要件的犯罪事实。因此，没有犯罪心理因素，或者不考虑否定犯罪存在的正当化原因，就不可能有准确的犯罪形象。不仅在刑法分则条文对此有明确规定时，应作此考虑；而且即使法律没有明文规定，也不能认为犯罪中就不存在心理因素。因为，分则对犯罪规范的规定必须以总则的内容来补充，分则中不描述犯罪的心理因素，是一种立法上避免重复的技术处理。"②

总之，正如我国刑法在分析刑法中的基本罪状与犯罪构成的关系时指出的："基本罪状与犯罪构成具有密切联系，这主要表现在，基本罪状实际上是具体犯罪的特有构成要件的描述。……但是，基本罪状通常并没有完全地描述具体犯罪的全部构成要件，即使是叙明罪状也是如此，较多的基本罪状只是描述具体犯罪的客观要件。这是因为犯罪主体的一般要件在刑法总则中已有规定，分则只需要规定特殊主体；犯罪的故意与过失的含义在总则中已有规定，人们可以根据总则的规定以及分

---

① 蔡墩铭：《现代刑法思潮与刑事立法》，236页，台北，汉林出版社，1996。
② 陈忠林：《意大利刑法纲要》，82页，北京，中国人民大学出版社，1999。

则所描述的行为特征,概括出具体犯罪的主观要件的内容,分则只需就特定的目的进行规定。由此可见,将刑法分则规定的基本罪状与总则的规定结合起来,才能确定具体犯罪的全部构成要件。"①

所以,客体(保护法益)、行为主体及罪过在犯罪构成要件中的未规定,并不意味着这些构成要件是开放的构成要件。

二、社会相当性作为开放的构成要件判断原理之反对

1. 社会相当性理论与开放的构成要件之来源及关系

依照威尔哲尔的观念,行为是否违法,还要根据该种行为是否立足于历史地形成的社会生活道德的范围内,也即是否具有社会相当性,如果具备,则不构成违法,反之则构成违法。威尔哲尔将社会相当性作为衡量行为是否违法、构成要件是开放还是封闭的,实际上导致所有的构成要件都是开放的了。如果按照社会相当性理论来判断构成要件是开放的还是封闭的,那么,在威尔哲尔所说的开放的构成要件的其他几种情况中,一般的违法性要素只是针对恐吓罪而言,特殊的违法性要素只是针对职务行使的合法性、法规的有效性等几种情况而言,而不作为犯和过失犯则更为明确而具体。只有社会相当性是一个例外。它不是针对一种具体犯罪,也不是针对某一类犯罪类型而言,而是针对刑法中的所有犯罪的。社会相当性理论的运用使得所有的构成要件实际上都成为开放的,封闭的构成要件不再存在,所有的构成要件都要由法官从事是否存在社会的不相当性的判断。

笔者以为,威尔哲尔以社会相当性原理来判断行为的违法性,进而导致所有的构成要件都成为开放的,是不合理的。社会相当性不应成为构成要件的一般规整原理,不应作为违法性要素,不应成为衡量构成要件是开放还是封闭的判断标准。

---

① 苏惠渔主编:《刑法学》,229 页,北京,中国政法大学出版社,2012。

第三章 我国刑法中开放的构成要件之界定

威尔哲尔是社会相当性理论（soziale Adäquanz）的倡导者。1939年，威尔哲尔立足于人的违法观理论，将行为无价值与结果无价值、目的说与利益衡量说综合考虑，提出了社会相当性的概念。威尔哲尔也赞成形式的违法性与实质的违法性的双重违法性论，认为违法性不仅仅是在形式上违反了法规范，还在实质上违法。但关于实质的违法性的内容，他不赞成基于李斯特的法益侵害说所主张的违法性立场，而认为法益侵害重视对法益的侵害和威胁，它是基于行为人行为结果以及法益侵害的事实即结果无价值的考虑，而不是根植于对行为人的行为本身意义的考察，不仅以偏概全，而且不能充分说明违法性的本质。社会生活在一定范围内通过不断地限制行动自由而形成一套伦理秩序，如果法律对所有法益侵害都认为是客观的违法而加以禁止，则全部社会生活都会立刻停止，所以，不应仅根据对法益侵害的事实而对一切行为都加以禁止。行为在实质上是否违法除了要考虑法益侵害的事实，还要考虑行为人行为的方式，考虑行为本身的伦理意义，即行为无价值。由此，侵害法益只是违法性的一个要素，而不是独立的要素。只有将结果无价值与行为无价值综合考虑，才能获得违法性的本质。但是，这种综合考虑中，"'结果无价值'仅仅是'行为无价值'的一部分要素，且仅具有次要的意义""所以违法性在本质上是行为无价值的，即在社会伦理上所不能宽恕者"[①]。这样，威尔哲尔提出"应于历史所形成的国民共同秩序内，将具有机能作用的行为排除于不法概念之外，并将此种不脱逸社会生活上常规的行为，称为社会相当行为"[②]。因此，社会相当性，就是指行为处于社会生活历史地形成的伦理秩序的范围之内，并被该种秩序所允许的情况。

但是，威尔哲尔的社会相当性理论在提出之后，并没有立刻发展成为构成要件的补充根据，或成为规整构成要件的一般原理，或成为与开放的构成要件相联系的理论。这一结果是随着社会相当性在犯罪论体系

[①] Welzel, Das neue Bild des Strafrechtssystems, Eine Einfuehrung in die finale Handlungslehre, 1961, S. 36.

[②] Vgl. Welzel, Studien zum System des Strafrechts ZStW, 1939, S. 515.

中地位的发展变化才出现的。

在大陆法系的犯罪成立的三阶层中，社会相当性固然不属于有责性的范畴，但是，它是阻却了构成要件该当性而使行为不构成犯罪，还是阻却了违法性而使行为不成立犯罪，也是有争议的。这样，社会相当性究竟在犯罪论体系中处于什么地位，它的机能是什么，就成为围绕该理论所产生的两个争议点。构成要件该当性阻却说与违法性阻却说是关于这一问题的两种对立学说。构成要件该当性阻却说认为，不是所有的行为都符合构成要件，只有超乎社会通念相当性范围的行为，才可确定行为的类型性或构成要件该当性；反之，对于社会通念认为相当的行为，不认为是该当于构成要件所预想处罚的行为，因而否认其构成要件该当性。"社会相当性承认把构成要件作为一般的限定的机能（超法规的构成要件要素）。例如外科医生的手术或拳斗家的拳斗（社会的相当行为），不同于无赖的行为等，从一开始它就不符合暴行罪或伤害罪的构成要件。它主张由于社会的相当性承认这种机能，明确地把非可罚性的行为从构成要件里分出，切实限定构成要件的幅度，而得以维持作为违法类型的机能。"[1] 违法性阻却说认为，不是所有符合构成要件的行为都是违法的，当具有正当防卫或紧急避险等正当化事由时，该行为在刑法的意义上就阻却了违法性。

威尔哲尔早期的观点即持此种看法。他认为，社会相当性虽包括在构成要件所使用的语言内，亦不能认为与构成要件相合致，换言之，不能对所有符合构成要件该当性的行为一律予以处罚，亦即主张社会相当性视为阻却构成要件该当的行为。[2] 日本学者也持相同观点。威尔哲尔的这一论点提出来以后，在德国遭到了很多学者的批判。迈耶认为：首先，即使一切构成要件均应予以合意义的解释，亦不能将社会相当性的

---

[1] ［日］福田平、大塚仁编：《日本刑法总论讲义》，李乔等译，83页，沈阳，辽宁人民出版社，1986。

[2] 参见［日］藤木英雄：《社会的相当行为杂考》，载《可罚的违法性之理论》，1980年，57页。转引自黄丁全：《社会相当性理论研究》，载陈兴良主编：《刑事法评论》，第5卷，324页，北京，中国政法大学出版社，2000。

第三章 我国刑法中开放的构成要件之界定

内容当作全部构成要件的超法规事由，因为构成要件的范围系依各个条文而定的；其次，社会相当性的内容只不过是由习惯法予以理解的罪刑法定主义上的问题，且社会相当性的行为与容许性的行为又不尽一致，将社会相当性视为构成要件阻却的原理，有使刑法解释暧昧化的危险。麦兹格认为，社会相当性应该理解为各个构成要件的解释原理，而不应认为是构成要件阻却的一般原理。[1] 另外，这种主张还"可能遭到以下批判：(1) 犯了把谴责要素混到符合构成要件判断的错误；(2) 由于具有含混而且流动内容的社会相当性，承认这种机能，致使构成要件的范围不明确，有碍其保障的机能；(3) 具体的个别的社会相当性的判断与抽象的类型的构成要件该当性的判断不协调；等等。"[2]

面对各种批判意见，威尔哲尔改变了将社会相当性定位于构成要件范畴的做法，而认为社会相当性为习惯法的正当事由，亦即将社会相当性定位在违法性的范畴，认为它是违法性阻却事由。他通过展开"开放的构成要件"与"封闭的构成要件"区别的主张，认为构成要件虽为违法类型，但于开放的构成要件的场合，即使构成要件该当也不能认为是违法的凭证。社会相当性是构成要件的补充根据，因而将社会相当性的理论在犯罪体系上由构成要件问题移至正当化的事由，而迈向违法阻却的机能。[3] 因此，具备社会相当性的行为仍然符合构成要件，但不违法；换言之，社会相当性属于违法性判断要素，具有违法性阻却事由的机能。符合构成要件的行为，如果不是有违社会历史地形成的伦理秩序，也不能认定其违法。这就是违法性阻却事由说。社会相当性由此成为判断行为违法性，进而决定构成要件是开放的还是封闭的判断原理。

现今承认社会相当性理论的学者，基本上都赞同社会相当性应该作为违法性阻却事由，而不是构成要件阻却事由。例如我国台湾地区学者

---

[1] 参见黄丁全：《社会相当性理论研究》，载陈兴良主编：《刑事法评论》，第5卷，323 - 324页，北京，中国政法大学出版社，2000。

[2] [日] 福田平、大塚仁编：《日本刑法总论讲义》，李乔等译，83页，沈阳，辽宁人民出版社，1986。

[3] Vgl. Welzel, Das Deutsche Strafrecht, 6. Aufl., 1957, S. 74.

韩忠谟指出，"吾人日常社会行为未必皆有法律明文可据，其是否合法，往往视其社会相当性如何以为判断，例如，拳击家之竞技，球艺之决赛，非无相当危险，而人皆以其无悖公共安宁秩序，而视为正当，此实为社会相当性之观念使然。尤以现代科学发达，举凡生产技术、交通工具、生活设备等莫不日新月异，此于人类福祉固多增进，但社会之危险亦随之俱增，若干工商业行为，如化学物品之制造，原子动力之设置，足使空气、水源为之大量污染，然为顾及其经济效用在适当范围内仍不得不认其有社会相当性而予以容许，在刑法理论上论定行为有无违法性，自须斟酌及之。"[①] 我国台湾地区学者甘添贵也主张将社会相当性作为违法阻却的一般原理。他指出在违法阻却的三原理即法益衡量说、目的说与社会相当性说中，法益衡量说"仅以相对立法益之价值关系，作为违法阻却之判断资料，自有欠妥适。同时，法益之大小与轻重，其测定标准，亦渺不可得，欲加衡量，实至为困难。"而"就目的说与社会相当性说比较言之，前者偏重于国家之秩序，后者则较注重于社会伦理之秩序，似稍有差异。唯究其实质内容，两者可谓无任何区别。社会相当性说主张逾越社会相当性之法益侵害，乃为违法性之实质。因此，尚属社会相当之行为，纵使侵害法益，亦非违法。至目的说所主张之行为相当性，即与被侵害法益相关联之目的、手段相当性，乃属于判断社会相当性之一般基准。故比较二说，违法性阻却之基本原理，仍以社会相当性说较为妥切。"[②] 蔡墩铭先生也认为，"刑法上所列举之各种阻却违法事由，均可依社会相当性或优越利益保护之观点予以说明。从而社会相当性或优越利益之保护，皆不失为阻却违法之原理"[③]。至此，根源于行为无价值及人的违法观，并从构成要件阻却原理发展为违法阻却原理，社会相当性理论与开放的构成要件概念产生了密切的联系，前者成为确定、解释后者的理论根据，成为构成要件的一般规整原理。

---

① 韩忠谟：《刑法原理》，158 页，台北，台湾雨利美术印刷有限公司，1981。
② 甘添贵：《刑法之重要理念》，60、61 页，台北，瑞兴图书股份有限公司，1996。
③ 蔡墩铭：《中国刑法精义》，123 页，台北，汉林出版社，1986。

2. 社会相当性作为开放的构成要件判断根据之分析

将社会相当性作为违法阻却原理,作为认定符合构成要件的行为是否合法,作为判断构成要件是开放的还是封闭的理论根据,是不合理的。

(1) 社会相当性概念过于抽象,难以界定。

威尔哲尔的"行为无价值论主张之'社会相当性''为达成国家所规律之共同生活之目的所为适当的手段'之方法较为明确。此种方法,亦属包括的、抽象的,且所谓'社会相当性',其概念本属多义,而其内容,亦不明确,即目的说之'国家所规律之共同生活目的',其内容亦非一义,并有强调国家立场之虞。"① 譬如,在社会相当性中的"社会"一词的理解上,威尔哲尔认为他所说的社会相当性中的"社会"是指历史地形成的社会,而日本学者大塚仁教授则指出,"社会的相当性中的'社会'指的是什么样的社会呢?即,只是说'历史地形成的社会'是不正确的,与前面考察实质的违法性时指出的一样,应该把这种'社会'解释为'现实的国家性社会'。"② "但以社会相当性,作为一般原理之概念,径行判断其是否阻却违法,足致违法与适法之界限不明,不特有害法的安定性,亦有轻易以社会的相当性阻却违法之弊"③。所以,社会相当性理论"就社会相当性之标准与界限如何,无从为具体之说明,是其缺点"④。所以,"社会的相当性理论,得以阐明实质的违法性之内容,具有违法阻却之规整的原理机能,如何认为具有社会相当性,系依法秩序之全体精神,且违法阻却,终以实质的违法性之观念为基础加以考察",这是其优点。

一旦我们承认社会相当性这种含混观念,会带来很多问题。如果认为它具有一般地阻却违法性的机能,则会导致违法性的界限不清,因为

---

① 陈朴生:《刑法专题研究》,19页,台北,三民书局,1988。
② [日]大塚仁:《犯罪论的基本问题》,冯军译,137页,北京,中国政法大学出版社,1993。
③ 陈朴生:《刑法专题研究》,39页,台北,三民书局,1988。
④ 高仰止:《刑法总则之理论与实用》,208页,台北,五南图书出版公司,1986。

社会相当性的内容与实质的违法性无异，反而将导致违法性阻却事由的理论或构成要件出现不必要的混乱；如果承认社会相当性具有构成要件该当性的阻却机能，将使构成要件的内容不明确，妨碍其保障机能，所以社会相当性的概念是不应被使用的。① 总之，对什么是社会相当性，什么是相当于社会之行为，很难有一个具体标准，而且，随着社会现状的变更，对于社会相当性更有着不同的认识，所以，用社会相当性阻却构成要件也罢，阻却违法性也好，显然都与罪刑法定主义有冲突。而且，社会相当性以社会生活的实态与社会生活的感觉为基础，而社会生活的实态并不是容易把握的，社会生活的感觉更是靠不住的，这样一来，以此为标准判断，恐怕主观色彩过于浓厚。同时社会相当性的理论在司法实践上，常造成判断的空间过大；会由于判断者的不同而产生伸缩，也会造成适用上的混乱。② 显然，社会相当性根本无法提供具体的判断规则，所谓的历史地形成的社会伦理道德秩序，既空泛又无法界定，用它作为构成要件的规整原理，根本没有实际效用。

（2）社会相当性强调主观的伦理道德，不利于刑法人权保障机能的实现。

社会相当性理论的本质在于反对将侵害法益的行为一律视为违法，而主张只有不该当于历史地形成的社会伦理的秩序时，行为才是违法的，才可以予以刑罚处罚，因此，该理论的本意是限制刑法的处罚范围，以免使所有侵害或威胁了法益的行为都遭到刑事处罚。所以，社会相当性理论贯彻了刑法谦抑的思想。但是，并非限制了刑法处罚范围就是合理的，这要看用什么标准来限制。社会相当性理论是以所谓历史地形成的伦理秩序为基准来限制刑法的处罚范围的。伦理道德秩序内容的不确定性，不同判断主体道德价值观的差异性，很可能造成该处罚的未处罚，而不该处罚者又处罚了，从而造成对刑事法治的践踏。

---

① 参见［日］福田平、大塚仁编：《日本刑法总论讲义》，李乔等译，83-84页，沈阳，辽宁人民出版社，1986。

② 参见黄丁全：《社会相当性理论研究》，载陈兴良主编：《刑事法评论》，第5卷，329-330页，北京，中国政法大学出版社，2000。

第三章 我国刑法中开放的构成要件之界定

社会相当性是目的行为论中的一个重要的内容，它与人的违法观密切相关。人的违法观在违法性的评价上重视行为的形态与行为人的主观方面，认为刑法的任务主要是维护社会伦理秩序，仅有法益侵害并不能说明违法性的本质，也不是所有侵害法益的行为都应予禁止，何种行为应加以制裁不是决之于法益侵害的大小，而是看其是否脱离了社会相当性，行为只有在与历史地形成的社会伦理秩序不相一致时才是违法的。这实际上是将刑法与伦理规范紧密地结合在了一起。我们"亦承认立法者、法官与法律学者受伦理规范拘束之必要性，果能如此，则'实存'自然法必可保卫人类具有之伦理自主性，以对抗恣意的权利行使。评价人类行为之刑法，倘若在处理犯人时，愚弄伦理要求之正义与人道，则其本身属于'法律违法'（gesetzliches Unrecht），在法律上并无适用之义务。"[①] 问题是，以社会的伦理秩序作为违法性的判断标准存在着很多的问题。首先，社会的伦理秩序并不是如同法律规范一样容易把握。不同性质的主体有不同的伦理道德标准，如果依据伦理道德的标准判断违法性，那么，究竟是依照个人伦理之基准，还是应根据社会的或是法律的伦理规范？何种伦理规范应该成为判断的标准？所以，刑法如何与伦理道德以及与什么样的、谁的伦理道德相符合，显然缺乏一个统一而又可信的操作标准。这正如日本学者平野龙一指出的，"在现代社会，一方面伦理价值观具有变易性，什么伦理正义、什么伦理非正义，并不十分明确。什么是'国家的法秩序的精神、目的'，什么是'作为法秩序基础的社会伦理规范'，界限也不清晰。如果刑法与伦理没有分离，就会导致刑法的不安定性，从而有损国民的预测可能性。另一方面，伦理价值观具有多样性，社会不仅应当宽容不同的价值观，而且要尽量尊重个人观念上的差异。如果以一种伦理价值观作为刑罚的基准，那就是对另外的伦理价值观的苛求和蔑视。而且，刑罚是一种重大痛苦，其自身并非理想的而是不得已的社会统治手段，将维持国家的道义与社会伦理作为刑法的任务，不仅是对刑法的过分要求，而且是在法的名义下强

[①] Vgl. G. Radbruch. Süddeutsche Juristen-Zeitung, 1946, S. 105ff..

迫他人接受自己的价值观。"[①] 其次，以社会相当性理论根据是否与历史地形成的社会伦理秩序相符来判断行为的违法性，这实际上是用具有强制力的刑法来推行不具有强制力的伦理道德规范。而国家是不应控制公民的内在事物的，如思想、感情等，不应干涉社会的风俗时尚，只应维持秩序，保护公民个人生命与财产的安全，并保存和发展社会资源。所以"使用刑法推行伦理道德，就完全超出了国家的职能与任务"[②]。再次，根据社会相当性原理，符合社会的伦理道德的行为才是合法的、正义的行为，但道德不等于正义，如果行为符合不正义的道德，根据这一原理该行为也是合法的行为。道德不等于正义，而且有些道德本身就是非正义的，如果用非正义的道德来判断本身是正义的行为，只会扭曲正义本身的含义和价值，使不正义成为正义，从而使得刑法成为犯罪人逃避惩罚的理由。这显然有悖正义的本质。我国古代的道家学者早已指出了这一点，在他们看来，法律所反映的道德根本不具有普遍性，法律、道德完全是因人而异的、相对的东西，根本没有什么正义与非正义之分，所以老子认为"夫礼者，忠信之薄，而乱之首"[③] "大道废，有仁义"[④]。这样的看法虽然可能有失偏颇，但同时也有相当的正确性。最后，社会相当性理论不利于刑法法益保护机能与人权保障机能的发挥。德、日刑法理论通说认为，刑法有三个机能，即行为规制机能、法益保护机能及人权保障机能。法益保护机能是通过规定犯罪与刑罚并且实际上对犯罪进行处罚，防止犯罪行为，使法益或生活利益不受犯罪行为的侵害与威胁。法益保护机能所保护的是从宪法的基本原理以及构造来看值得由刑罚保护的生活利益，根据侵害行为造成的客观事实决定是否予以刑罚处罚。伦理的价值观不是法益本身，不同伦理价值观的个人尊严在同一社会是可以共存的，所以根据伦理价值判断行为的违法性势必会受价值主体个人的伦理道德标准的影响，造成刑法不是根据客观的

---

① [日]平野龙一：《刑法总论Ⅰ》，43-44页，东京，有斐阁，1972。
② 张明楷：《法益初论》（上册），355页，北京，商务印书馆，2021。
③ 《道德经》第三十八章。
④ 《道德经》第十八章。

法益侵害而是根据主观的伦理道德标准定罪量刑，从而走向主观主义。刑法的人权保障机能，即保障人权不受国家权力恣意侵害的机能。通过将一定的行为明确规定为犯罪，行为人的行为只要不构成犯罪就不能受国家刑罚的处罚。但社会相当性理论却可以凭借主观随意性极大的伦理道德来判断行为的违法性。因为法律关注的是人的外部行为，而道德关注的是人的内在良心；如果以伦理道德为标准判断行为的违法性，势必会造成过于重视人的内心和行为人的危险性，造成国家权力通过主观的道德标准对公民权利进行不适当干预，最终走向主观主义的刑法立场。

当然，这样的论述并不代表笔者如同奥斯丁一般，强调必须从法律适用与执行中排除伦理价值判断和道德推理[①]，因为只要有法官自由裁量权的行使，就不可避免地会有社会伦理道德标准的渗入，故在刑法的使用中完全排除主观伦理道德的标准也是不可能的，关键在于适用中的主次问题。虽然威尔哲尔在构建社会相当性理论时，既考虑了行为无价值也考虑了结果无价值，但如前述，结果无价值是次要的，行为无价值才是根本，前者是从属于后者的，而社会相当性理论实际上完全是以社会的伦理道德作为违法性的判断标准，对法益侵害事实的考虑则只是次要的，所以，社会相当性作为根源于人的违法论的违法性判断原理，如果被不当地使用，势必会造成以上流弊。正如德国学者托马斯·维滕贝格尔（Thomas Würtenberger，1907—1989）所说，站在社会伦理的基础上探究法秩序外法律理论的根据时，必须依照客观的社会观在内，而不是依据主观心情观点。因为法律有别于道德，它注重人的行为，而不注重个人所怀的心情。所谓法益侵害，是指特殊的法状态变更。法益侵害或危险的客观要素，在决定行为的刑事违法性时，应当先于主观要素（如心情或义务违法等）而被考虑。因为对行为人难以作出伦理非难的心情判断，这种主观价值基准的不安定性，不仅危害个人的法益安全，而且与刑法思想上法治国家的要求背道而驰，所以，反对人的不法论，

[①] See Austin, The Province of Jurisprudence Determined, ed. H. L. A. Hart (London, 1954), pp. 184-191.

归根到底在于对人性存在的忧虑。① 只有源于法益思想的违法性理论，才能促使法律本质适合于维持社会生活的秩序。日本学者西原春夫也指出，在"战前和战争时期的日本刑法中，特定的意识形态以道德之名支配着生活。的确，对于规范要素的解释，那时常常受到道德观念影响，但是，它应该避免以不变的形式决定违法性。"② 如果我们使用社会相当性理论来决定行为的违法性，必将使道德性的观念支配着对整个刑法规范的理解，使法院和法官的自由裁量权扩大，进而导致国家权力的扩大，而国家权力的扩大，意味着公民权利的缩小，其结果必然不利于实现对公民的人权保障。

（3）社会相当性内容过于泛化，不宜作为违法性衡量标准，否则不利于罪刑法定原则的坚守。

威尔哲尔是将社会相当性并列于不作为犯、过失犯等其他几种情况的开放的构成要件的。换言之，在威尔哲尔看来，社会相当性是违法性要素，不具备社会相当性的行为才是违法的，才能进一步构成犯罪。这样，社会相当性虽然说是违法性判断原理，但当用它作为判断构成要件的违法性，并且作为开放的构成要件之一种情况时，情况就发生了变化，即社会相当性从抽象的违法性阻却原理演变成了构成要件开放或封闭的衡量标志，符合了构成要件而不具备社会相当性的行为，其构成要件该当性不能征表违法性，还必须要进行是否具备社会相当性的判断。如此一来，所有的构成要件实际上都成为了开放的。因为社会相当性不是像预见义务只是针对过失犯，不是像作为义务只是针对不作为犯，也不是威尔哲尔所说的特殊的违法性要素，只是针对恐吓罪，它是对所有的犯罪而言的。社会相当性不是任何某一具体犯罪或某一类犯罪的构成要件要素，而是一种抽象的违法性判断原理，在判断构成要件是开放的还是封闭的情况下，更是成为了构成要件的一般规整原理。这样的特点

---

① 参见［德］Würtenberger：《德国刑法学的现状》，蔡墩铭译，39 页以下，台北，"商务印书馆"，1977。
② ［日］西原春夫：《日本与德意志刑法和刑法学——现状与未来之展望》，林亚刚译，载《法学评论》，2001（1）。

第三章 我国刑法中开放的构成要件之界定

决定了我们在判断每一个犯罪的违法性时,都要在构成要件符合性的判断之后,接着从事社会相当性的判断。此时则正如罗克辛所说,"这导致实际上所有的构成要件在下面情况下都是开放的,即当法官在他寻找正当化事由之前,他须根据犯罪还要验证、是否这个行为越出了历史形成的社会生活准则的界限"[①]。而将所有的构成要件都作为开放的,则封闭的构成要件就无立足之地。问题是,无论根据大陆法系还是我国的犯罪构成理论,封闭的构成要件确实又是存在的。在以作为方式实施的故意杀人行为中,只要行为人实施了故意杀人的行为,符合了杀人罪的构成要件,则构成要件该当性本身就能征表违法性,此时,并不需要根据所谓的社会相当性原理来判断符合杀人罪的构成要件的行为是否具备违法性。而运用社会相当性原理判断此类构成要件的违法性不但显得多余,更人为地扩大了开放的构成要件的范围。就我国的犯罪构成理论来说同样如此。行为只要符合杀人罪的犯罪构成,就可以成立犯罪,在杀人罪违法性的判断上根本无须参考社会相当性这样的抽象原理,因为杀人行为属于侵害生命法益的严重犯罪行为,一经实施即构成犯罪,而无须法官进行其他的价值性的补充判断。

开放的构成要件是相对于封闭的构成要件而言的,如果使所有的构成要件都成为开放的,则这种不适当地扩大开放的构成要件的后果只会使这一概念失去应有的意义。没有了相对应的封闭的构成要件,人们就不会明白什么样的构成要件是开放的;即或清楚了,也不知道开放的构成要件应该如何避免——毕竟开放的构成要件只是对构成要件中存在的一种无可避免的构造形态的承认,而不是构成要件构造应该追求的形态。因为从罪刑法定主义立场以观,构成要件当然应该是封闭的,封闭的形态才是构成要件所应达到的目标。而在科学承认并有限使用开放的构成要件的前提之下,在对照封闭的构成要件的情况下,我们才能更好地完善刑事立法,使构成要件的要素尽可能地更明确。更重要的一点是,对开放的构成要件的不适当扩大适用,违背我们对开放的构成要件

---

① Vgl. Claus Roxin, Offene Tatbestände und Rechtspflichtmerkmale, Berlin, 1970, S. 8.

应该持相当慎重态度之立场，会导致扩大司法人员恣意介入的范围，导致罪刑法定主义被严重破坏。总之，社会相当性理论虽然旨在追求"将与特殊不法类型不一致的行为样态排除在构成要件之外"这一良好目的，但却没有提出阻却构成要件的特别"要素"①，难以满足明确性原则的要求，我们必须时时结合罪刑法定主义的立场来检验开放的构成要件范围是否合理，以更精确的基准替代社会相当性理论，以使罪刑法定主义得到更好的贯彻。

第三节 开放的构成要件的积极外延

排除不属于开放的构成要件的一些情况及其适用原理，并没有使我们真正明确开放的构成要件的外延，只是使这一问题相对清晰了一些。为此，必须再从正面界定属于开放的构成要件的究竟有哪些情况。笔者以为，不真正不作为犯、过失犯、非法定目的犯以及情节犯，均属于开放的构成要件之范围。以下一一展开论述。

一、不真正不作为犯

不真正不作为犯可以说是开放的构成要件最典型的情形。围绕不真正不作为犯所存在的可罚性问题可以说是开放的构成要件理论产生的一个实际例证和重要基础。

1. 不真正不作为犯的可罚性问题

犯罪行为有作为与不作为之分，作为是指行为人积极的实施刑法禁止的行为，不作为是指行为人负有实施某种积极行为的特定义务，并且能够履行而不履行的行为。不作为犯又分为真正不作为犯和不真正不作

---

① 张明楷：《刑法学》（上册），6 版，252 页，北京，法律出版社，2021。

第三章 我国刑法中开放的构成要件之界定

为犯。真正不作为犯又称为纯正不作为犯，是指刑法规定了一定的作为义务，单纯违反此义务即构成犯罪的行为，换言之，它们只能以不作为的形式构成犯罪，因此，在刑法条文中通常对真正不作为犯有明确的规定，所以对于真正不作为犯的认定一般没有疑问。不真正不作为犯又称为不纯正不作为犯，它是指以不作为的手段实施通常以作为形式构成的犯罪。它的特点是这类犯罪既可以由作为形式构成又可以由不作为形式构成；不但必须有作为的义务，还要求引起一定的侵害法益的结果。例如，杀人罪的行为既可以是以作为的方式实施，又可以不作为的方式实施，而当以不作为犯的方式实施时，必须发生了侵害他人生命法益的后果，否则不构成不真正不作为的杀人罪。但是，由于"刑法对各种之罪多依作为而规定，至于与其相当之不作为犯则不设明文，而有待于审判者个别认定"[①]。因此，对于不真正不作为犯的认定是通过刑法理论实现的。这样，如何确定不真正不作为犯的范围则成为一个重要问题。

由于不真正不作为犯必须以负有一定的作为义务并以发生一定的侵害法益之结果为条件，因此对其范围的确定也就是对防止法益侵害结果发生的义务的确定。行为人负有防止一定侵害法益的结果发生的义务，而未履行此义务导致结果发生的，就是不真正不作为犯。由于作为义务在法律上并没有规定，如何理解作为义务在不作为犯罪构成中的体系地位问题则至关重要。作为义务在不作为犯罪构成中的体系地位问题，也就是作为义务与违法性的关系问题。关于这一问题，刑法理论上有三种学说：一是因果关系说。在因果关系的领域中，存在着作为义务，仅对违反作为义务的不作为才能认定为是结果的原因。然而，由于结果与作为义务无关，所以这种说法是欠妥当的。二是违法性说。贝林和迈耶把作为义务理解为不作为的违法性问题，是至今关于这一问题的权威学说。他们认为作为与不作为在构成要件该当性上是相同的，但不作为的情况不同于作为的情况的是它的构成要件该当性不以违法性为标志，该当构成要件的不作为，原则上并不违法，只限于有作为义务时才能构成

---

① 韩忠谟：《刑法原理》，101页，台北，台湾雨利美术印刷有限公司，1981。

违法。然而，这一学说没有把有作为义务的人的不作为也算作该当构成要件，这是不合理的。另外它也很难讲清为什么作为义务对于属于不真正不作为犯的构成要件的违法性具有推断机能。违法性说与犯罪论体系之间因此存在着矛盾。三是保证人说。为了克服违法性说的缺陷，纳格勒（Nagler）把作为义务视为不作为的构成要件该当性问题，提出了所谓的保证人说。根据此说，依据作为义务，个人就成为有法律保证的使法益不受侵害的保证人，保证人负有防止构成要件结果发生的作为义务；只有这样，保证人的不作为，才能与作为的实现构成要件具有同等价值，从而被认为该当于构成要件，因此，保证人的地位不是违法性问题，而是构成要件该当性问题，是实行行为的问题。[①] 保证人说因为根据不真正不作为犯是否为构成要件之行为、是否具备作为所必要的构成要件该当性来决定是否与作为等价，从而具有相同之可罚性，因此又可称为构成要件说。[②]

　　纳格勒的保证人说在构成要件该当性阶段解决不真正不作为犯的义务来源，同时试图以保证义务为媒介解决不真正不作为犯和作为犯的等置问题。它由于使不真正不作为犯的问题由违法性阶段过渡到了构成要件该当性阶段，故被视为解决了不真正不作为犯与犯罪论体系关系上的矛盾问题。但是，纳格勒的学说后来又受到了赫尔穆特·迈耶（Hellmuth Mayer）及阿明·考夫曼（Armin Kaufmann）的批判，他们提出了不真正不作为犯的结构问题和与罪刑法定主义相关的问题。

　　赫尔穆特·迈耶批评认为，将特别的法定义务作为不真正不作为犯的成立要件不合理，因为这里的法定义务并没有明确规定在犯罪构成要件中，而只能在习惯法上寻找，这违反了罪刑法定；同时，仅以不履行法定义务评价不作为犯，而最终却以作为犯来处罚，把似是而非的东西当成等价值的媒介。阿明·考夫曼也对纳格勒的观点提出了切实而详尽的批评。保证人说是将不真正不作为犯以不作为的"作为犯"来把握

---

　　① 参见［日］福田平、大塚仁编：《日本刑法总论讲义》，李乔等译，61页，沈阳，辽宁人民出版社，1986。
　　② 参见许玉秀：《论西德刑法上保证人地位之实质化运动》，载《东海学报》，1987（6）。

第三章 我国刑法中开放的构成要件之界定

的，所以，适用作为犯同样的理论。不作为和作为都包含在"行为"概念中，都是违反禁止规范的行为。而与此相反，阿明·考夫曼提出，不真正不作为犯不是作为犯，实际上是"不作为犯"的真正情形。作为和不作为是 A 和非 A 的关系，不作为不包括在"行为"的概念中。不能以作为犯的理论解决不真正不作为犯的作为义务来源问题，而要以不作为犯的理论来解决。详言之，刑法规范分为禁止规范与命令规范，前者要求不能实施一定的行为，即不作为，后者要求实施一定的行为，即作为。不真正不作为犯的作为义务和真正不作为犯的情形相同，都是由命令规范产生，而不是由禁止规范产生，因此，从存在结构与规范结构来看，不真正不作为犯是"不作为犯"。至于不真正不作为犯的成立要件，他认为有三个标准：第一，有处罚侵害法益或给法益带来危险的作为构成要件；第二，有防止这种侵害法益的命令；第三，违反这一命令与第一点的符合作为构成要件的作为在不法内容及责任内容上几乎相等。[①] 阿明·考夫曼的观点得到了另一学者海因里希·亨克尔（Heinrich Henkel）的支持。他认为：作为犯的构成要件在不作为犯上是被双重地打开的，有必要补充。作为正犯，只有作为保证人即在法律上负有防止结果发生义务的不作为者才是行为者；保证人的义务，只有在不法内容上与作为等价值才能被确定。特别是后者，具有独立的意义。这种强调不作为与作为必须等价值的学说在理论上被称为"新保证人说"[②]。

由于保证人说基本上较好地解决了不真正不作为犯的可罚性问题，其在二战后成为德国刑法学界的通说，《德国刑法典》第 13 条规定："行为人不防止属于刑法构成要件的结果，只有当他在法律上负必须保证该结果不发生，并且当该不作为与通过作为实现法律的构成要件相当时，根据本法才是可罚的。"该条文采用了"相当"一词，表明了其对等价值判断理论的采纳。在日本，保证人说也获得了大多数人的支持，并成为不真正不作为犯在理论上的通说。

[①] 参见［日］日高义博：《不作为犯的理论》，王树平译，27-30 页，北京，中国人民公安大学出版社，1992。

[②] 黎宏：《不作为犯研究》，10 页，武汉，武汉大学出版社，1997。

不过，保证人说作为不真正不作为犯通说地位的确立并不意味着不真正不作为犯的问题彻底得到解决，因为无论如何，不真正不作为犯的作为义务是一个法律没有规定的问题，而防止侵害结果发生的保证人之义务的存在又是构成不真正不作为犯的根本条件。如何确定不作为人的作为义务始终是困扰着不真正不作为犯的一个难题。既然不真正不作为犯被认为包含在预想为"作为"的犯罪的构成要件中，那么，只有从罪刑法定主义出发，在不真正不作为与作为必须具有同等价值的场合，才能使作为义务的发生根据类型化、明确化。而且，不真正不作为犯和作为犯既然存在结构不同，又为什么可以在同一犯罪构成要件下予以同等的评价，也即不真正不作为犯与作为犯的"等置问题"，这需要根本的探讨。于是，在保证人说之后又出现了一些有影响的学说对不真正不作为犯的等置问题进行探讨。日本学者日高义博主张根据构成要件的等价值性可以解决等置问题。该种观点认为，填补不真正不作为犯与作为犯存在结构上的空隙而使两者价值相等，这种等价值性的判断标准必须在构成要件相符性阶段来考虑。也就是说，为了解决等置问题，在构成要件该当性阶段，不真正不作为犯与作为犯必须是等置的。这种等价值性的判断标准主要是三个：构成要件中的特别行为要素、该行为事实、不作为人的原因设定。这三个标准中的关键是不作为人的原因设定，即不作为犯之行为人在实施不作为以前，是否已经设定了向侵害法益方向发展的因果关系。如果存在这样的因果关系，就被认为具有等置性，否则就不具备。[①] 应该说，日高义博的理论较好地解决了不真正作为犯与作为犯的等价值性问题，为处罚不真正不作为犯提供了更为可信的理论依据。但是从总体上说，其后的这些学说都是建立在保证人说基础之上的，是对保证人说的发展，因此，它们实际上也可归入保证人说的范畴。

2. 不真正不作为犯作为开放的构成要件之典型

围绕不真正不作为犯各种学说的提出及发展，以及对不真正不作

---

① 参见[日]日高义博：《不作为犯的理论》，王树平译，106、112页，北京，中国人民公安大学出版社，1992。

第三章 我国刑法中开放的构成要件之界定

犯的普遍适用,意味着刑法理论已发生了较大的变化。它表明了刑法精神的变迁、刑法基本原则适用的调整和犯罪理论的修正。"不纯正不作为犯可罚性理论的发展及成熟之期间,正值传统之犯罪理论迭受新说冲击而发生变动。包括行为之概念、因果关系之理论、构成要件之结构及功能和违法性之内涵等等,各种理论探讨异常活泼。行为概念方面,例如有名的目的行为论;因果关系方面,如危险升高理论(Risikoerhöhungstheorie);构成要件方面,如不法的构成要件以及开放的构成要件等概念之提出;违法性方面,以实质的违法性理论为著;刑事责任方面,则有所谓危机责任(Risikohaftung)和客观的可罚性要件(objektive Strafbarkeitsbedingung)等理论。上述理论之提出,以及对该等理论之反驳辩证,在影响不纯正不作为犯理论之研究发展,而不纯正不作为犯理论之研究亦对各种理论之提出,多少产生冲击、诱导之作用。"[①] 就刑法的基本精神来说,它意味着严格的客观主义向主观主义的倾斜,进而波及并合主义的形成;就罪刑法定来说,则体现了对早期严格罪刑法定原则的松弛;就犯罪理论而言,无论是因果关系说、违法性说或是构成要件说,其目的都在于突破法规来解释不真正不作为犯的处罚依据。特别是构成要件说,它突破了构成要件该当性的概念,以实质的构成要件该当性解释不真正不作为犯的可罚性。所以,如果我们要探讨开放的构成要件的有关理论,不真正不作为犯可以说极具代表性。开放的构成要件理论就是与处罚不真正不作为犯紧密相关而生的一种新的、经过修正了的犯罪理论,它的产生进一步丰富了不真正不作为犯的有关理论。

不真正不作为犯作为开放的构成要件之典型,既有理论渊源,又有实践根据。

首先,从威尔哲尔对待不真正不作为犯的立场,及开放的构成要件概念之内容,可以清晰地看到不真正不作为犯作为开放的构成要件之典型代表绝非虚言。

---

① 许玉秀:《论西德刑法上保证人地位之实质化运动》,载《东海学报》,1987(6)。

威尔哲尔作为开放的构成要件概念的倡导者，在对待不真正不作为犯的问题上是与阿明·考夫曼持相同见解的。他同样依据禁止规范与命令规范的区别来界定不作为和作为，认为无论是从存在结构还是从规范结构来看，不真正不作为犯都是"不作为犯"而不是"作为犯"。这样，不真正不作为犯把禁止构成要件、法益及法定刑统一起来，但要符合与禁止构成要件、法益及法定刑独立的命令构成要件。这一命令构成要件没有规定在作为犯的构成要件中。真正不作为犯是由法规范类型化的不作为犯，而不真正不作为犯则是法规没有类型化的不作为犯。按照这种观点，只要因不作为而没有防止结果发生和由作为实现的构成要件的情形在当罚性上是等价值的，不真正不作为犯就类推适用作为犯的犯罪构成要件来加以处罚。"对此，威尔哲尔解释为由法官补充构成要件。他说，在不真正不作为犯的情形中，把不作为人的所有情况都比较详细具体地规定在构成要件中是不可能的。关于这部分内容以没有规定的构成要件来加以补充，这并不是由于解释上的困难才这样做，而是由事物本身性质决定的。"[①] 很显然，威尔哲尔在此提出的看法就是其所认为的开放的构成要件之概念。因为，在不真正不作为犯的情形下，不作为人应负的作为义务就属于立法者对构成要件中的禁止内容没能通过行为本身的客观具体的要素竭尽所能地予以规定的部分，这样，即或有了构成要件该当性，还不能征表违法性。结果是，在不真正不作为犯的情形下，法官必须通过对不作为人的作为义务从正面积极查明，来帮助判断不作为人不作为行为的违法性。

正因如此，当我们承认不真正不作为犯的可罚性之后，当《德国刑法典》第13条已经明确确立了处罚不真正不作为犯之后，我们更可以发现或者说承认开放的构成要件概念之合理性。它的合理性与不真正不作为犯的合理性是如此的紧密相连，以至于任何意图否定或批判开放的构成要件概念的观点都显得有不顾事实的盲目和轻率。正是不真正不作

---

① [日]日高义博：《不作为犯的理论》，王树平译，31页，北京，中国人民公安大学出版社，1992。

第三章 我国刑法中开放的构成要件之界定

为犯与作为犯在构成要件上的不同，才导致了一系列关于不真正不作为犯的学说及争议，以及最终对不真正不作为犯的认可。因此，以"不真正不作为犯的构成要件之设计自有其要求，并无必要和作为犯的构成要件全然一致"①为由反驳不真正不作为犯作为开放的构成要件之情形，显然正是忽略了不真正不作为犯与作为犯在构成要件上的不同。至于是否威尔哲尔后来不再将不作为犯列为开放性构成要件，笔者以为，这也丝毫无损事实的真相，而只能说明威尔哲尔在这一问题上没有能坚持到底，但不能因此而否认不真正不作为犯是开放的构成要件。

其次，从不真正不作为犯的实践分析亦是如此。

不真正不作为犯的难题就在于刑法规范根本就没有规定保证人的保证义务。本来根据罪刑法定原则之明确性要求，犯罪的构成要件应当就成立犯罪的条件一一明确规定，但是，不真正不作为犯在立法上并不曾涉及不作为人的作为义务。而不真正不作为犯又是在实践中真正存在的。这样，如何对之进行合理的解释确定其违法性，使之既不违反罪刑法定原则又不违反构成要件理论，就成为重要的问题。这也是关于不真正不作为犯各种理论所关注的重点。"在作为犯之情形，只需其行为适合于构成要件，如无违法阻却事由，即为违法。纯正不作为犯之违法性亦然；盖纯正不作为犯构成要件所规定那样之不作为，即系违反命令规范。换言之，即刑法条文所规定之内容，其本身已经明示其作为之义务，无违法阻却事由存在时即属违法，故在解释上所发生问题较为稀少。而在不纯正不作为犯之情形，其作为义务……因系发自命令规范，并非发自禁止规范，故不能在禁止规范之条文中求其直接之根据，欲划定其成立之范围，即较困难。因此，纵令其行为适合于构成要件，又无违法阻却事由，然仍不能肯定其不作为之违法性，必须其适合于构成要件之不作为，系违反特别作为之义务，始能认为违法。"②开放的构成要件概念，可以说是将不真正不作为犯的可罚性以及与作为犯的等置性

---

① 陈志龙：《开放性构成要件理论》，载《台大法学论丛》，1991（1）。
② 洪福增：《刑法理论之基础》，165页，台北，台湾刑事法杂志出版社，1977。

问题，从更为独特的视角进行了注解。根据大陆法系的犯罪论，行为符合构成要件就应该可以推定为违法，如果没有违法性阻却事由，就可以断定其违法性。在不真正不作为犯的情况下，行为符合了构成要件还不能推断违法性——这是显而易见的，因为对于成立不真正不作为犯的作为义务，立法者在构成要件中只字未提。这样，无论我们根据哪一种学说来论证不真正不作为犯的可罚性问题，我们都得承认，在对不真正不作为犯进行处罚时，必然要由法官将未规定在条文之中的作为义务予以补充，经过补充之后，不作为行为的违法性才能最后确定。而真正的不作为犯，因为条文已经将不作为的义务在构成要件中予以了明文规定，不作为行为符合了构成要件时，当然就可以推断行为的违法性了，进一步讲，当确定没有违法性阻却事由时，就可以完全地得出违法的肯定结论。所以，在真正不作为犯那里，当然就不需要法官根据一定的原则来补充告诉我们不作为人的作为义务是什么。也正是由于它不需要法官在违法性的判断中于违法性阻却事由的判断之外，来确定有助于违法性判断正面因素的存在，所以，它的构成要件构造可以说是封闭的——因为无须补充另外的要素，而在不真正不作为犯那里，则是开放的。

  法官在补充适用不真正不作为犯的构成要件时，也并没有违背罪刑法定原则。对此埃格伯特·尼克尔（Egbert Nickel）主张，不应以形式上的法治国思想来理解罪刑法定主义，而应以实质上的法治国思想来理解。尼克尔从实质法治国思想提出，不应将构成要件的明确性及完整性作为罪刑法定主义的最低标准要素来理解，而应以目标来理解。制定刑罚法规时，犯罪的构成要件应尽可能完全而明确地规定，但也可能出现犯罪的构成要件明确性和完整性都不充分的刑罚法规。这未必是仅仅由立法上的过错与失误产生的，实际上存在这样的情形，从事物的本质来看，就会得出损害构成要件明确性及完整性的结论。这种情况下，如果法律规定法官能够以法规的条文为标准，依据合目的性和逻辑必然性来补充构成要件的程度，就不应认为这是有损构成要件的完整性的。这种情况下的构成要件明确性，应通过法官补充构成要件的判断标准是否明确来判断。相反，如果在构成要件完全不具备又不明确，甚至连指导法官补充构成要件的标准都看不到的情况下，当然应认为是违反罪刑法定主义的。① 不过，关于开放的构成要件与罪刑法定原则的关系问题所涉甚广，故此处尼克尔寥寥数言不能令人信服。为此，笔者将在下文就此问题展开专门的讨论。

总之，"不真正不作为犯的构成要件是所谓开放的构成要件，对应当成为决定不作为的实行行为性的根据的作为义务，并没有特别明示，一般需要解释来补充"②。近年来，我国刑法学界对于不真正不作为犯展开诸多理论探讨。不真正不作为犯的"应罚性"命题几无争议，问题多聚焦于不真正不作为犯的处罚依据、与罪刑法定原则之间的紧张关系，以及理论上对处罚范围的确定等。这些理论命题的讨论持续到今天，形成各种各样的观点，而从开放的构成要件的角度来理解和研究不真正不作为犯，可以使不真正不作为犯的研究在更系统的范畴内展开，有助于此命题研究的体系化。

二、过失犯

从犯罪行为研究应受处罚的前提条件，作为犯是作为应受处罚行为的基本形态来描述的，不作为犯只是例外；同样，从罪过方面描述行为应受处罚的前提条件，犯罪的故意则是其典型例证，而过失犯只是例外。和过失理论相比，故意理论是相对容易的，因为过失理论是刑罚理论的灰色地带，在刑法史上，过失犯一直是在罚与不罚之间摆荡，或者从不罚渐进到可罚。至今，处罚过失犯虽已成为各国刑法的共同实践，但由于过失犯与故意犯具有不同的特点，如何适用刑法对过失犯的规定仍然是需要进一步明确的问题，其中主要是对过失犯注意义务的补充适用问题。正因为如此，井田良教授认为，过失犯的构成要件是典型的开放的构成要件……对此进行补充的指导原理就是社会生活上必要的注

---

① 参见［日］日高义博：《不作为犯的理论》，王树平译，120页，北京，中国人民公安大学出版社，1992。
② ［日］大塚仁：《犯罪论的基本问题》，冯军译，81页，北京，中国政法大学出版社，1993。

意，补充的具体手段则是社会的行动准则。①

1. 过失犯的注意义务

过失犯是指违反注意义务，即违反考虑避免犯罪事实发生的注意义务而导致构成要件结果发生的犯罪行为。它可能是行为人违反注意义务但没有认识到会发生构成要件结果，或者虽意识到会发生构成要件结果，但违反注意义务地相信，此等结果将不会发生，因此，过失不是故意的减轻形式，而是与故意不同的概念。过失犯的成立条件是，认识发生侵害法益结果的可能性，具备基于该认识而客观要求的注意行为，以及违反注意义务发生了侵害法益的结果。过失犯并不仅仅是行为人已完成引起构成要件定型化之结果的行为，而在于其行为违反了注意义务，在与结果的发生之间，具有因果的关系，所以过失犯的违法性根据在于违反注意义务及发生构成要件所规定的结果这两个要素。由于结果的有效性是以注意义务的存在为前提的，所以注意义务是过失犯的核心。因此，"近代刑法学上过失犯之理论，大致作为违反一定之注意义务，并以注意义务之概念，为过失犯之中心要素"②。所以，理论上甚至将过失犯的成立称为违反注意义务。③ 由此，如何理解并确定过失犯中的注意义务就显得极为重要。

一般认为，所谓违反注意义务，是指行为人如果集中意识，就能预见结果的发生，并据此可以回避结果的发生，但由于行为人没有集中意识，没有履行结果预见义务，因而没有避免结果的发生。它有两层含义：

其一，注意义务的内容是结果预见义务与结果避免义务的统一。

一方面，注意义务属于认识构成要件结果发生的义务。这种预见与单纯集中注意力的心理事实有区别。行为人虽然集中了注意力，但没有

---

① 参见［日］井田良：《过失犯理论の现状とその评价》，载《研修》，第 686 号，2005，5-6 页。
② 陈朴生：《刑法专题研究》，306 页，台北，三民书局，1988。
③ 参见许玉秀：《探索过失犯的构造——行为人能力的定位》，载《刑事法杂志》，1997（2）。

尽到其预见义务的，仍然属于违反了过失犯中的注意义务，这样的过失行为即属违法，所以，注意义务是预见义务。另一方面，注意义务又是结果回避义务。如果没有预见，就没有避免结果发生的义务；虽然有预见，但没有结果避免可能性，也不是过失犯的注意义务。至于究竟是结果预见义务还是结果回避义务是过失犯的本质，旧过失论认为结果预见义务是过失犯的本质，新过失论则认为结果避免义务是过失犯的本质。不过，认为结果预见义务是过失犯的本质的旧过失论，仍然是当今有力的学说。因为，纵使行为人有义务采取防止结果发生的行动，但如果其没有预见结果发生的义务，则不具备防止结果发生的避免义务，纵然结果发生，行为也不是过失犯罪。

其二，注意义务的标准是客观的注意义务与主观的注意义务的统一。一般而言，过失犯中的注意义务，是指在社会生活上所要求的平均人的客观注意义务及具体的行为人以其能力为标准所要求的主观的注意义务。客观的注意义务，是指以抽象的一般人的注意能力为标准，一般人不能注意的，不是注意义务的内容；主观的注意义务主张以具体的行为人的注意能力为标准，行为人不尽自己的注意能力力所能及的范围内的注意的，即为法律上的不注意。本来，关于过失犯中行为人的注意义务是存在争议的，即存在着客观的注意义务与主观的注意义务之对立，也就是客观说与主观说之对立。主观说立足于个人权利保护，从个人的注意能力中寻找注意的标准，认为主观恶性是过失犯刑事责任的特征。行为人对其能够认识到的危险性事实，应该尽力履行注意的义务，如果违反这一义务，就应负刑事责任。问题在于，这样的注意义务是以行为人的注意能力为限度衡量，如果属于行为人的注意能力所不能达到的范围，而仍然要求行为人注意，就属于强人所难。此时的注意标准，只能根据行为人的主观注意能力之高低来定夺，这与故意犯罪以行为人的主观认识为标准是同样的道理。客观说立足于社会防卫立场，从社会上一般的、普通人的注意能力中寻找注意的标准。它认为，社会上的每个人都有维护良好社会秩序的义务，因此，注意义务应该以社会上普通人的注意能力为标准，并且力求能使社会上的一般人共同遵守，而不是专门为特定之人设定。所以，不注意的责任基础不在于注意力的高低，而在于应尽而不尽社会所通常要求的注意义务；即使注意能力稍稍差一些的人，如果不履行通常的注意义务，为了维护整个社会秩序，也不能免除其刑事责任。主观说与客观说"各执一词，互相论难，均不免失之于偏，盖过失责任之本旨，并不欲注意能力较低之人，负担其注意力所不及之注意义务，亦不欲注意能力较高之人，负担过分之注意义务，是以注意之程度，固不可无一定之客观标准，以促一般人之注意，但在客观标准范围内，又不得不顾及个人之注意能力。主观说使注意能力人负担过分之注意义务，甚欠公允，而客观说对注意能力较逊之人，课以力所不及之注意义务，往往智力较低者，虽以尽其所能之注意，犹不免于刑责，亦有未当，故于此二说殊有这种调和之必要"，因此，如果根据客观说"以一般人之最高注意限度，而于此限度内，尚顾及行为人之注意能力，以主观标准为注意之最低限度舍长取短，兼备主观说与客观说之精神，立论最为妥切"[①]。

2. 注意义务的补充适用与过失犯作为开放的构成要件之情形

注意义务理论本身具有复杂性，因此实践中如何判断行为人是否有注意义务有一定难度。这种难度体现在如何根据注意义务的标准判断行为人是否有注意义务。而为何过失犯属于开放的构成要件，则要联系过失犯的性质来考察。

旧过失论认为，违法是客观的，有责是主观的，因此过失与故意一样都属于责任条件或者责任形式。过失的核心是不注意，如果这种不注意与结果之间具有因果关系，就肯定过失犯的构成要件符合性；如果否认，则阻却责任。但是，随着现代科学技术高速度发展，许多包含重大法益侵害危险的行为，如高速驾驶交通工具，从事器官移植的医疗行为等不断增加，这些行为对社会具有有用性与必要性，故不能认为所有的危险行为都是违法的。如果不联系行为人是否具有过失，就难以肯定行为是否具有违法性，就难以区分过失与意外事件。而且，如果只在责任

---

① 韩忠谟：《刑法原理》，213页，台北，台湾雨利美术印刷有限公司，1981。

第三章　我国刑法中开放的构成要件之界定

中讨论过失，就有陷入结果责任之虞。因此，将向来作为责任要素的过失转而作为违法性要素来把握，成为二战后有力的学说。这种观点进一步发展为，过失也是构成要件要素。"因为构成要件是违法类型，作为违法类型要素的过失，首先应当是作为构成要件要素的过失。这样，过失在构成要件、违法性、责任三个阶段都成为问题。在构成要件与违法性阶段，过失所违反的注意义务，是以一般人为基准的客观的注意义务；在责任阶段，注意义务则是以行为人为基准的主观的注意义务。"[①]

这样，有无破坏客观的、必要的注意义务，是不法的构成要件所要判断的；行为人依其个人能力，是否有能力履行客观的注意义务，则是责任的问题。然而，不法构成要件所要判断的客观注意义务有相当难度。"客观的注意义务，原系一般、客观的法律上的义务。虽以其现实行为为对象，仍有相当程度之细别，即带有相当具体性。故注意义务，非仅课之于面临某特定事故之行为人个人，并应具有如平均人处于行为人之立场，亦得要求其为同样注意之一般性、客观性。换言之，注意义务，必于具体的行为人前，应要求其先存在平均人为对象者。论者因有注意义务，应置之于违法性之领域者，学说上乃有以'外部的注意''客观的注意''一般的客观的注意'等用语表现之，均系着眼于注意义务之性格。即如过失致死伤罪，虽系就纯粹的结果犯而设，在形式上专以人之死亡或伤害之结果为其构成要件之要素，并未就其引起结果之行动加以规定，但仍系基于过失之行动，非以行动与结果之关系为单纯之因果过程，系综合行动与结果，因其不注意而引起结果之行动的法的意

[①] 张明楷：《外国刑法纲要》，3版，201页，北京，法律出版社，2020。德国学者耶赛克和魏根特认为，这种将客观注意义务与主观注意义务分别为构成要件与违法性要素和责任要素来考察的方式具有很多的优点：第一，有利于形成对"在实践中常常被过分强调的结果责任的抗衡。第二，即使行为人没有责任，同样可将过失行为与保安处分联系在一起。第三，如果在醉酒状态下实施的是过失行为，那么，《德国刑法典》第323条规定的处罚的前提条件，是根据过失犯的客观标准来决定的，即使行为人因为醉酒没有能履行其注意义务。第四，如果判例从过失犯的客观方面出发，则会根据一般规则对特定情况下的注意要求作出解释。最后，过失犯的客观标准包含了承认较高的责任界限，它防止向具体的个人提出过分的要求，因此，有助于实现公平原则。"［德］汉斯·海因里希·耶赛克、托马斯·魏根特：《德国刑法教科书》（上册），徐久生译，759页，北京，中国法制出版社，2017。

味。此类注意义务，因其具有一般性、客观性，仍具有某种类型的意味，属于构成要件要素。"① 因此，要根据客观注意义务确定行为人是否履行了注意义务，就要斟酌在特定的危险状态下行为人并不打算有意造成的法益侵害在客观上要求什么样的行为。因此，构成要件该当的过失行为的不法，不能仅因造成结果发生而最终确定。"如果结果是基于违反法秩序向行为人的交往领域里认真的和有理智的成员在行为状态下提出的注意要求，而且，如果结果的发生能被此等普通人预见的，才存在过失行为。因此，在此意义上，过失犯的构成要件应当通过法官的评价予以补充。"② 故注意义务之内容，仍应由法官就各个情形加以补充，"乃学者间有认过失犯之构成要件，为开放构成要件，或以补充为必要之构成要件"③。只有在经过法官的补充判断适用后，才能再根据行为人的人格以及能力来考虑能否要求行为人对为此等行为承担刑事责任。显然，在不同的过失犯中，注意义务存在与否，只能由法官根据各个案件事实进行个别性的判断，注意义务，或者更具体地说，客观注意义务，属于需要补充的部分。

而且，这种补充"不存在违反确定性原则的情况，因为，将不断发展的注意义务通过审判实务以外的方法使其具体化的做法是难以想象的，而且，与法律内容相比，市民通过自身体验往往更容易理解应尽的注意义务"④。例如，我国《刑法》第 233 条规定的过失致人死亡罪，何种情况下行为人才具有防止他人死亡的义务，以及行为人是否具有此等义务，这都不是在第 233 条中已经直接规定的问题，而是由法官基于司法实践的需要逐渐明朗化的问题。再如我国《刑法》第 133 条对交通肇事罪的规定，交通工具的驾驶人员的注意义务，则是由法官根据有关道路交通管理法规的规定作出补充判断的。本来，注意义务对于过失犯

---

① 陈朴生：《刑法专题研究》，318 页，台北，三民书局，1988。
② Vgl. Roxin&Greco, Strafrecht Allgemeiner Teil Bd. 1, 5. Aufl., 2020, § 24, Rn. 87.
③ 陈朴生：《刑法专题研究》，318 页，台北，三民书局，1988。
④ Vgl. Joachim Bohnert, Das Bestimmtheitserfordernis im Fahrlässigkeitstatbestand, ZStW 1982, S. 80.

第三章 我国刑法中开放的构成要件之界定

成立的判断至关重要，然而，立法者却并没有在条文中将这一要素予以规定，这正如没有一个条文规定了不真正不作为犯的作为义务，也没有一个条文规定了过失犯的注意义务。如果我们不面对这一现实，不承认法官在适用过失犯的过程中针对客观注意义务所作的补充判断，恐怕我们就无法确定过失犯之存在及应罚与否了，那么，过失犯也就不存在了，所以，过失犯的注意义务在立法上的欠缺，决定了它同样属于开放的构成要件——需要法官在适用的时候对这一欠缺的部分作出补充判断。一般来说，法官补充的过失犯的注意义务"必须是经过法律证明的一项法律义务。仅是习惯或道德要求于行为的，不构成此等法律义务。而且，必须是阻止结果产生构成具体法律义务的内容，实施其行为之义务，甚至根据经验该其他行为会有助于阻止结果产生，也不构成此等法律义务。"[1] 至于"防止结果产生的法律义务可以任何法律规范为基础。该法律规范处于成文法或习惯法，具有公法特征或私法特征，是直接以特定之法律命令构成具体的法律义务，还是间接地以契约构成或经营中未委托承担有法律效力的行为义务，均无关紧要"[2]。不过，当根据习惯法来确定行为人防止特定损害结果产生的法律义务时，究竟在多大的程度上能够证明则是非常困难的。对此，德国学者麦兹格指出，"具体的义务内容只有在最准确的情况下，结合案件具体情况加以确定"[3]。可以说，因为过失犯不具有刑法上的意义，在本质上，都是价值判断的结果，所以，"关于过失的判断，极需要做价值上的补充，这是刑法学解释（Dogmatik）很困难的问题之一"[4]。究竟根据什么标准，最为妥切地对过失犯的注意义务，具体说，对客观注意义务，作出恰当的判断，是需要站在开放的构成要件的角度进一步展开的问题。

总之，"过失犯的构成要件以及不真正不作为犯的构成要件，是有

---

[1] Roxin, Offene Tatbestände und Rechtspflichtmerkmale, 1970, S. 172.
[2] ［德］弗兰茨·冯·李斯特：《德国刑法教科书》，徐久生译，174页，北京，北京大学出版社，2021。
[3] Edmund Mezger, Strafrecht, Ein Lehrbuch, 3. Aufl., 1949, S. 147.
[4] 林东茂：《从客观归责理论判断交通事故的刑法责任》，载《刑事法杂志》，1995（3）。

代表性的以补充为必要的构成要件。为了把作为行为者人格之发现的行为纳入构成要件的类型之中，即使对于过失行为、不真正不作为的行为也有必要明确其类型性的意义。为此，对于超出立法技术限度的那一部分，就只能在一定的范围内用解释论来补充法定构成要件。"[1] 所以，将不真正不作为犯和过失犯作为开放的构成要件，在刑法理论上应该说是普遍的观点。

三、目的犯

所谓犯罪目的，是指行为人通过实施犯罪行为达到的对某种危害结果的希望或追求。犯罪的成立要求对犯罪事实有所认识，这就是犯意，故意是最典型、一般的犯意。在某些构成要件，在一般的犯意之外，还要求将某些特殊的目的作为构成要件的要素。如"以营利为目的""以出卖为目的""以传播为目的"等。一般来说，"犯意是和构成要件的结果相应的，但这些特殊的主观要素又超过了结果，所以它们又被叫作超主观要素或纯主观要素，并因此而把具有这种超主观要素的犯罪（构成要件）称为目的犯"[2]。上文述及，"犯罪的故意与过失的含义在总则中已有规定，人们可以根据总则的规定以及分则所描述的行为特征，概括出具体犯罪的主观要件的内容，分则只需就特定的目的进行规定"。这表明，如果目的是一种犯罪成立的必备因素，它就应该由分则的罪刑规范予以明确规定，这不是总则所应该把持的范围。不过，目的犯的情形与不真正不作为犯和过失犯都有所不同，后两者对于成立该种犯罪所必备的作为者注意义务无一涉及，而在目的犯中，刑法规范有两种表达形式：一种是法定目的犯，即直接在条文中将该种犯罪的特殊目的明确规定，不具备这种目的的就不构成相应犯罪，这类目的犯占大多数。例如，我国《刑法》第 152 条走私淫秽物品罪规定"以牟利或者传播为目的"，第 192 条集资诈骗罪规定"以非法占有为目的"，第 276 条破坏生

---

[1] ［日］大塚仁：《人格的刑法学的構想》，载《法学教室》，1990（2）。
[2] ［日］小野清一郎：《构成要件理论》，王泰译，184 页，北京，中国人民公安大学出版社，2004。

产经营罪规定"由于泄愤报复或者其他个人目的",等等。另一种是非法定目的犯,即并不在条文中规定某一犯罪所需的特殊目的,而需要法官根据一定的原则予以补充,我国《刑法》关于盗窃、抢劫、诈骗和抢夺等罪的规定即为其例。认定前一种情况的目的犯当然不存在问题,它只需要根据条文的规定予以适用即可;后一种情况则不然,一方面犯罪的目的没有规定,另一方面,这一目的对成立某种故意犯罪又极为重要,因此,如何在刑法条文没有直接规定故意犯之特殊目的时,将之完满地补充,是一大难题。

1. 目的犯之目的的性质

目的犯之目的具有两个特性,一是它属于主观的违法性要素,二是它属于主观的构成要件要素。

首先,目的犯属于主观的违法性要素。

威尔哲尔在提出开放的构成要件概念时没有提及目的犯作为开放的构成要件的情形。依笔者之见,目的犯同样属于开放的构成要件。它不像不真正不作为犯和过失犯是较为典型的开放的构成要件,因此,我们先要论证,根据大陆法系犯罪论体系,没有明确规定犯罪目的,而该目的对于犯罪的成立又是必不可少的构成要件,这是否为开放的构成要件。对这一问题的回答涉及目的犯中目的之认定,即它属于主观违法的构成要件要素还是属于责任要素。20世纪初期的刑法学认为,行为的违法性在本质上应受评价规范的判断,而非受命令规范的判断,所以,对于行为人的责任能力或责任意思,并无在违法判断时进行评价的必要。这样,违法只是客观的——违法判断的对象只与行为外部的物理侧面相关;责任则是主观的——行为人内部的心理态度的责任判断的规定。因此,故意与过失,目的犯中的目的、倾向犯中的倾向及表现犯中的心理要素等都被看成是责任而非违法的构成要件要素。但是,行为人主观方面的要素对于违法性的存在与否也有不可或缺的意义。学者发现,目的犯中的目的,倾向犯中的倾向,表现犯中的心理过程等要素,同样是衡量行为是否违法的必要因素,它们不是责任的要素,而是违法性的要素,因此,违法的判断对象并不限于行为的外部方面,还应包括行为人的心理方面,这就是主观的违法性要素。1911年,H. A. 费舍尔(H. A. Fischer)首先发现了主观的违法要素。它起初适用于民法,尤其是适用于特定的合法化事由。费舍尔指出:不是这样的客观事件被禁止,"而是禁止或被允许,完全取决于行为人实施犯罪的思想"。纳格勒和格拉夫·Z. 多纳(Graf zu Dohna)同样指出了刑法中的类似现象。此后不久,海格勒(Hegler)和迈耶几乎是在同时对此类案件进行了系统的分类。海格勒认为,目的犯中的目的并不是单纯地存在于行为人的内心就行了,而是一种不要求有与之相对应的客观要素的超过的内心倾向,即超出了客观要素范围的主观要素;迈耶则认为,如果周围人的内心要素可以决定行为的违法性,这些内心要素就是主观的违法要素。海格勒和迈耶"两人虽然还只是在行为的社会危害性中发现了实质违法性,但承认,此等实质违法性经常由行为人所追求的目的所共同决定。绍尔(Sauer)以类似的方式指出,主观不法要素更多地表明了犯罪类型的特征。"主观不法要素理论的全面发展则应当归功于麦兹格。麦兹格提出,除了目的犯中的目的,倾向犯中的内心倾向、表现犯中的心理过程或状态也是主观的违法要素。也就是说,在麦兹格看来,行为的违法性取决于行为人的意愿方向来源,取决于主体的内心世界的因素。这样,当主观要素在较老的学者那里还只是被视为原则上由身体行为决定的违法性的例外时,新系统学的追随者看到了个人的不法概念的证实。主观不法要素理论,尽管从纯外界对违法性的理解的立场出发不乏反对者,但在德国仍然还是占统治地位的。"在德国发展起来的这种理论,目前在日本也得到许多学说的支持。"[1] 主观的违法要素观点的提出之所以得到学者们的普遍承认,"盖因可罚的违法虽系行为之客观性质,但人类外部行为无一不起源于内在的精神活动,法律于规律外部行为之际,有时不得不顾及其内在的心意状态,遇此情形,欲确定何者为违法,如不兼从行为之根源——主观因素并加以判断,尚无从得其真相,

---

[1] [日]福田平、大塚仁编:《日本刑法总论讲义》,李乔等译,47页,沈阳,辽宁人民出版社,1986。

第三章　我国刑法中开放的构成要件之界定

例如，'刑法'第195条第一项所谓'意图供行使之用而伪造变造通用之货币纸币银行券'，实以行使之意图为伪造货币罪之要素，设伪造或变造货币而无此意图，即无违法之可言"①。可以说，犯罪的罪过即故意与过失是一般的违法性要素，它存在于所有的犯罪之中；犯罪目的等则属于特殊的违法性要素，它只存在于若干特别犯罪类型之中。

其次，目的犯之目的也是主观的构成要件要素。

主观构成要件要素（Subjektive Tatbestandsmerkmale）"通常是被构成要件类型化了的称为主观违法要素的东西"②，详言之，"主观的构成要件要素则指描述行为人主观上的心理状态的内在构成要素，系规定于主观不法构成要件中的构成要件要素，包括描述构成要件故意与法定意图的构成要件要素"③。从构成要件角度而言，构成要件由客观构成要件要素和主观构成要件要素两部分组成。行为人内心世界以外的所有事物是客观的构成要件要素，它描述的是外部世界的对象，即行为、行为客体、行为结果、行为与结果之间的因果关系和结果的客观归责、行为的外部情况和行为人。主观构成要件要素描述的是行为人的内心事物，是该当于构成要件的行为的意志，通常是故意，"故意是个人行为不法的核心"④，例外情况下才是过失。在主观构成要件要素中，存在着特殊的主观构成要件要素——犯罪目的，它同样是个人行为不法的组成部分。由于它进一步明确地表明了行为人的行为意志，因此常常作为特殊的主观构成要件要素加进故意之中。当我们承认犯罪目的是犯罪的主观的违法要素以后，就同时应该承认，它也是主观构成要件要素。

从主观的违法要素到主观构成要件要素的推论，其实并不难理解。因为作为违法性判断的对象并不是普通的要素，而是先经过构成要件该当性判断之后的要素，既然我们承认犯罪目的是主观的违法性要素，也

---

① 韩忠谟：《刑法原理》，140-141页，台北，台湾雨利美术印刷有限公司，1981。
② ［日］大塚仁：《犯罪论的基本问题》，冯军译，52页，北京，中国政法大学出版社，1993。
③ 林山田：《刑法通论》（上册），153页，北京，北京大学出版社，2012。
④ Vgl. Jescheck/Weighed, Lehrbuch des Strafrechts Allgemeiner Teil, 5. Aufl., 1996, S. 242.

就是说犯罪目的是违法性判断的主观对象,那么,作为这一主观判断对象首先必然是以该当于构成要件的形式出现的,换言之,它必然是为构成要件所包含的可供违法性判断的要素,所以,"构成要件的主观要素,更进一步说,也就等于主观违法要素"[①]。反过来说,作为主观违法要素的目的也就是构成要件的主观要素。我们常说违法是客观的,违法性是客观范畴,是因为其标准对于每一个人而言是一样的。在这一意义上,客观的概念应从普遍有效性意义上来理解。因此将主观不法要素纳入构成要件要素是不能被排斥的。我国台湾地区学者也指出,"违法判断之客观性,非指违法判断'对象'之客观性,而违法判断之对象,不限于客观外部要素,并及于主观的内心要素,此项主观违法要素,足以影响违法性之存在及其程度"[②]。而构成要件只要有助于解释违法性,也就会同时被看作是主观构成要件要素,所以,客观违法要素的承认与主观违法要素的考虑,并不矛盾。主观不法要素作为构成要件要素也由此得到了承认。目的犯之目的属于主观的违法要素,表明此等要素属于违法性评价的对象;目的犯之目的属于构成要件要素,表明此等要素是被用于构成要件的结构。而且,"关于目的犯,我认为其特殊目的是本来就属于道义责任的主观构成要件要素。伪造货币、伪造文书,仅此就已是违法,然而又只有在具有行使的目的,才开始构成伪造货币罪或伪造文书罪,这时,目的是主观构成要件这一点是没有怀疑余地的。构成要件中超过性主观要素,是与客观事实没有关系的纯主观要素。认为它不属于构成要件,是无视构成要件的实定法意义及其特殊化的意义,从而完全脱离了构成要件理论的本题。"[③]

正如威尔哲尔所说:"在大多数构成要件中,不能将'不法'单纯

---

① [日]福田平、大塚仁编:《日本刑法总论讲义》,李乔等译,53页,沈阳,辽宁人民出版社,1986。
② 高仰止:《刑法总则之理论与实用》,203页,台北,五南图书出版公司,1986。
③ [日]小野清一郎:《构成要件理论》,王泰译,68-69页,北京,中国人民公安大学出版社,2004。

地理解成客观要素,而是同时还规定一定的主观的(内心)的要素。"①而威尔哲尔是将包含了"不法"这类要素的构成要件视为开放的构成要件的,显然,某一要素是客观还是主观的并不能决定包含了这样的要素的构成要件是开放的或是封闭的。那么,类似于犯罪目的这样的要素虽然是主观的违法性要素,但与其作为开放的构成要件是不相矛盾的。

2. 目的犯作为开放的构成要件之理由

既然犯罪的主观目的作为主观不法的构成要件要素得到了承认,那么,当构成要件中没有规定某一犯罪的目的,而该目的对于该犯罪的成立又是不可缺少的,那么,法官就应对这样的表明了违法性或者说对违法性的判断至关重要的构成要件要素作出补充。这是因为,一方面它属于立法者未能详尽地规定在构成要件中的要素;另一方面,它又对违法性的判断起着重要的作用。所以,由法官对这一立法时未能明确规定的构成要件要素作出补充就是唯一的办法,否则,犯罪的违法性就难以确定。总之,由于作为犯罪目的的构成要件要素被省略而不予以规定,但不是不存在,这就要求法官在分析适用犯罪构成之际,予以自动补充以求完整。目的犯作为开放的构成要件之情形,指的就是这一类应该规定而立法者未规定犯罪目的的犯罪。以下本文所称的目的犯均指此类目的犯,而不是那些已在条文中明确规定了犯罪目的的目的犯。

日本的刑事判例甚至比学说先行一步,呈现出了一种非常彻底地运用主观不法要素观点的倾向。日本裁判所在1939年12月22日的大审院关于侵入住宅罪的判决。该案案由为,明知丈夫出征在外,而以与其妻子性交为目的进入其住宅。辩护人泷川博士的申诉理由为,学说上的主观性违法要素应只能限于刑法所明示或默示的要素,刑法所没有表示的主观性违法要素不得认可,在非法侵入住宅罪中,违法目的乃至动机并不是构成要件。原判将以性交为目的这一刑法并未规定的主观性违法要素作为行为违法性判断的基准,而认定非法入侵住宅,这是一种处罚

---

① Vgl. Welzel, Das neue Bild des Strafrechtssystems, Eine Einfuehrung in die finale Handlungslehre, 1961, S. 27.

非罪行为的违法行为。对此主张，日本裁判所认为："行为违法性的判断不应只是纯客观的，还应考虑主观性违法要素，判定非法入侵住宅罪成立的案例的主旨均是如此。仅以主观性违法要素的行为目的乃至动机作为构成要件的犯罪，其主观性违法要素的存在与否是相对于构成要件是否充足而言的；而以主观性违法要素作为构成要件的犯罪，该要素的存在与否仅是行为违法性问题。彼此不能混同。"其以此驳回了申诉。尽管在学术界就主观性问题刚开始探讨不久，但该判决却是更早一步认可主观性违法要素的观点，并且超越学说的一般观点，在并非目的犯的非法入侵住宅罪中运用了该观点，这一点很有意义。当时，小野清一郎博士虽然对该判决结果表示了批判，但仍赞成其判决主旨。[①]

我国刑法同样如此。一些犯罪的构成要件未能将犯罪的目的规定在条文之中，大陆法系刑法理论中，虽然说违法是客观的，但前文已述，作为客观性的违法并不是与行为人的内心毫无关系，相反，它们是承认犯罪目的作为主观的不法要素存在的，也就是说，在判断行为的违法性时，是以其作为欠缺的构成要件要素来补充，并以之作为判断行为违法性的根据的。同理，要判断我国刑法中某一行为的法益侵害性是否具备并达到了犯罪的程度，也必须在考虑客观的行为同时，考虑行为人的主观内心。在没有明确规定某种目的是犯罪的构成要件，而这一目的又为认定该种犯罪所必需的场合，作为从主观方面说明行为的社会危害性的目的，就必须经由法官补充。

目的犯与不真正不作为犯和过失犯不同。目的犯的范围不易确定，而不真正不作为犯和过失犯的范围都较容易确定，因为不真正不作为犯是针对所有可以作为形式的犯罪而言的，因此除却真正的作为犯，其他所有的作为犯的范围也就是不真正不作为犯；而过失犯更简单，因为刑法总则明确规定，过失犯罪，法律有规定的才处罚，换言之，过失犯的范围由法条作出明确规定。所以，对这两种犯罪只需要补充出法条没有规定的作为义务和注意义务。但是，这里的目的犯则不同。哪些犯罪应

---

① 参见［日］大塚仁：《人格的刑法学の構想》，载《法学教室》，1990（2）。

第三章 我国刑法中开放的构成要件之界定

该具备特定目的才能成立，也就是非法定的目的犯的范围首先就是一个值得讨论的问题。当明确哪些犯罪应该具备特定的目的时，这一目的应该是什么，即其内容的确定则相对容易，因为，考察某一犯罪是否应该以具有特殊目的作为犯罪必须具备的构成要件，往往是建立在该罪应该具有某一特定的目的的基础之上的；换言之，我们往往是因为认为某种犯罪似乎具有某种特定目的，才进一步来探讨这一特定目的是否为该罪成立的必备构成要件的。这是一种发自于经验的逻辑考察习惯。虽然从刑法理论来说，"对于法律没有明文规定特定犯罪目的的普通直接故意犯罪来说，行为人的心理态度只要符合一般直接故意的内容，就具备了犯罪构成的主观要件，而不论行为人实施行为的具体目的如何"[1]。但是，事实并非如此。典型的例子是，我国《刑法》第266条规定的诈骗罪并没有规定该罪必须具备"以非法占有为目的"，但是，在刑法理论和司法实践中，一致认为该罪的成立必须具备"非法占有的目的"，法官在适用该条时通过补充这一目的之后才认定该罪。那么，这一目的缘何推导出？我们根据什么将诈骗罪确定为具有特定目的的目的犯？非法定目的犯的范围究竟如何确定？法官的补充是否有根据，是否合理？更进一步，我国刑法中究竟有多少犯罪与诈骗罪有着类似情况？哪些属于应该具有特定目的而法条又未规定的情况？法官对这些法条的特定目的进行补充时，补充的特定目的之内容如何？补充标准是什么？对于以上问题，虽然我国刑法理论展开了一定程度的研究，但学说各异，司法实践中对相关犯罪的认定更是存在诸多问题。笔者认为，这正是将目的犯作为开放的构成要件予以研究的重要意义之所在。因为，作为特殊的不法构成要件要素的非法定的目的的存在提高了一定的犯罪类型的违法性，当遇到它们的认定时，行为的违法性成立或成为较重的违法性，所以，对非法定目的犯范围之确定具有特别重要的意义。从大体上来说，哪些犯罪应该予以补充犯罪目的，应该考察构成要件立法所依据的行为类型，也就是说，应依据对行为类型的观察而进行补充，如此，法官的

---

[1] 马克昌主编：《犯罪通论》，3版，399－400页，武汉，武汉大学出版社，1999。

补充才可望正确。

刑法未明确规定但对于认定犯罪又必不可少的特定犯罪之目的的犯罪在我国刑法中有不少,最为明显的例子是我国《刑法》第 263 条的抢劫罪、第 264 条的盗窃罪、第 266 条的诈骗罪、第 267 条的抢夺罪,等等。其中,对抢劫、盗窃、诈骗和抢夺罪的主观目的,刑法理论认为应该有非法占有的目的,司法实践基本上也是这样操作的。[①] 另外,还有一些条文是否应该具有某种特定目的,法官在适用它们时是否应该对特定的目的予以补充,则需要进一步探讨。如我国《刑法》第 170 条的伪造货币罪是否要求具备行使的目的?第 194 条的金融票据诈骗罪、第 195 条的信用证诈骗罪、第 196 条的信用卡诈骗罪、第 197 条的有价证券诈骗罪及第 198 条的保险诈骗罪是否要求具备非法占有的目的?第 208 条的虚开增值税专用发票罪是否要求有骗取税款的目的?第 236 条的强奸罪是否要求以奸淫为目的?第 262 条的拐骗儿童罪是否要求以收养为目的?等等。这些都需要我们根据立法意图、相关条文的规定以及行为的法益侵害性等多方面的因素综合考虑决定,而不能轻易得出结论。

四、情节犯

开放的构成要件的最后一种情况是情节犯。刑法分则中有些犯罪要求具备一定的情节,犯罪才能成立。如我国《刑法》第 223 条规定,"投标人相互串通投标报价,损害招标人或者其他投标人利益,情节严重的,处……"这样一些犯罪的违法性要求法官于文字字面性规定之外,加以价值的补充判断才能认定,因此,笔者认为它们也属于开放的构成要件。但是,将情节犯作为开放的构成要件时有一些问题必须要交代,一是在我国刑法中对情节犯的概念及范围的认识比较混乱,对本文所说的情节犯应如何理解?二是情节犯显然与不真正不作为犯、过失犯

[①] 对于司法实践中也这样操作的例子,可参见《中国刑事审判指导案例》编写组编:《中国刑事审判指导案例 4 侵犯财产罪》,增订本,北京,法律出版社,2021。

第三章 我国刑法中开放的构成要件之界定

和目的犯未规定特定的义务或目的有所不同，它不是没有规定，而是有规定，只不过这种规定不明确、不具体，因此需要补充。情节犯是常见的规范性构成要件要素。问题是，构成要件中常见的规范性要素比比皆是，缘何本文只将情节犯作为开放的构成要件，而将其他含有规范性要素的构成要件排除在外？下文的讨论即围绕此展开。

1. 情节犯之界定

刑法分则有很多条文规定只有在"情节严重"或者"数额较大"或者"造成严重后果"等情况下才能构成犯罪。例如我国《刑法》第164条规定"为谋取不正当利益，给予公司、企业或者其他单位的工作人员以财物，数额较大的，处……"；第377条规定"战时故意向武装部队提供虚假敌情，造成严重后果的，处……"；等等。这些犯罪有一个共同特点，即在条文的尾端，都设置了一个概括性的规定作为犯罪成立的条件，如"情节严重""数额较大""造成严重后果""造成较大损失"等，对这些犯罪的认定必须在具体的一般情节之外还要满足条文所规定的概括性情节，犯罪才能成立。对于这样一些情节，笔者称之为概括性定罪情节，其当然属于开放的构成要件；相应的此类犯罪则可以称为情节犯。"具有概括性定罪情节的犯罪是情节犯"这一命题看似简单，但由于刑法中对定罪情节的理解比较混乱，故首先有必要理清情节犯的内涵和外延。

（1）情节犯的性质。

情节犯之情节是对犯罪要件的描述，那么，它本身是否属于构成要件？明确这一问题直接关系到情节犯能否作为开放的构成要件。如果说情节犯之情节不是构成要件，那么，这些构成要件当然就不可能是开放的构成要件，因为开放的构成要件是以刑法规定的内容本身是构成要件为前提的，如果一种规定根本连构成要件都不是，而是其他的东西，比如说是量刑时的情节，那当然就更谈不上是开放的构成要件了。因此，厘清这一问题至关重要。

关于这一问题，许多学者认为情节犯之情节不是构成要件，他们的理由又各有差别。一是认为，定罪情节不是犯罪构成要件，而是从犯罪

· 129 ·

构成基本要件的程度上把握的成立犯罪的条件。① 二是认为，刑法规定的情节严重或情节恶劣才构成犯罪，只是一种提示性的规定，而很难说是一种构成要件。理由是："（1）犯罪构成要件一般都提四个方面，还没有人把情节作为犯罪构成的第五个方面；（2）就刑法规定众多情节来看，有的属于客观方面而言，有的属于主观方面而言，还有的属于客体或对象，有的属于主体。既然犯罪构成的四个方面都有情节，就不好把情节作为一个独立的要件；（3）刑法分则有的条款只把情节作为区分同一犯罪中的重罪与轻罪的标准，显然不是构成要件。"② 三是认为，情节是某种犯罪成立的依据之一，但不属于犯罪构成的某一个要件，因为情节对于是否构成犯罪只起量的作用，犯罪构成与情节是质和量的对立统一的关系。③

以上观点均值得商榷。第一种观点实际上隐含的是这样一个前提，即将犯罪的构成要件分为基本要件与非基本要件，对于后者，则似乎可以称为选择要件。这一前提倒没有什么大的问题。关键在于，情节犯之情节并不能简单地排除在所谓的基本要件之外。含有"情节"字样的情节犯是一种综合性要件，它并不是对犯罪构成要件中的某一个要件的反映。它既可能是指主观方面的恶性极其严重，如动机极其卑劣，也可能是指客观方面的行为，如手段极其残忍，还可能是指犯罪主体，如屡教不改等。不含有"情节"二字的情节犯则一律都是直接对犯罪客观方面的要求和描述。这从对以上定罪情节的立法表达形式分析就可看出。无论是要求数额较大，还是要求造成较大损失，还是要求发生致人重伤、死亡的严重后果，或是要求严重损害国家、人民利益等，均体现了这一点。总之，除明确要求"情节严重"或"情节恶劣"作为犯罪成立条件之外，其他情况中的定罪情节均是针对客观行为而言的，因此，这些概括性的情节规定都是犯罪基本构成要件的内容，根据它们来判断行为是

---

① 参见敬大力：《正确认识和掌握刑法中的情节》，载《法学与实践》，1987（1）。
② 高铭暄主编：《中国刑法学》（上册），83页，北京，中国人民大学出版社，1989。
③ 参见赵炳寿主编：《刑法若干理论问题研究》，348-351页，成都，四川大学出版社，1992。

第三章 我国刑法中开放的构成要件之界定

否构成犯罪，也就是从犯罪构成基本要件的层面上把握行为成立犯罪与否的判断。而且，即使按照该论者所说的"从犯罪构成基本要件的程度上把握的成立犯罪的条件"，也得不出定罪情节不是构成要件的结论，因为，成立犯罪的条件与成立犯罪的要件并不是两个相左的命题，相反它们应该是一个意思，那些有资格成为成立犯罪的条件正是犯罪构成要件。既然是成立犯罪的条件，当然是认定犯罪的标志，而我们认定罪与非罪的标志正是犯罪构成，所以，能够成为认定犯罪成立的条件当然就只能是构成要件了。第二种看法问题更多。先从逻辑上看，将情节犯之情节理解为犯罪的构成要件，并不意味着就是将它们理解为独立于犯罪构成四要件之外的第五个构成要件，前一个命题与后一结论之间无任何逻辑联系。无论如何也不能推出如果将情节作为犯罪构成要件，它将是犯罪构成的第五个要件。而且，正如论者所说，对于诸如情节严重或情节恶劣这类含有"情节"二字的情节犯来说，它们涉及的是犯罪构成的四个方面，这样一来，正好说明情节属于犯罪构成四要件之列，而不是独立于四要件之外。需要指出的是，认为定罪情节是犯罪构成要件，并不是说一定要求这样的情节是独立于四要件之外的，这是完全不同的两个概念。定罪情节隶属于不同的构成要件正表明了它根本不是独立于四要件之外的。但是，不独立于四要件之外并不能推出它们就不是犯罪构成要件。从犯罪构成的理论来看，如果一个条文将情节严重作为区分重罪与轻罪的标志，这时的情节是为量刑发挥作用。而前面所说的情节犯之情节是为认定行为是否成立犯罪而发挥作用，定罪与量刑本来就是前提与结果的关系，当一个情节是为量刑而发挥作用时，本来就是在结果中讨论的问题而不是在前提中，那么，这样的情节当然就不是构成要件了。第三种看法则是似是而非的。情节对犯罪只起量的作用，这个说法没错，但问题是，对于规定了这样表示量的情节来说，达不到量的规定性，就不能认定该行为成立犯罪。此时的量是关系到对行为是否能够成立犯罪这一质的问题的回答。正如该论者所言，此时的"犯罪构成与情节是质和量的对立统一的关系"。既然是这种关系，那不正表明这些表明量的情节正是犯罪构成中的内容吗？否则，一方面说此时的犯罪构成是质和量的统一，另一方面又说体现量的内容不是犯罪构成，这不是自相矛盾吗？抽出体现量的情节的犯罪构成，又与什么进行"统一"，又怎么能说是质与量相统一的犯罪构成？

理论上有观点认为："犯罪构成要件可分为犯罪构成的共同要件与具体犯罪构成的要件两类。定罪情节与犯罪构成要件的关系应表述为定罪情节不是犯罪构成的共同要件，但是，是具体犯罪构成的要件。"[①]这一看法虽然是赞同定罪情节是构成要件，然而其所持理由难以令人信服。前已述及，作为情节犯之情节是隶属于犯罪不同的构成要件的，既然如此，它们就是属于犯罪构成要件四要件之列的，而论者所说的犯罪的共同要件无非就是指犯罪的四要件罢了，因此，以定罪情节不是犯罪构成的共同要件而只是具体犯罪构成的要件来论证其应该属于犯罪构成要件，显然难以成为一个理由。

总之，既然犯罪构成是认定犯罪的唯一标准，那么，犯罪构成的各个要件都是区分罪与非罪的标志。而作为定罪情节的那些概括性因素又决定着一行为能否成立犯罪，这就表明它属于犯罪构成的要件。如果说定罪情节不是构成要件，但在具体定罪时却又以之为依据，这与犯罪构成的理论就是自相矛盾的。因为不存在不属于犯罪构成要件但又是犯罪认定的依据，这样的依据或条件，只能是犯罪构成要件。

笔者以为，一方面，这些概括性的定罪情节是表明行为社会危害性的量的规定性，是量的构成要件。可以这么认为，刑法规定构成要件反映的是行为的严重社会危害性，而严重的社会危害性是通过两个方面来体现的，一是行为的质，二是行为的量。行为的质表明的是行为是什么，譬如，在林林总总的行为中所规定的该条行为是诈骗还是贪污？行为的量表明的是行为的程度，即对行为程度的规定，是要求造成严重后果还是要求发生重大人员伤亡等。质是对此行为区分于彼行为的内在规定性，而行为不同社会危害性的内容又是不同的，因此，也可以说质的

---

① 王晨：《刑法中的情节研究》，载喻伟主编：《刑法学专题研究》，308-309页，武汉，武汉大学出版社，1992。

构成要件是此种社会危害性与彼种社会危害性的区分标志；而量的构成要件则是社会危害性在程度上的内在规定性。只有一定程度质的社会危害性和一定程度量的社会危害性统一，才能完整地说明行为的严重社会危害性，进一步将其认定为犯罪。所有的行为都应该达到一定质和一定量的社会危害性，这是犯罪构成要件的本质。所以，犯罪构成要件是对一定行为严重社会危害性的性质和程度的规定和体认，只有质与量的统一才能表明某一行为的性质，达不到条文规定的行为的质和量的要求，一个行为就不能被认定为犯罪。因此，可以认为，犯罪构成要件可以分为质的构成要件和量的构成要件。但是，质的构成要件和量的构成要件在立法上有不同的体现。在立法者看来，有的犯罪一经实施就很严重，例如我国《刑法》第263条规定，以暴力、胁迫或者其他方法抢劫财物的，处3年以上10下有期徒刑，并处罚金。抢劫的行为一旦在实际中发生，无论这一行为在程度上有何差别，其本身的危害性就很严重，换言之，这样一些犯罪的质的构成要件中已经包含了对量的构成要件的确认，而没有单独的表明行为量的规定，质与量是通过同样的文字表示出来的。杀人罪，伤害罪，强奸罪，拐卖妇女、儿童罪等犯罪的构成要件均是如此。但是，对有一些犯罪立法者却是将表明质与表明量的要件用不同的文字来表达的。例如我国《刑法》第243条规定，捏造事实诬告陷害他人，意图使他人受刑事追究，情节严重的，处3年以下有期徒刑、拘役或者管制；造成严重后果的，处3年以上10年以下有期徒刑。该罪中，表明行为质的构成要件是"捏造事实诬告陷害他人，意图使他人受刑事追究"，但是，仅仅有这样的行为还不能构成犯罪，还必须要求这一行为在程度上是情节严重的，否则就只是一般的违法行为，所以它还要具备"情节严重"这样的量的构成要件。这些单独规定量的构成要件的条文，要求我们在适用时特别地加以注意，必须要判断行为是否达到情节严重或情节恶劣的程度，或造成严重后果等。因为这些条文中规定的表明行为质的要件并没有包含对行为社会危害性量的规定，如果不通过对这些表明量的规定性的概括性文字进行仔细分析判断，就无法得出行为能否认定为犯罪的结论。我们不能仅仅满足于此种社会危害性与彼种社会危害性的区分，而应追求对该种社会危害性是否能够为刑罚所处罚的追问，以更好地保护法益。我国有学者认为，将情节作为开放的构成要件，已经与开放的构成要件的本义相去甚远。即使把情节作为情节犯的构成要件要素，也没有必要认为它是开放的构成要件，因为只要达到情节严重程度，其违法性自在其中，不需另行判断。[①] 就前者而言，如上所述，在许多情况下，情节是否严重需要在符合行为类型的"质"的基础上进行二次的"量"的判断，因此情节完全符合本书关于开放的构成要件要素之定义；就后者而言，将之纳入开放的构成要件，能够更好地对其进行体系性研究。一如威尔哲尔所言，作为体系性的科学，刑法学为稳定和公正的司法奠定了基础，因为只有对法律内在联系的洞察，才能使法律的适用摆脱偶然和恣意。[②] 而且，此种体系性思考，不仅能够为整体概览和实际操作提供便利，更能够产出那些只有借助体系才能厘清的既有关系的新知识，从而成为法律获得进一步发展的基础。[③]

至于为什么有的犯罪构成要件是将质与量的要件统一在相同的文字中，有的却分别用不同的文字表述，即在质的构成要件之外单设量的构成要件，原因则是多方面的，对于"情节严重"或"情节恶劣"等含有"情节"二字的情节犯来说，是因为犯罪构成的总体所反映的社会危害性都应达到应当追究刑事责任的程度。"但现实生活中有许多行为，虽然在一般情况下其社会危害性没有达到应当追究刑事责任的程度，却又难以通过强调犯罪构成某一方面的具体内容使之达到这种程度，即或不能预见所有情节严重的情况而无法具体规定，或者能预见但要作冗长的表述，使刑法失去简短价值。于是立法者作了一个综合性的规定，情节严重就以犯罪论处。"[④] 对于不含"情节"二字的情节犯，由于这些情

[①] 参见陈兴良：《刑法的明确性问题：以〈刑法〉第225条第4项为例的分析》，载《中国法学》，2011（4）。

[②] Vgl. Hans Welzel, Das deutsche Strafrecht, 11. Aufl., 1969, S. 1.

[③] Vgl. Conig, Grundzüge der Rechtsphilosophie, 5. Aful., 1993, S. 295.

[④] 张明楷：《论刑法分则中作为构成要件的"情节严重"》，载《法商研究》，1995（1）。

节犯之情节基本上涉及犯罪的客观方面,无论是"造成严重后果",还是"致使公共财产、国家和人民利益遭受重大损失",抑或是"发生重大伤亡事故"等,无不是对客观方面的规定。而纵观刑法分则条文,对犯罪构成要件的规定总是以描述行为的客观方面为主,如果需要规定犯罪主体或犯罪主观方面,总是会在条文的开头处即表明主体,如我国《刑法》第166条为亲友非法牟利罪所规定的"国有公司、企业、事业单位的工作人员",主观方面的,如我国《刑法》第399条第1款的"徇私枉法、徇情枉法"等,没有一个条文例外。据此,在规定了犯罪主体与主观方面的犯罪构成要件的条文中,除了条文前半部分——更确切地说开头的寥寥数字是有关主体与主观方面的,剩下的后半段则全是对行为客观方面的描述,故作为描述客观方面的一些概括性情节,如以上的"造成严重后果"或"发生重大伤亡事故"等,实际上仍然是对客观方面的进一步描述,并不是单独的一部分。而之所以从形式上看它们是单独存在的一部分,是因为这些概括性的描述是在条文的前半部分对行为的特点和内容作了描述之后对量上或者说是对程度上的规定。而从先定质再定量的先后顺序来说也是正常的,因为任何量总是一定事物的量,不可能说在没有弄清楚事物本身的内容的情况下甩出一个量的规定,否则,就不能明了是什么的量。在那些没有明确规定主体和主观方面的犯罪构成要件之中,则整个条文表达的都是对客观行为的描述,因此概括性的定罪情节从形式上作为单独的部分出现的原因与以上是相同的。

(2) 情节犯的立法形式。

从刑法条文对情节犯的规定来看,情节犯之情节并不限于条文中明确规定有"情节"字样的要件,也包括没有"情节"二字的其他概括性定罪情节,如数额较大、造成严重后果等规定。有观点认为,情节犯仅指那些规定了"情节严重"或"情节恶劣"作为犯罪构成要件的犯罪。换言之,有关犯罪数额或发生严重后果等的相似规定则应该排除在情犯之外。① 正是如此，理论上有观点将我国《刑法》分则对各种具体犯罪的规定分为一般犯、数额犯与情节犯三种，即在将情节犯限定为前述意义的基础上，将数额较大这样的定罪情节排除在情节犯之外，而称之为单独的数额犯。② 以上观点值得商榷。

根据定罪情节在刑法典条文中立法的表现形式不同，可以将它们概括为三种：

其一是明确规定了"情节"二字的情节犯，具体说是要求"情节严重"或者"情节恶劣"才能构成犯罪的情况。这主要有我国《刑法》第130条、第180条、第182条、第190条、第213条、第215条、第216条、第222条、第223条、第230条，等等。

其二是没有"情节"二字的情节犯。此类形式又可以细分为两种：

A. 明确规定要求犯罪数额或违法所得数额或销售金额的"数额较大"或"数额巨大"才能构成犯罪。对于这些犯罪来说，条文并不是以笼统的"情节严重"的概括性规定来作为罪与非罪的标志，而是明确地说明对客观方面的犯罪数额的要求。至于数额多大为较大或巨大，则仍然是一个不明确的问题。虽然数额较大是一个相对于情节严重或情节恶劣来说已经相对明确的规定，但是，由于其数额本身不够明确，因此，仍然可以称之为概括性的规定。我国《刑法》第163条、第164条、第192条、第196条、第197条、第342条（数量较大、造成耕地大量毁坏）、第345条（数量较大的）、第395条（差额巨大的）等都属此类。

B. 要求发生严重后果才能构成某种犯罪。对于这些犯罪来说，同样不是笼统地要求情节严重或者情节恶劣，而是对犯罪客观行为的结果予以了特别的要求，即必须造成了严重的后果。但是，什么是严重的后果，或者说损失达到什么程度才算严重，条文中并没有规定，因此，它们虽然较"情节严重"的典型概括性规定来说已经相对明确，但由于其

---

① 参见叶高峰、史卫忠：《情节犯的反思及其立法完善》，载《法学评论》，1997（2）。
② 参见陈兴良：《刑法哲学》，6版，723-733页，北京，中国人民大学出版社，2017。

内容的模糊性，同样是概括性的定罪情节。与前几种情况不同的是，这些要求发生严重后果才能构成犯罪的条文在对严重后果的具体表述上并不相同。主要有：a. 条文规定"造成严重后果的"或"后果严重的"才构成犯罪，如我国《刑法》第 128 条第 3 款、第 146 条、第 148 条、第 181 条、第 277 条第 4 款、第 427 条、第 437 条等。b. 要求造成严重的"损失"才能构成犯罪，至于造成损失的内容，则与各个具体犯罪的行为内容是紧密相关的。有的是要求造成严重的财产损失，有的是要求造成当事人利益的重大损失等。对严重损失之严重性的表述也各有差别，有的是"较大"，有的是"重大"等。例如我国《刑法》第 169 条要求"使国家利益遭受重大损失"，第 219 条要求"给商业秘密的权利人造成重大损失"，第 403 条要求"致使公共财产、国家和人民群众利益遭受重大损失"等。c. 相对明确地规定了严重后果的内容的情节犯。即条文中不是笼统地要求造成严重后果或重大损失，而是相对明确地将严重后果的内容具体化。例如：我国《刑法》第 335 条规定"造成就诊人死亡或者严重损害就诊人身体健康的"，第 161 条规定"严重损害股东或其他人利益的"，第 337 条第 1 款规定"引起重大动植物疫情的"，等等。

其三是混合性规定的情节犯。具体包括三种形式：第一种是由例示性规定加情节严重或严重损失等抽象性规定而形成的混合性情节规定。这类条文是在先做一些列举性的具体规定之后，再用一个概括性的规定将未列举尽的定罪情节加以抽象，从而形成具体规定与抽象规定的混合性规定。它既不同于只规定"情节严重"或"情节恶劣"的情节犯，因为它们是最为抽象的；也不同于要求"数额较大"或"数额巨大"的数额犯，因为它们在情节犯中可以说是相对最为具体的情节犯；当然也不同于要求"造成严重后果"或"造成较大损失"的情节犯，因为这两种情节犯虽然较之"情节严重"这样的规定要具体一些，但毕竟都是一种概括性的规定，并没有具体性的先行列举性的规定。譬如：我国《刑法》第 443 条的"情节恶劣，致人重伤或者造成其他严重后果"，第 441 条的"不及时报告或者有其他严重情节"，第 275 条的"数额较大或者有其他严重情节的"，等等。第二种是无例示性规定而由不同内容的抽象性规定形成的混合规定。如我国《刑法》第221条规定"给他人造成重大损失或者有其他严重情节的"，第339条规定"致使公私财产遭受重大损失或者严重危害人体健康的"等。第三种是完全的例示性混合规定。如我国《刑法》第264条规定"数额较大的，或者多次盗窃、入户盗窃、携带凶器盗窃、扒窃的"构成盗窃罪。

　　分析以上条文，无论是否有"情节"二字，它们都有一个共性，即在条文中设立的以上规定都是在认定行为是否成立犯罪时发挥作用，即使行为人实施了这些条文规定的行为的内容，在量上达不到以上定罪情节的要求，则不能构成犯罪。以上这些规定与"情节严重"等规定一样，都是决定犯罪能否成立，决定能否对行为人追究刑事责任的关键性事实情况。认为刑法分则中区分罪与非罪有一般犯、情节犯与数额犯三种模式的观点，其中的情节犯与数额犯显然是针对"情节"或"数额"在犯罪成立意义上而言的，无论其所说的"情节"还是"数额"，显然都是指对于犯罪的成立有意义的事实情况，也就是说，论者对以上三种模式的概括是以在基本要件事实之外，是否有其他特殊要求的要件为标准而进行的，这一标准是正确的。问题是，这三种模式的概括显然并没有穷尽条文对此类特殊要件的实际立法模式规定，因为除了"情节犯"与"数额犯"，还有上文我们指出的刑法分则对此类事实情况的其他林林总总的规定，譬如"造成重大损失""致使国家利益遭受重大损失""严重损害股东或其他人利益的""致使公私财产遭受重大损失或者严重危害人体健康的"等，不一而足。而这些规定同样也是起着区分罪与非罪的作用的，因此，对这些规定当然也应该加以分别概括，否则就不能正确地分析刑法分则中罪与非罪，因为仅凭三种模式不能让我们完全掌握罪与非罪区分问题。这样一来，作为区分罪与非罪的犯罪类型就会很复杂，因为这些规定过于复杂，加以分别的概括既有难度也很烦琐，而且过于琐碎、细化。而根据笔者的观点，统统将这些表明量的构成要件的事实情况概括为情节犯则可避免这一问题。

　　从情节本身的含义以及犯罪构成的理论来说，将所有概括性定罪情节（不论其是否含有"情节"字样）统一概括为情节犯的做法也是合理的。因为无论条文中是否有"情节"二字，无论是重大损失也好，还是致使国家、社会和人民利益遭受重大损失也罢，其在实质上都是一样的，即都是作为区分罪与非罪的表明行为量的构成要件使用的。而且，情节无非是指事物存在和变化的环节，是表明行为人实施行为时能够表明行为程度的各种具有法律意义的事实，"情节严重"是这样的事实，"数额较大"是这样的事实，而没有写明"情节"或"数额"的其他规定诸如"对人体健康造成严重危害的"是这样的事实，"使生产遭受较大损失"当然也是这样的事实等。既然情节本身就可以将这些事实情况都包含在内，那么，我们将以上各种表明行为量的事实情况一律概括为情节犯，是符合情节本身的含义的，也不存在不易理解的问题。其实，无论是"情节严重"还是"造成较大损失"或是"致人重伤死亡"等，都只是在概括性的程度上有差别，而且，诸如"造成较大损失""致人重伤死亡"等规定无非是对"情节严重"的一个具体化的说明罢了，由此，将其他不含"情节"二字的事实情况作为犯罪成立条件的犯罪一律概括为情节犯也是合理的。总之，条文中有无"情节"二字只是形式上的。只要有表明行为量的事实情况在确定行为是否构成犯罪时发挥作用，就是情节犯的认定标志。

（3）情节犯的范围。

情节犯之情节只关系到行为的有罪性，它是区分罪与非罪的情节，与量刑无关，即它不包括情节加重犯和情节减轻犯。概括性定罪情节与情节犯是一个可以统一并且可逆的概念。凡是概括性定罪情节必然存在于情节犯，凡是情节犯必定是指那些设立有概括性定罪情节的分则条文。情节加重犯和情节减轻犯中的情节不是概括性定罪情节，因而不是情节犯。然而，刑法理论的通说对概括性定罪情节是否同时也能够成为量刑情节的问题却持完全相反的看法。通说认为，定罪情节包括或者说也属于量刑情节，至少与量刑情节有交叉关系。根据这种观点，包含概括性定罪情节的犯罪就不能说是基本情节犯，而应包括情节加重犯和情节减轻犯。在通说的基础上，诸多学者也衍生出了各种观点：1）认为定罪情节不仅可以成为量刑情节，而且一切定罪情节都必然同时成为量刑情节。因为"犯罪的社会危害性的大小以及犯罪人的人身危险性的大小决定了最终刑罚的轻重。而犯罪的社会危害性和犯罪人的人身危险性是通过一系列具体的主客观情节来反映的。因此，犯罪案件中一切反映行为社会危害性和行为人身危险性的主客观情节都是量刑的情节。既然定罪情节反映了行为的社会危害性和行为人的人身危险性，它当然应该是量刑时应予考虑的情节。"因此，情节加重犯与情节减轻犯中的情节也都属于定罪情节。① 2）认为"某些犯罪情节在不同的情况下，可以以不同的面目出现。比如危害社会的结果，在考察造成该结果的行为是否构成犯罪时，它是认定犯罪的一个情节。但在对该行为人决定刑罚的轻重时，该结果又充当了刑罚适用的情节的角色。"② 3）认为定罪情节在某种意义上就是裁量刑罚的情节，即量刑情节；它既作用于定罪，又作用于量刑。"量刑情节与定罪情节既有重合，也有交叉。"重合交叉的情节，既是定罪情节也是量刑情节。当犯罪情节与量刑情节存在着上述内在的联系时，不可能绝对地说定罪情节和量刑情节是两码事；而且，无论定罪情节还是量刑情节都根源于行为的社会危害性和行为人的人身危险性的统一，都是统一体反映出来的社会危害性程度的情状和环节。举例说，以残忍手段故意杀人或伤人，手段是犯罪的方法，手段的残忍程度是犯罪人的主观恶性，两方面实际同时体现在一个环节上，定罪时，它是构成要件的情节，量刑时是从严惩处的情节。③ 4）认为定罪情节"是指犯罪行为实施过程中的，犯罪构成共同要件以外的，影响行为社会危害性和行为人人身危险性程度的，定罪时作为区别罪与非罪、重罪与轻罪以及此罪与彼罪标志的一系列主客观事实情况"。因此，除区分罪与非罪、此罪与彼罪之外，定罪情节的"另一项重要功能是作为

---

① 参见赵秉志主编：《刑法争议问题研究》（上卷），699-705页，郑州，河南人民出版社，1996。
② 周振想：《刑罚适用论》，265页，北京，法律出版社，1990。
③ 参见喻伟：《犯罪与情节·情节与量刑》，载喻伟主编：《刑法学专题研究》，299、300-301页，武汉，武汉大学出版社，1992。

第三章 我国刑法中开放的构成要件之界定

区别重罪与轻罪的标志"[①]。5）认为定罪情节是司法机关据以认定某种行为充足犯罪构成四个方面诸要件内容，而为该行为成立某种犯罪所必需的主客观事实情况。并认为概括性定罪情节分为基本罪的概括性定罪情节即基本情节犯，加重罪的概括性定罪情节即情节加重犯，减轻罪的概括性定罪情节即情节减轻犯。[②] 总之，以上看法无不认为定罪情节同时也是量刑情节。由此一来，概括性定罪情节当然也同时属于情节加重犯和情节减轻犯了。按照这样的结论，则情节犯也包括情节加重犯与情节减轻犯。笔者以为，通说的观点值得商榷。

首先，从定罪的含义来看，概括性定罪情节不应属于量刑情节。定罪是"认定犯罪"的简称，它往往以三种不同的含义被使用，最广义的定罪，是指调查、核实、确定行为的事实情况以及根据法律对行为的性质作出判断的一切活动；广义的定罪是指司法机关依法认定被审理的行为是否构成犯罪以及构成什么犯罪的活动；狭义的定罪是指人民法院依法认定被审理的行为构成什么犯罪的活动。最广义的定罪概念超出了刑法学研究的范围，广义的定罪与狭义的定罪都是刑法学在不同场合使用的概念。广义和狭义定罪概念的基本内容并无本质差别，它们都表明了定罪是国家审判机关在刑事诉讼程序中，依据刑法及其他刑事法规对某种确定的事实认定是否符合刑法规定的犯罪构成并确定罪名的活动。可以说，刑法学中所说的定罪的内容就是对行为是否有罪的确认，它是将已发生的事实行为与刑法规定的犯罪构成是否相符合的判断过程。在这一过程中，确认某一行为是否构成犯罪、构成何种犯罪是其活动的唯一目的。既然刑法学中的定罪无论从广义还是从狭义上来说都是指对行为有罪性的确认，那么，作为定罪情节的情节当然就只是为确认行为的有罪性服务的情节了，否则，将定罪情节理解为同时也是量刑情节就违背了定罪情节的本义。

其次，定罪情节或者量刑情节都根源于行为的社会危害性和行为人

[①] 王晨：《刑法中的情节研究》，载喻伟主编：《刑法学专题研究》，304页，武汉，武汉大学出版社，1992。

[②] 参见金泽刚：《论定罪情节与情节犯》，载《华东政法学院学报》，2000（1）。

的人身危险性，但并不能因此得出定罪情节同时也是量刑情节的结论。以上论者的一个重要理由就是，既然刑罚的轻重是由犯罪行为的社会危害性大小和行为人的人身危险性大小决定的，而定罪情节又是反映了行为的社会危害性和行为人人身危险性的情节，那么，定罪情节当然也是量刑情节。这一推论在逻辑上存在问题。刑罚的轻重确实是由行为的社会危害性和行为人人身危险性的大小决定的，但是，决定行为的社会危害性和行为人人身危险性的主客观事实情况并不都是量刑情节。犯罪的构成要件应该是最直接地反映了行为的社会危害性和行为人的人身危险性的事实情况，如果按照以上论者的观念，"犯罪案件中一切反映行为社会危害性和行为人人身危险性的主客观情节都是量刑的情节"。那么，已经明确规定在刑法条文中的犯罪的构成要件当然也是量刑情节了，而且是法定的量刑情节。问题是，这与法定量刑情节的概念显然是相矛盾的。通说认为，法定情节是刑法明文规定的在量刑时予以考虑的各种事实情况，如总则中对未遂犯的从轻或减轻处罚的规定，分则中则是在量刑时刑法条文明确要求考虑的情节。例如我国《刑法》第243条第1款规定："捏造事实诬告陷害他人，意图使他人受刑事追究，情节严重的，处三年以下有期徒刑、拘役或者管制；造成严重后果的，处三年以上十年以下有期徒刑。"该条第2款规定："国家机关工作人员犯前款罪的，从重处罚。"该条中，第2款的规定才被认为是法定量刑情节，第1款关于诬告陷害罪构成要件的描述不是法定量刑情节。所以，根据以上论者的观点，犯罪的构成要件也应该是量刑情节，而根据刑法理论上关于量刑情节的理论，犯罪构成显然不是量刑情节。总之，刑法理论上没有人认为刑法条文规定的犯罪构成要件是量刑情节，反映行为的社会危害性和人身危险性与量刑情节间是必要关系，即量刑情节必然反映了行为的社会危害性和人身危险性的事实情况，但反映了行为的社会危害性和人身危险性的事实情况的，并不都是量刑情节，也可能是定罪情节。

最后，根据量刑情节的理论分析，定罪情节不属于量刑情节。量刑情节是指人民法院在对犯罪人裁量适用刑罚时所考虑的、决定刑罚轻重的各种事实情状。它是反映犯罪人的人身危险性和行为的社会危害性程度的各种主客观事实情况。"在实际生活中，量刑情节往往是比较多的，凡是出现在案件之中，与犯罪行为或者犯罪人有关，能够表明犯罪行为危害程度，能够影响刑事责任程度的所有事实，只要不属于犯罪构成要件，都属于量刑情节的范围。"① 而如前所述，定罪情节属于犯罪的构成要件，既然如此，它就不应该是量刑情节。

2. 规范性构成要素与情节犯作为开放的构成要件之缘由

前面几种作为开放的构成要件之情形都有一个共同点，即这些犯罪中需要法官补充的构成要件都是在犯罪的构成要件中没有任何文字涉及的构成要件要素，是空缺的构成要件要素。但是，此处所要论及的情节犯作为开放的构成要件之情形则与之有别。因为情节犯是法律已有规定的，只不过这一规定过于抽象或者概括，而前述三种开放的构成要件情形——不真正不作为犯或过失犯或目的犯，其中的不作为义务或过失的注意义务或目的犯之目的，本身在法条中是根本没有规定，而不是有规定只是规定过于抽象或概括的问题，所以，情节犯不是空缺的构成要件而致的开放的构成要件，而是法律规定的抽象和概括导致的需要补充解释的开放的构成要件。

情节犯中"情节严重""后果严重"等概括性定罪情节属于规范的构成要件要素。前文表明，根据对威尔哲尔开放的构成要件理论的界定，无论作为一般违法性要素的恐吓罪中目的与手段的关联性，还是特殊违法性要素中的职务行使的合法性，法律或规定的有效性，管辖权限或行为人要素等，还是过失犯中的结果预见义务等，均是要求法官在法律的规定之外根据一定的标准进行价值判断补充才能获得认识的要素，换言之，它们都是规范的构成要件要素。对开放的构成要件的补充实际上就是对规范性要素的补充。但是，构成要件中所含的规范性要素很多，将情节犯作为开放的构成要件就面临一个问题：为什么其他含有规范性要素的构成要件不是开放的，而情节犯却是？这样界定的理由和根

---

① 高铭暄、马克昌主编：《刑法学》，9 版，250 页，北京，北京大学出版社、高等教育出版社，2019。

据何在？笔者以为，将情节犯作为开放的构成要件，而排斥将其他含有规范性要素的构成要件都作为开放的构成要件，是将威尔哲尔开放的构成要件概念进行扬弃的结果。从规范的构成要件要素的原理分析，只将情节犯而不是所有含有规范性要素的构成要件作为开放的构成要件是相对合理的选择。

第一，从罪刑法定原则的立场出发，应该限制规范性要件要素作为开放的构成要件之范围。

如果说，因为威尔哲尔所说的特殊违法性要素是规范性要素，而规范性要素要件可以成为开放的构成要件，就认为所有含有规范性要素的构成要件都是开放的，这就表明规范性要素在构成要件中的使用是可行的，而且这种构成要件因其使用了规范性要素而成为一种有别于一般的构成要件的开放式的构成要件。这无异于在提倡规范的构成要件要素在构成要件立法中的使用，因为这样一种将规范性要素的构成要件作为开放的构成要件的做法本身就表明了这一点。这不符合限缩规范的构成要件要素的要旨，也不符合限制开放的构成要件的旨趣。罪刑法定原则要求对行为的处罚，以行为时的法律有明文规定者为限，因此，刑法应该就各种犯罪行为明确地规定不同的要件，并且应做到对犯罪构成各要件的规定详密明确，易于适用，不得混淆不清或留有漏洞，以至于解释纷争，否则就是违反罪刑法定原则。所以，刑法规定应使用记述的构成要件要素，以利于根据条文文字的规定就可以获得构成要件的含义，从而使刑法条文的规定易于适用。记述性要素内容明确，易于认定，在适用记述性要素时，只需要法官的单纯认识性活动，即通过对外部的、可以感性认识的客观事实的判断即可把握这些要素的内容。而规范性要素在内容上是不明确、难以认定的。它要求在认识犯罪构成要件时，必须依据刑法以外的法律规范或社会规范补充评价后，才能确定其立法意义及内容；它赋予了法官较大的自由空间，法官的主观评价左右着对构成要件内容的理解，因此，在刑法理论上，学者对规范性构成要件要素的使用都持较为慎重的态度，反对过分地使用这种不够明确的构成要件要素。"依刑法罪刑法定主义之原则以观，为保障人权计，犯罪规定须依

第三章 我国刑法中开放的构成要件之界定

严密之条文,设对于构成要件要素之了解,必须借助各种法律或社会规范,方能把握其真义,则于解释之际,无法防止审判官依据其主观见解而为事实之认定,对于被告之人权显易造成严重侵害,从而对于此种构成要件要素,不能不设法予以排除。唯从另一点而言之,某一行为应否予以处罚,有时不能不考虑社会趋势或潮流,尚所规定者非规范构成要件要素,则对于犯罪所为之处罚,将难以合社会之需要,亦有不妥之处。唯是尚将规范构成要件要素,完全排除于刑法之外,反而有窒碍难行之虞。因之,对于此种构成要件要素,在限制之范围之内,仍有予以承认之必要。"[1] 但是,对规范的构成要件要素的承认不等于对它的提倡。由于规范性要素"需经价值判断,故其明确性显较描述性的构成要件要素为低。因此,在刑事立法上,应尽可能使用描述性的构成要件要素,以制定不法构成要件,唯有无法以描述性的构成要件要素做完整的犯罪描述时,方使用规范性的构成要件要素。"[2] "虽然记述的概念也可能因为其边缘模糊而具有不明确性,但大体而言,记述的要素比规范的要素明确,前者更能有效地限制法官的权力,保障国民的自由。所以,采用记述的要素可以使特定的违法行为类型化时,就不应采用规范的要素。"[3] 总之,"刑法上为处理复杂的社会事象,使用此类规范的构成要件要素或价值概念,乃不能避免,唯应仅止于不得已之最小限度"[4]。所以,为了维护法制的统一和法律的权威,应该尽量使用通过对事实的认识即可确定的记述性要素,少用需要法官的价值判断的规范性要素,以免法官的主观心理活动的随意性影响对构成要件要素的认识。之所以说尽可能少用而不是不用,是因为无论是从立法技术还是从社会现实生活来说,对构成要件要素明确地表达总是要受到一定的限制,并不是所有的要素都能够采用记述性概念表达,有些事物相对复杂且难以一一描述,不可避免要采用高度概括性的用语来表达,所以,规范性要素的存

---

[1] 蔡墩铭:《中国刑法精义》,67-68页,台北,汉林出版社,1986。
[2] 林山田:《刑法通论》(上册),152页,北京,北京大学出版社,2012。
[3] 张明楷:《规范的构成要件要素》,载《法学研究》,2007(6)。
[4] 陈弘毅:《刑法总论》,86-87页,台北,汉林出版社,1983。

在也是社会上存在的形形色色的事物的映照,它与记述性要素一样都是对社会生活现象的反映,其在刑事立法上是无法完全避免的,我们只能说规范性要素尽可能少用,记述性要素尽可能多用。

但是,如果我们一律将规范性要素的构成要件都当作开放的构成要件,实际上就是对规范性要素的广为认可,势必会导致规范性要素的多用,甚至是滥用。规范性要素在刑事立法上的无可避免是一回事,而当我们将规范性要素的构成要件一律作为开放的构成要件时,性质就发生了变化。因为,规范性要素只是表达构成要件的一种语言形式,如果我们将采用这种语言形式的构成要件不加限缩地都作为开放的构成要件看待,则等于表明,规范性要素在构成要件中使用不但是可行的,而且采用了此类要素的构成要件可以如同不真正不作为犯或者过失犯一样,都视为同样的也即开放的构成要件,换言之,作为与封闭的构成要件不同的另一种构成要件罢了。这就不仅仅是从立法技术上承认规范性要素,而且是将规范性要素上升到了从犯罪论体系的角度加以应用并研究的高度,而这种研究本身所体现的,当然是以对规范性要素的承认为前提的。而在越广的范围内承认并上升到更高角度研究规范性要素,当然就越会推动规范性要素在立法技术上的使用。而且,轻率地使用开放的构成要件概念,还会造成学理上对如何限缩规范性构成要件要素的使用范围问题研究的懈怠,因为所有规范性构成要件要素造成的问题最后都可以开放的构成要件理论来解决,构成要件要素本身的立法方向不再成为问题,如何适用开放的构成要件本身则成为重要的中心问题。这势必使刑事立法不再追求使用记述性构成要件,反而随意地使用规范性构成要件要素。过于广泛地使用规范性要素的结果,只会是法官断案的主观随意,定罪处刑的恣意擅断,最终损害的是公民的权利,罪刑法定原则所要求的法治精神就难以实现。

第二,如果将所有含有规范性要素的构成要件都作为开放的构成要件,则将会使开放的构成要件失去其与封闭的构成要件相对性的意义,最终失去其自身存在的意义。

将含有规范性要素的构成要件一律视为开放的,会使刑法中所有的构成要件成为开放的。规范的构成要件要素与封闭的构成要件要素的区别只是相对的,它们之间的界限本身就不是很明确。规范性要素需要由法官根据特定社会的文化和法律进行评价以后才能确定,也即需要法官进行价值判断以后才能确定。而记述性要素不需要经过一定的价值判断就能确定。然而,记述性要素不需要经过一定的价值判断也不是绝对的,一般情况下它可能一见自明,但有时也需要加以解释。规范性要素的理论发展即表明了这一点。在迈耶那里,规范性要素只是在少数情况下才存在,虽然麦兹格将它扩充到了更广的范围,但发展到了沃尔夫,则更进一步认为纯粹描述性的记述要素是自我臆想的产物,是不存在的。即使如"事物"和"人"这类在我们看来似乎很纯粹的概念,有时也需要法庭的裁决来确定,因此可以说所有的构成要件特征都是规范性的。李斯特也认为,刑法中的构成要件是法律概念,立法者在制定这一概念时,虽然考虑到一定的现实情况,但概念不可能反映现实本身,而只是引导我们对人的行为进行刑法上的评价,因此,在构成要件中,不存在纯记述的构成要件要素,而所有的构成要件要素都具有评价的特征。甚至于在"人"这样一个简单的概念上,同样需要解释,所以就有了要区分"人"和"胎儿"的争论,而对这一问题的争论,涉及的不是自然科学问题,而是一个法学问题。因此区分规范性要素和记述性要素只是在一定程度上正确,"因为构成要件的规范性特征并不是有规律地明显地出现的。有这样一些构成要件特征,它们是重要的实际内容,并与语言习惯用法完全一致地表明实际情况('人''性交''刀子''身体''生命'),因此,法官在认定这些特征时,基本上限制在'与认识相适应'的活动上。这里不能讲它们是'描述之构成要素',但无论如何它强调了这样一些构成要件要素的特点,这些构成要件要素具有专门的规范性特点,且在对其进行认定时需要法官的评价活动。"[1] "构成要件尽可能以明确之表现方式规定,此从罪刑法定主义之原则而言,亦属

---

[1] [德] 弗兰茨·冯·李斯特:《德国刑法教科书》,徐久生译,167-168页,北京,北京大学出版社,2021。

当然之事。为达此目的，构成要件具备的记述要素，必须使任何人一见，均能产生同一的表象。不过事实上，罪行的任何要素都不是描述性的，因为在法律措辞中包含的术语总是意味着与法律定义以及法律价值相关联，故仍需要法官作某种法律的价值判断。至为明显的是，例如虽然'人'被公认为记叙的构成要件，但'人的一生'，即作为'人'生命的开始与结束，都取决于法律如何认定，是需要法律解释的概念。"①正因为如此，德国学者沃尔夫（E. Wolf）认为，即使是纯粹的描述性概念，其边缘地带也是规范性的；构成要件是价值要素与存在要素的组合，完全是一种规范的形象。换言之，所有的构成要件要素都具有规范的性质，故所有的构成要件要素都是规范的要素。②耶赛克在论述记述性要素与规范性要素之间的关系时也指出："描述性构成要件特征，使得法律对法官的相对严格的约束成为可能……因为法官可凭其世界观、生活经验或从明确的外部标准直接了解法律的内涵。相反，规范性构成要件特征，则给予法官较大的自由空间……它们需要一个主观的评价，以便符合可能适用的内容。法官受法律的约束在于，立法者不允许法官有完全个性化的评价，而只是从法官所处的现存的一般的社会伦理观出来评价。在该两种方式之间并没有严格的对立：描述性概念在存在疑问的情况下同样也需要解释，而规范性构成要件特征也具有经验性核心内容。"③日本学者泷川幸辰也指出，"即使在这种要素（指记述性要素——引者注）中，也可以同时看到单纯要求认识活动的和表现出向评价活动方向移动的要素"④。记述性与规范性要素区分的相对性使我们很难找到一个确定的标准将它们清晰地划分，我们很难说刑法中哪些构成要件要素是规范的，哪些是纯记述的。这样，当将含有规范性要素的

---

① Vgl. Dennis Bock, Strafrecht Allgemeiner Teil, 2. Aufl., 2021, §5, Rn. 251.
② Vgl. Erik Wolfs, Die Typen der Tatbestandsmäßigkeit：Vorstudien zur allgemeinen Lehre vom besonderen Teil des Strafrechts, Breslau 1931, S. 51ff.
③ [德]汉斯·海因里希·耶赛克、托马斯·魏根特：《德国刑法教科书》（上册），徐久生译，178页，北京，中国法制出版社，2017。
④ [日]泷川幸辰：《犯罪论序说》，王泰译，载高铭暄、赵秉志主编：《刑法论丛》，第3期，194页，北京，法律出版社，1999。

要件一律作为开放的构成要件对待时,规范性与记述性要素区分的相对性实际上使刑法中所有的构成要件都是开放的,而几乎没有封闭的构成要件了。这就会发生如同将社会的相当性作为违法性判断原理一样的问题,即导致所有的构成要件都是开放的并使开放的构成要件失去其单独存在的意义。

第三,从威尔哲尔对开放的构成要件的研究来看,他同样界定了开放的构成要件的范围。

虽然这一界定是否合理尚需讨论,但界定本身就表明了一种立场,即起码在威尔哲尔看来,刑法中开放的构成要件不是普遍的,而是在封闭的构成要件这一一般情况下的例外,否则,如果刑法中所有的构成要件都是开放的,则威尔哲尔根本无须对开放的构成要件的几种情况作什么界定。而从威尔哲尔对特殊违法性要素的界定,同样可得出其对含有规范性要素的要件作为开放的构成要件的限缩立场。威尔哲尔所言的特殊违法性要素是规范的构成要素,含有规范性要素的构成要件同样可以成为开放的构成要件。但是,这并不等于我们承认所有含有规范性要素的构成要件都是开放的。从威尔哲尔对特殊违法性要素的界定来看,其所说的特殊违法性要素显然是有一个范围上的限制的。在威尔哲尔看来,作为开放的构成要件情况下的特殊违法性要素的,主要有职务行使的合法性、法规的有效性、管辖权限、行为人要素、缺少的职权、缺少主管部门的允许以及包庇犯罪的预备行为等有限的几种情况。换言之,威尔哲尔对特殊违法性要素的界定是持限制态度的。这种特殊违法性要素虽然确实是规范性构成要素,但威尔哲尔对特殊违法性要素范围的界定正好表明了,即使在威尔哲尔那里,也不是所有规范性要素要件都可以成为开放的构成要件的,只是一部分属于这个范围,因此,当我们在承认规范性要素与开放的构成要件之间的密切联系,并试图在我国刑法中界定出合理的开放的构成要件的范围时,就必须要注意到在威尔哲尔的开放的构成要件概念中,规范性要素作为开放的构成要件的限缩。这种限缩同样应该成为我们在界定规范性要素作为开放的构成要件的立场。所以,对规范性要素作为开放的构成要件的限制,也符合威尔哲尔在提倡开放的构成要件时的原意。

3. 可罚的违法性与情节犯作为开放的构成要件之缘由

如果说，只是从规范性程度的高低判断含有规范性要素的要件是开放的还是封闭的，恐怕缺乏足够的说服力，因为，规范性程度的高低的区分也不是完全绝对的。有时候，一个看起来相对确定的概念并不比那些概括性定罪情节的内容所需要进行的价值补充的难度小，如什么是"淫秽物品"恐怕就比"数额较大"这一定罪情节的内容更难以确定，所以，为了免生异议，使"情节"作为开放的构成要件之情形更令人信服，我们还应该提出其他的理由。

（1）可罚的违法性理论。

所谓可罚的违法性就是值得刑罚处罚的违法性，或称刑法上的违法性。此概念最先由黑格尔提出，黑格尔认为，与特定的"无意识的"（unbefangen）民法违法行为相对，刑法上的违法行为是对法律有意识的暴力侵害，故刑法上违法行为的违法性与刑法外的法的各领域，尤其是民法上的违法行为应当区别，从而主张刑法上的违法性的特殊性和独立性。黑格尔在其《法哲学原理》一书中指出：在民事不法中，只不过否定了特殊意志，对普遍的法还是尊重的，所以一般来说他是最为轻微的不法……对无犯意的民事上不法，不规定任何刑罚，因为在这里并无违法的意志存在。反之，对诈欺就得处以刑罚，因为法遭到了破坏。[①]虽然该理论提出后，因为有违"法秩序统一性"而备受批评，在德国未产生重大影响，但其思想仍然对域外学者产生了较大影响，日本的宫本英修博士便是其中代表人物之一。宫本英修根据日本大审院关于"一厘事件"的判决所提示的法理指出："此种情形，法虽无明文，但在解释上亦可解为具有阻却可罚的类型原因之情形，例如，某人于散步之际，顺手摘取路旁或庭院中所栽种之鲜花一枝，或以立即返还的意思而为之所谓'使用盗窃'等，此种情形，皆系侵害他人之所有权，而在一般规

---

① 参见［德］黑格尔：《法哲学原理》，范扬，张企泰译，94-95页，北京，商务印书馆，1961。

第三章 我国刑法中开放的构成要件之界定

范上系属违法；然因被害法益极为轻微，在刑法上亦不构成盗窃罪。"①宫本英修所依据的是主观的违法性论，在根据行为人的主观性情况来考虑可罚的违法性这一点上有特色。佐伯千仞继承和发展了宫本英修可罚的违法性的主张。与宫本英修以主观的违法性论为基础不同，佐伯千仞立足于客观的违法性论，指出被害法益的轻微本身使行为失去可罚的违法性，从而给这一理论以新的展开。佐伯千仞认为，违法性不只是一个存否的概念，而且是一个附程度的量的概念。刑法上的违法与其他法上的违法不同，刑法上的违法必须达到需要用刑罚加以制裁的高度。只有在量上达到一定的严重程度，并且在质上应当受到刑法上的制裁时，才存在可罚的违法性。与违法性在量和质上的区别相联系，可罚的违法性应该被作为构成要件和违法性双方的问题来对待。即，缺乏可罚的违法性，应该被区分为两种情形：一种是缺乏可罚的违法性的违法就不符合构成要件；另一种是虽然符合构成要件，但是存在可罚的违法性阻却事由，使违法性停留在不可罚的程度。② 藤木英雄进一步发展了可罚的违法性理论。他认为刑法中的违法性可分为可罚的违法性与不可罚的违法性。可罚的违法性是指行为在什么情况下应当予以处罚。它是从犯罪构成的角度、认定犯罪的角度研究违法性。不可罚的违法性是从否定犯罪构成的角度，从违法性阻却事由的角度去研究违法性，即刑事免责理论，如正当防卫、紧急避险等，因此，不可罚的违法性也称为社会的相当行为。可罚的违法性的理论基础是违法性理论中的实质的违法性。③至此，可罚的违法性理论经过宫本英修创立，被佐伯千仞完成，并得到藤木英雄的推进后，其理论内容基本上得以成熟。在日本，可罚的违法性理论经过许多案例的使用，遂引起学界之重视，终于在刑法理论上成为重大之问题，而成为今日多数学者肯定之理论。大塚仁、平野龙一、

---

① [日]宫本英修：《刑法大纲》，126页，1935年，转引自洪福增：《刑法理论之基础》，275页，台北，台湾刑事法杂志社，1977。
② 转引自李海东主编：《日本刑事法学者》（上册），204、205页，北京，中国法律出版社、东京，成文堂，1995。
③ 参见[日]藤木英雄：《可罚的违法性论理论》，57-58页，东京，有信堂，1967。

吉川经夫等学者均承认可罚的违法性理论。

当然，理论上也有学者对可罚的违法性理论提出反对意见。如前田雅英就认为可罚的违法性概念完全没有必要，因为构成要件是将值得科处刑罚的违法行为予以类型化的，故对构成要件应当进行实质的解释，即符合构成要件的行为原则上就具有值得科处刑罚的违法性，不具有这种违法性的行为则不符合构成要件。因此，应否定可罚的违法性概念。[1] 但是，笔者以为，前田雅英的反对意见并不充分。可罚的违法性实际上就是在对构成要件进行实质解释的前提之下得出的一种违法性理论，它进一步表明了从实质的角度解释犯罪构成要件时具体所要考察的内容，即除了对行为性质的确定，还要确定行为的量，只有在违法的质和量两方面同时达到应受刑罚处罚的程度，行为才算违法。从实质违法性的立场解释构成要件只是一个大的方向问题，而可罚的违法性则是将这一方向具体化的问题，所以，它就是站在实质违法性的立场解释构成要件的结果，是解释的内容，是将从实质违法性的立场解释构成要件的内容具体化的标志。既然承认应该从实质违法性的角度解释犯罪的构成要件，那么探讨从这一立场如何来解释则是理所当然的。因为实质违法性的立场允许根据严重程度将不法行为分成不同阶段在是否可予处罚时予以考虑，所以，对可罚的违法性这类将解释内容具体化的理论就不应持反对态度。

总之，"可罚的违法性，并非仅系违法性之轻重的问题（违法性之'量'的问题），除违法性轻重之问题外，更有违法性之'质'的问题。故此一理论不特在裁判阶段上可作为裁判官认定事实及适用法律之指南，以促使裁判符合'正义衡平'之原则，且在担当侦查及追诉之警察官或检察官于处理案件时，亦具有予以指导之重要意义，以防止发生滥用公诉之弊，当不能谓为毫无存在之必要。"[2] 同时，该理论体现了刑

---

[1] 参见［日］前田雅英：《可罚的违法性论の研究》，474-478页，东京，东京大学出版会，1982。

[2] 洪福增：《刑法理论之基础》，349页，台北，台湾刑事法杂志社，1977。

法上违法性概念的独特性，有益于对违法性的实质含义加以明确化。[①]因此，"可罚的违法性之理论，学说上虽有否定见解者，亦有持批判立场者，唯多数学者仍积极加以肯定"[②]。该理论"在现今的日本刑法理论和司法实务中占据了支配地位"[③]。

(2) 可罚的违法性与情节犯作为开放的构成要件之间的关系。

可罚的违法性所研究的内容与我国刑法中的情节犯有着紧密的联系。依笔者看来，它们在内在含义、思想根源以及理论效用等方面均存在相似之处。可罚的违法性研究的是行为值得科处刑罚程度的违法性，具体是指行为的违法性程度必须合乎刑罚所要求的质与量，否则犯罪不能成立。它讲究的是违法行为的量的规定性。只有在量上达到一定的严重程度，并且在质上应当受到刑法上的制裁的行为，才存在可罚的违法性。这与我国刑法中"情节严重"等类似规定是一个旨意。"情节严重""情节恶劣""数额较大""造成严重后果"等情节犯的规定，无一不是表明行为量的规定性，是量的构成要件。正如笔者在分析情节犯中的概括性定罪情节的性质时指出，刑法规定的是具有严重社会危害性的行为的构成要件，而严重的社会危害性是通过质和量两个方面来体现的，行为的质表明的是行为是什么，是违法还是合法；行为的量表明违法行为的程度。质的构成要件是此种社会危害性与彼种社会危害性的区分标志；而量的构成要件则是社会危害性在程度上的内在规定性。概括性定罪情节正是表明行为社会危害性的量的规定性，是量的构成要件。只有一定质的社会危害性和一定程度量的社会危害性统一，才能完整地说明行为的严重社会危害性，进一步认定为犯罪。

但是，我国与其他国家刑法不同的是，刑法中表明行为量的构成要

---

① 参见［日］山口厚：《刑法总论》，3版，付立庆译，186页，北京，中国人民大学出版社，2018。

② 甘添贵：《刑法之重要理念》，107页，台北，瑞兴图书股份有限公司，1996。

③ 李海东主编：《日本刑事法学者》（上），205页，北京，中国法律出版社；东京，成文堂，1995。例如前述著名的一厘事件、1947年至1965年的劳动刑事事件、1966年至1972年的官公劳动事件、昭和48年以后的全农林警戒法事件等均是使用可罚的违法性理论判决的案例。参见甘添贵：《刑法之重要理念》，118-119页，台北，瑞兴图书股份有限公司，1996。

件是在刑法规范中明确规定的,而外国刑法中表明违法行为量的规定性的内容不是在法条中明确规定的。这是犯罪概念造成的。世界各国刑法中的犯罪概念都有关于犯罪质的规定性,如《俄罗斯联邦刑法典》规定,"本法典以刑罚相威胁所禁止的有罪过地实施的危害社会的行为,被认为是犯罪"[1];《德国刑法典》认为,犯罪是"违法行为";《法国刑法典》规定犯罪是"具有刑事违法性质的行为";等等。但是外国刑法中的犯罪概念至今基本上仍停留在"犯罪即恶行"的定性认识阶段,一般不包含数量大小和情节轻重等定量因素。我国《刑法》第13条中的"但书"是对《刑法》分则诸多具体犯罪构成的数量要件的概括、抽象的规定,明确地把定量因素引进犯罪的一般概念之中,是世界刑事立法史上的创新。[2] 这种将定性因素与定量因素结合起来的犯罪概念的最直接效果就是缩小了刑法的打击面。因此,在认定犯罪的问题上,同样一个罪名是否成立犯罪就会得出不同结论。例如,对侵占罪,《日本刑法典》第252条规定"侵占自己占有的他人的财物的,处5年以下惩役",而我国《刑法》第270条第1款规定:"将代为保管的他人财物非法占为己有,数额较大,拒不退还的,处二年以下有期徒刑、拘役或者罚金;数额巨大或者有其他严重情节的,处二年以上五年以下有期徒刑,并处罚金。"同样是侵占罪,日本刑法规定只要侵占行为发生,不论侵占财物数额之大小、情节之严重与否,均构成犯罪;而按我国《刑法》规定,除有侵占行为之外,还要求侵占的财物数额较大,否则犯罪不成立。同是侵占罪,处罚范围孰大孰小一目了然。我国现行刑法《刑法》中直接规定了犯罪的数量限制的罪名相当多,几乎所有的经济犯罪和财产犯罪都是如此;有的虽然无直接的数量限制,但在条文中写明有"情节严重""情节恶劣"等术语,这些也是实质上内含了定量限制的犯罪。这两部分罪名加起来,占《刑法》分则条文的绝大部分。这样,按我国犯罪概念定罪,刑法的实际犯罪圈是远远小于外国刑法的。

---

[1] 《俄罗斯联邦刑法典》,黄道秀等译,8页,北京,中国法制出版社,1996。
[2] 参见储槐植:《刑事一体化与关系刑法论》,271-272页,北京,北京大学出版社,1997。

问题是，外国刑法理论也并非没有意识到其刑法处罚范围太广的问题。在贝卡里亚以来的启蒙主义思想家所倡导权利保障观念的影响下，人们反对刑事立法对公民自由领域的过分侵入，要求刑法调整须保证个人一定量的自主性和独立性。随着社会的发展，犯罪原因日益复杂化，刑事政策学日益受到重视，其结果也要求立法者缩小使用刑法处罚之范围；同时，实践中累犯、少年犯的日增，亦使刑法的防卫犯罪功能大大降低。在这种理论与社会背景下，西方国家兴起了非犯罪化思潮，要求刑事立法者缩小刑法的调控范围，而以保护公共安全与秩序所绝对必要的范围为限度，予以刑法上的制裁。可罚的违法性实际上也体现了这股非犯罪思潮之要旨，即缩小刑法的处罚范围，不必要通过限定对违法行为应受处罚的程度，将一些违法程度轻微的行为排除在刑罚的范围之外，从而实现刑法的谦抑思想。这是它们共同的思想根源。

所以，在笔者看来，大陆法系刑法理论中的可罚的违法性与我国刑法中的情节犯之情节规定，同属于体现行为违法性量的规定性，都是在行为性质确定的情况下，对是否达到应受处罚程度的考察；它们在内容上几乎是相同的，都是对行为违法量度的要求。而且，其意旨都是为了缩小刑法的处罚范围。可罚的违法性通过对违法行为附程度的量的限制，使一部分达不到应受刑法处罚程度的违法行为免受刑罚的制裁，从而使刑法的干涉领域不致过广。我国《刑法》总则中犯罪概念的定量因素当然并不是为了单纯地定量，而是为了将达不到刑法规定的量的规定性的行为排除在犯罪圈之外。刑法分则个罪的构成要件中的概括性定罪情节，则是犯罪概念中的量化因素的具体体现，是个罪缩小处罚范围的明确标志。所不同的是，可罚的违法性是大陆法系刑法理论界所提出的学说，是限定刑法处罚范围的一种刑法理论，而不是制度性规定，因此，才存在有关其地位的争论问题。而我国刑法中情节犯中的概括性定罪情节是由刑法条文明确规定的，它不仅仅是学理上的一种理论，而且是制度化、法典化了的规则，因此，我国不存在是否需要根据"情节严重"等表明行为量化的要素来认定犯罪是否成立的问题。但是，可罚的违法性虽然并不是一种法典化了的东西，但它在实践中却已经发挥了实际的功效。这与法定化了的情节犯可以说是殊途同归。

综上所述，大陆法系国家广为提倡并为司法实践中运用的可罚的违法性理论，一方面表明了犯罪的构成要件在征表违法性方面是不够的，还需要像可罚的违法性这类超法规的违法性阻却事由的解释，另一方面，它的存在和运用表明，在需要以可罚的违法性作为构成要件的违法性判断根据的情况下，这样的构成要件当然是开放的，因为可罚的违法性是超法规的违法性阻却事由。而可罚的违法性无论从内涵还是从理论根源或理论功效来看，与我国刑法中的情节犯都是如出一辙的。既然如此，作为与可罚的违法性相似的情节犯，自然也能够成为开放的构成要件了。

第四节　开放的构成要件与相关范畴之区分

根据构成要件不同的性质和特点，从不同的角度并根据不同的标准，可以对刑法中的构成要件作不同的划分。除开放的构成要件与封闭的构成要件这一对分类之外，刑法理论上通常将构成要件分为基本的构成要件与修正的构成要件、独立的构成要件与派生的构成要件、叙述的构成要件与空白的构成要件、简单的构成要件与复杂的构成要件、单一的构成要件与结合的构成要件、积极的构成要件与消极的构成要件等。在这些类别的构成要件中，有些与开放的构成要件很明显就没有联系，例如简单与复杂的构成要件、单一与结合的构成要件、积极与消极的构成要件等；有些则与开放的构成要件概念比较相似并容易混淆，例如空白的构成要件、修正的构成要件等。为了更好地明确开放的构成要件，必须将开放的构成要件概念与那些相似易混的构成要件概念加以甄别，以免开放的构成要件概念与其他相关概念之间发生混同和误解。

第三章　我国刑法中开放的构成要件之界定

一、开放的构成要件与封闭的构成要件

根据威尔哲尔的观点，开放的构成要件，是指立法者对构成要件中的禁止行为的各要素并没有通过对物本质、客观、具体要素进行详细描述，竭尽所能地标明，即或有构成要件该当性，也不能征表违法性，因而需要法官对违法性要素进行积极查明来证明行为违法性的构成要件。封闭的构成要件则是指，立法者对构成要件中禁止行为的各要素已竭尽所能地表明，行为符合构成要件即可征表违法性，法官在审查行为的违法性时只需要消极证明并无违法性阻却事由的存在即可，而无须寻找其他条件进行补充判断的构成要件。对威尔哲尔所定义的开放与封闭的构成要件这一对范畴的理解，鉴于前文已作了充分交代，此处不再赘述。

具体到我国刑法当中，基于大陆法系与我国犯罪论体系的不同，因此，在开放的与封闭的构成要件的概念表述上也有所区别。开放的构成要件是指，由于立法者对构成要件要素描述的不完整性，仅根据构成要件要素的规定无法判断行为是否构成犯罪，还需要法官进行补充判断的构成要件。换言之，在行为违法性的判断上属非自足的构成要件，就是开放的构成要件。封闭的构成要件则是指，立法者已经详尽地描述了犯罪构成要件的各要素，根据构成要件的规定即可判断行为是否构成犯罪，无须法官进行其他的补充判断。换言之，在行为违法性的判断上属自足的构成要件。显然，构成要件要素规定得是否完整、违法性判断是否自足、是否需要法官的补充判断，此三点是开放与封闭的构成要件相互区分之处。由于笔者在界定开放的构成要件的内涵时，已经对这几个问题作了论述，因此这里也不再赘述。

二、开放的构成要件与空白的构成要件

我国刑法总论在论述犯罪构成的分类时，其中一类就是关于叙述的犯罪构成与空白的犯罪构成的分类，所谓叙述的犯罪构成，是指刑法条文对犯罪构成的要件予以详细叙述，完整表明犯罪行为的一切特征的犯

罪构成；空白的犯罪构成，是指刑法条文没有将犯罪构成要件予以明白揭示，而需要援引其他法律规范来说明的犯罪构成。我国《刑法》分论在论述罪状的分类时，其中有关于叙明罪状与空白罪状的分类。所谓叙明罪状，是指刑法分则条文中对具体犯罪的构成要件作了详细描述；所谓空白罪状，是指刑法条文中没有具体描述某一犯罪的构成特征，而指明要参照其他法律、法规中的规定来确定某一犯罪的构成特征。其他的法律、法规，一般是指经济、行政方面的法律、法规，例如海关法、森林法等。这两种分类的来源及其含义其实是相同的，只不过，我国刑法理论从未对此作过应有的交代。与开放的构成要件概念一样，空白的构成要件同样也是来自德国刑法学理论。这一相同的背景为我们正确理解这两个概念之间的界限提供了很好的基础。

空白刑法（Blankettstrafgesetz）概念为德国刑法学者宾丁所创，又称为空白刑罚法规、附范围之刑法。与完备刑法一并地规定了犯罪的构成要件和法律效果不同，空白刑法是指刑法仅规定罪名与法律效果，而将构成要件中之禁止内容委之于其他法律或行政规章或命令。用来补充空白刑法之空白的法律、命令，又称为补充规范、充实规范或空白规范。空白刑法有广义和狭义之分，广义的空白刑法包括以法律或命令补充的构成要件，狭义的空白刑法专指以命令补充空白的构成要件，又称为"纯粹空白刑法"（echtes Blankettstrafgesetz）。与空白刑法相对的是完备刑法，"刑罚法规之形式，在立法技术上于同一法律条文中，一并规定犯罪构成要件与法定刑的，为'完备刑法'（Vollstrafgesetz）"[①]。显然，空白刑法与完备刑法是根据刑罚法规是否在同一条文中规定犯罪的构成要件与法定刑所作的分类。

我国刑法理论没有采用空白刑法这一概念，而是将它与我国刑法结合，在总则中，采用空白的犯罪构成概念，在分则绪论中，则是采用空白罪状这一概念。实际上，无论空白的犯罪构成还是空白罪状，都是一

---

① Vgl. Guido P. Ernst, Blankettstrafgesetze und ihre verfassungsrechtlichen Grenzen, 2018, S. 84.

个含义,指刑法规范没有详细规定犯罪的构成要件,而需要其他法律、法规或命令补充。不同的名称是考察的出发点不同使然。当从犯罪成立标准即犯罪构成的角度考察分则的罪刑规范时,采用了这种立法方式的构成要件当然就可以称为空白的犯罪构成;当我们从具体规范的角度将刑法规范分为假定(罪状)和处理(法定刑),并舍弃法定刑而单独考察假定(罪状)时,采用了这种立法方式的条文的假定部分,当然就可以称为空白罪状;当我们从刑法的存在形式即法源的角度考察时,由于采用空白的构成要件,需要我们根据刑法之外的其他法规或命令对刑法规范的适用予以补充,这些法规或命令实际上起着与刑法规范之内容同样的作用,它们也充当着刑法之渊源,所以,对于采用了空白构成要件的刑法,当然也就可以称之为空白刑法了。

在所有构成要件类别中,最易与开放的构成要件相混淆的构成要件类别即为空白的构成要件。① 开放的构成要件不等于空白的构成要件,前者是由于立法者对构成要件要素描述的不完整性,仅根据构成要件要素的规定无法判断行为是否构成犯罪,还需要法官进行补充判断的构成要件。换言之,在行为违法性的判断上属非自足的构成要件。后者则是指条文没有对构成要件予以明白规定,而需要援引其他法律规范来说明的构成要件。这两个概念之间的相似之处是,它们在构成要件的规定上都具有不完整性,在适用时都需要法官的补充。正是这两个相似之处,使开放的构成要件与空白的构成要件看起来很相像。但是,这两个概念之间存在着本质区别,我们可以从以下几方面对二者予以区分。

1. 不完整性之内容不同

开放的与空白的构成要件在构成要件的规定上都是不完整的,它们都不够明确。不过在这两个不同的概念中,构成要件的不完整性完全不同。开放的构成要件之不完整性体现在对规范性构成要件要素的使用上;空白的构成要件之不完整性体现在对其他行政性法规之内容的省略

---

① 将之混同的观点,参见谢焱:《社会危害性认识在经济刑法中的适用》,载《政治与法律》,2017(2)。

性规定上。在开放的构成要件中，构成要件的不完整是因为采用了规范性要素这种需要法官的主观价值判断来补充说明的要件要素。

根据威尔哲尔对开放的构成要件的界定，恐吓罪中恐吓手段与目的之间的关联性、特殊违法性要素，以及不真正不作为犯和过失犯等，都属于开放的构成要件之情形。恐吓罪中的手段与目的之间要求具有关联性，即行为人必须是为了其企图的目的使用暴力或者恶害的威胁，其行为才被视为违法。这是《德国刑法典》第240条本身就明确规定的，只不过是否具有这种手段与目的之间的关联性尚需要法官在判案时根据案情进行判断。显然，仅仅根据构成要件规定的事实还不能得出关联性存在与否的结论，法官的价值补充是本罪认定的关键。根据通说，规范性构成要素是指其存在只能根据对感知事实（制度事实、法律事实）的法律评估来确定，而记述的构成要素则是指那些通常可以被感官感知并描述现实世界中的物体（自然事实）的特征①，因此，恐吓罪作为开放的构成要件情形所需补充的内容就是规范性构成要件要素。威尔哲尔提出的特殊的违法性要素本身就是规范性构成要件要素。对此，笔者在前文已作过交代，在此不赘述。而此处所界定的"情节严重""损失较大""后果严重"等为内容的情节犯，前文已述属于规范性要素。关键是，在不真正不作为犯、过失犯以及目的犯中，未规定的作为义务、预见义务和犯罪目的，是否也属于规范性构成要件要素？之所以会存在这一问题，是因为我们在论述规范性要素时，一般习惯于将它们限定在那些条文中已有文字规定的构成要件要素，而没有提及那些没有写出的要素也是规范性要素。

是否在法条中有文字的规定，只是一个形式问题，而绝不是规范性构成要件要素的实质。对于不真正不作为犯的作为义务、过失犯的预见义务和目的犯中未规定的犯罪目的这类法条没有丝毫文字记载的构成要件要素来说，它们当然无法通过对法条本身规定的要件事实即得到认识，而需要法官在充分考虑案件的各种情况下，由法官进行补充性的评

---

① Vgl. Rudolf Rengier, Strafrecht Allgemeiner Teil, 13. Aufl., 2021, §8, Rn, 11f.

价，否则，相关犯罪根本就难以认定。正因如此，刑法理论上有学者明确指出，"注意义务，本系规范的构成要件的要素"[①]。与之类似，不真正不作为犯的作为义务以及未明确规定犯罪目的的目的犯中的"目的"当然也是规范性要素。所以大塚仁才会说"开放的构成要件需要补充的部分，一般是规范性要素，而且是没有写出的规范性构成要件要素"。虽然笔者前述不赞成大塚仁将开放的构成要件的范围限定于"没有写出的"规范性构成要件要素的提法，而主张还包括那些成文的规范性构成要件要素，但是，大塚仁通过这一命题至少表明了开放的构成要件需要补充的部分是规范性要素的这样一个观点。

但是，空白的构成要件中需要补充的却不是规范性要素。由于空白的构成要件是与法定犯紧紧相连的一种立法形式，因此，凡是空白的构成要件所"空白"之内容都是其他行政法规中已有的规定。因为是已经存在于其他法规形式中的内容，所以在刑法中立法者才没有再次加以重复，而只是通过"违反……法"这样的表述来提示法官在适用此类构成要件时要查看刑法之外的行政法规来补充。显然，空白的构成要件中的所谓"空白"之体现就是指明了违反某法，但没有对违反的该法的内容予以明确；需要补充的"空白"部分只不过是那些已然为其他行政法规明确规定而为刑法条文省略的内容。它们并不需要法官个人的主观价值评价，而只是需要法官用其他行政法规中的内容来补充构成要件，法官根据的是另外的行政法规，是行政法规中本身就已明确规定了的内容，而不是个人的主观价值判断。因此，空白的构成要件中的"空白"要件不是规范性构成要件要素。

2. 不完整性的意义不同

开放的构成要件是针对行为的刑事违法性而言的，空白的构成要件只是针对行为的客观构成要件而言。开放的构成要件之所以是开放的，除了是因为它在构成要件本身的规定上不够完整，更主要的是这种不完整导致了行为刑事违法性判断上的非自足性。换言之，研究开放的构成

[①] 陈朴生：《刑法专题研究》，319页，台北，三民书局，1988。

要件是为了解决在何种情况下，需要法官的补充判断以确定行为是否具有刑事违法性，也即是否成立犯罪的问题。它是在整个违法性的层面上探讨行为的构成要件的，不是针对构成要件中的某个具体要件而言的。就法条规定的构成要件而言，行为已经符合了法定的条件，但是如果法官不加以补充判断，仅仅根据构成要件的规定还不能得出能否成立犯罪的结论，所以，可以说，在开放的构成要件中存在的是对那些条文没有规定的构成要件的补充，是对那些过于抽象的构成要件内容的确定，而这些补充或确定，不是为了明确行为是否符合法定的构成要件，而是为了确定行为的刑事违法性。

空白的构成要件只是针对局部的构成要件而非行为的整体刑事违法性而言的一种分类。刑法理论界在研究空白的构成要件时，并没有指出这种构成要件中需要确定的只是构成要件中的某一方面的要件，具体说，是客观方面的构成要件。对此，笔者以为，只要仔细分析空白的构成要件之空白部分，可以断言，举凡空白的构成要件中的空白内容都是犯罪的客观要件方面的内容。如我国《刑法》第344条规定"违反国家规定，非法采伐、毁坏珍贵树木或者国家重点保护的其他植物的，或者非法收购、运输、加工、出售珍贵树木或者国家重点保护的其他植物及其制品的，处……"该条中需要根据国家规定确定的是珍贵树木、国家重点保护的其他植物的范围，以及什么是"非法采伐"和"毁坏"。又如，第343条第2款规定"违反矿产资源法的规定，采取破坏性的开采方法开采矿产资源，造成矿产资源严重破坏的，处……"该条需要我们根据矿产资源保护法确定何谓"破坏性的开采方法"。总之，空白的构成要件中的空白部分只是就行为的客观方面而言，援引其他行政法规来确定刑法中的空白的构成要件，不是为了确定犯罪的主观方面，也不是为了确定犯罪主体或客体，而只是为了解决某一行为在客观方面的构成要件。

这就决定了空白的构成要件与开放的构成要件的不同，前者只是就行为的客观方面而言，其所要解决的是行为是否符合客观方面的构成要件；后者则不是针对行为的某一个或两个方面的构成要件而言，它是在行为是否成立犯罪的意义上讨论问题的。前者是针对局部的构成要件而言，后者是针对行为的整体性质即刑事违法性而言。虽然确定了空白的构成要件中行为的客观方面也关系到行为的刑事违法性问题，但是，当我们将空白的构成要件中的空白部分参照其他行政法规中的内容确定以后，再来判断行为的刑事违法性时，已不是在空白的构成要件下讨论问题，而是在空白的构成要件之空白内容被补充之后讨论问题，也因此不再是与空白的构成要件相关的问题。所以，开放与空白的构成要件所解决的直接问题并不是一个层面上的，前者是宏观的，后者是微观的；前者是针对行为的根本性质，后者只是针对客观方面的构成要件；前者具有确定行为是否构成犯罪的根本性意义，后者只具有确定行为客观方面内容的局部性作用。

如果我们将开放与空白的构成要件这两个共同来源于大陆法系，更确切地说是德国刑法中的概念，还原到大陆法系的犯罪论体系中讨论的话，界限将愈加清楚。根据大陆法系构成要件的该当性、违法性与有责性三要素的犯罪论体系，开放的构成要件就是行为符合了构成要件但是不能征表违法性的情况，还需要法官对条文中所没有明示的构成要件之内容再予以补充，以推断行为的违法性。显而易见，行为符合构成要件这一点在开放的构成要件情况下是确定的。但是，空白的构成要件则是在行为是否符合构成要件这一问题上就遇到了障碍。因为在构成要件的规定中，立法者要求法官参照其他法规之内容来确定本该由刑法规定的构成要件之内容，所以，要想明确行为是否符合构成要件，仅仅根据刑法典的规定还不能得出结论，必须要由法官参照其他法律、法规或行政命令的内容对构成要件作出补充判断之后才能确定。显然，在开放的构成要件中，行为符合构成要件是一个首先被明确的问题，法官从事的补充判断只是为了确定该行为是否有其他能够征表行为违法性的构成要件要素，是为了解决行为的违法性而作的补充判断。而在空白的构成要件中，行为是否符合构成要件则是首先就遇到了障碍的问题，法官所作的补充判断只是为了解决行为的构成要件该当性问题，尚未涉及违法性的判断问题。

3. 不完整性的补充方法不同

对开放的构成要件进行补充的标准是不确定的，对空白的构成要件进行补充的标准是刑法之外的其他法律、行政法规，是确定的。虽然开放的与空白的构成要件都需要法官的补充适用，但二者在补充的内容上却有极大差异。在开放的构成要件中，需要补充的内容是那些能够帮助判断行为刑事违法性的要件要素，而根据什么标准补充这些要素并不是一个明确的问题。不真正不作为犯的作为义务，只能由法官根据具体社会中的一般常识以及合目的性和合逻辑性原则作出补充；过失犯中行为人的注意义务则常用社会生活上必要的注意这种观念来补充；目的犯中目的的判断，譬如对盗窃罪、诈骗罪等犯罪中"非法占有目的"的认定，并不是源于任何法规的规定，而是在刑法理论上为了区分盗窃、诈骗与其他相似行为，如盗用和民事借贷等的关系，由法官根据社会习惯对盗窃、诈骗等行为的公众认同所得出的结论；而情节犯中情节的判断是因为刑法规定的概括性而产生的需要补充的问题，往往也是由法官根据各个罪名的情形并结合案件的情况作出判断，譬如侮辱罪中的情节严重，只能由法官根据案件情况，根据行为人是否造成被害人精神失常，是否属多次屡教不改等诸多情节来判断。

总之，在开放的构成要件中由于需要法官补充的基本上都是规范性要素。对这些要素不单要有事实的认识，还要有法官进行价值上的补充判断。这种价值"要在充分考虑历史的和社会的各种情况下，由法官来进行补充性的评价，有时要依靠刑法以外的法律评价，有时要服从道德的、社会的、经济的评价"[①]。所以，对开放的构成要件进行补充的内容并没有直接可供参照的法规，并常根据社会上一般人的常识性观念作出补充，因而具有极大的不确定性，其难度也较大。

空白的构成要件却完全不同。空白的构成要件只是刑法规范的空白，而且只是假性"空白"，因为关于空白部分的具体内容在刑法法规

---

① [日]泷川幸辰：《犯罪论序说》，王泰译，载高铭暄、赵秉志主编：《刑法论丛》，第3期，194-196页，北京，法律出版社，1999。

中已经规定了需要参照其他法律、行政法规确定。而且，被援引的法律、行政法规之相关内容可以说是相当清楚的，法官只需要找出相关条文即可，而不存在根据社会上的一般常识从事判断的问题。例如，我国《刑法》第341条第2款规定，"违反狩猎法规，在禁猎区、禁猎期或者使用禁用的工具、方法进行狩猎，破坏野生动物资源，情节严重的"，构成非法狩猎罪。这一条文对"禁猎区、禁猎期或者使用禁用的工具、方法进行狩猎"的内容采用的是空白罪状，它需要参照"狩猎法规"来确定。《野生动物保护法》第20条第1款规定："在相关自然保护区域和禁猎（渔）区、禁猎（渔）期内，禁止猎捕以及其他妨碍野生动物生息繁衍的活动，但法律法规另有规定的除外。"该条第2款规定："野生动物迁徙洄游期间，在前款规定区域外的迁徙洄游通道内，禁止猎捕并严格限制其他妨碍野生动物生息繁衍的活动。迁徙洄游通道的范围以及妨碍野生动物生息繁衍活动的内容，由县级以上人民政府或者其野生动物保护主管部门规定并公布。"第24条规定："禁止使用毒药、爆炸物、电击或者电子诱捕装置以及猎套、猎夹、地枪、排铳等工具进行猎捕，禁止使用夜间照明行猎、歼灭性围猎、捣毁巢穴、火攻、烟熏、网捕等方法进行猎捕，但因科学研究确需网捕、电子诱捕的除外。前款规定以外的禁止使用的猎捕工具和方法，由县级以上地方人民政府规定并公布。"第12条第2款规定：省级以上人民政府依法划定相关自然保护区域，保护野生动物及其重要栖息地，保护、恢复和改善野生动物生存环境。对不具备划定相关自然保护区域条件的，县级以上人民政府可以采取划定禁猎（渔）区、规定禁猎（渔）期等其他形式予以保护。因此，只要我们参照以上《野生动物保护法》和其他相关的行政管理法规，就可以确定什么是禁猎区、禁猎期和禁止使用的狩猎方法和工具。法官绝不能根据个人长期在社会生活中形成的主观价值标准或参照一般的社会常识，或根据什么道德的或经济的标准来确定禁猎区、禁猎期等内容。

可见，开放的构成要件与空白的构成要件虽然都需要法官的补充，但在补充的内容上，开放的构成要件具有不确定性，空白的构成要件具有确定性。前者只能由法官根据刑法之外的法律的或者社会的、经济的、道德的等诸多标准，并考虑社会上一般人的见解结合具体案情予以确定；后者则只需法官参照刑法规范及其他行政法规的内容即可确定。前者具有价值补充性，后者只是事实的补充，一般与价值无涉。

综上所述，开放的构成要件与空白的构成要件是两种完全不同的构成要件概念。前者是针对违法性的判断而言的，不能提供违法性的完整判断的构成要件就是开放的；后者是针对法定犯的构成要件中具体内容的确定而言的，不能提供构成要件细致的规定而要参照其他法律、行政法规的就是空白的构成要件，它是在构成要件的客观方面的确定层次上而言的，至于是否构成犯罪，则是在确定客观方面的内容之后，再根据刑法条文的规定综合其他的要件进行判断。开放的构成要件虽然也需要补充，但对它的补充是由法官根据社会常识或其他社会、经济、道德等多方面的标准进行的，因此补充标准是相对不确定的；对空白的构成要件的补充则是根据刑法之外的其他法律、法规或行政命令进行的，补充的标准是相对确定的。那种认为"从特征上看，完结的犯罪构成（封闭的犯罪构成——引者注）与前述的叙述的犯罪构成是相同的……把这二者作为一种类型的犯罪构成"[①]的观点是错误的。在开放与封闭的构成要件、空白与叙述的构成要件这四个概念之间，我们必须明确，空白的构成要件也可能提供违法性的完整判断，即可能是封闭的构成要件，例如我国《刑法》第341条第2款规定的非法狩猎罪，当我们根据相关行政法规或规章等确定了禁猎区、禁猎期和禁止使用的方法和工具之后，再根据事实判断行为人的行为是否在此"三禁"的范围之内；之后只需判断行为人是否符合《刑法》总则关于主体刑事责任能力的规定和是否具有故意即可得出行为是否成立犯罪的结论。换言之，这里不需要法官提供刑事违法性判断另外的依据，不需要法官进行额外的价值补充。而叙述的构成要件并不等于封闭的构成要件或完结的构成要件，它们并非都能提供违法性的完整判断，因而同样可能是开放的构成要件。例如我

[①] 简明：《论犯罪构成的分类》，载鲍遂献主编：《刑法学研究新视野》，142页，北京，中国人民公安大学出版社，1995。

国《刑法》第364条规定:"传播淫秽的书刊、影片、音像、图片或者其他淫秽物品,情节严重的,处……"该条属于叙述的构成要件,但是,仅仅根据对法定要素的认识并不能得出行为是否成立传播淫秽物品罪的结论,必须由法官对什么是"情节严重"作出补充判断之后才能得出相关结论。

我国大陆学者中有人指出:"开放的犯罪构成,又称'待补充的'犯罪构成、空白的犯罪构成,是指刑法条文仅对部分构成要件要素作了明确规定或仅对犯罪行为作了一般特征的描述,构成要件要素需要法官在适用刑法条文时作出某些必要的判断、补充才能最后确定的犯罪构成。条文没有将犯罪构成的要件予以明白地揭示,而是需要援引其他法律、法令的规定来说明的犯罪构成。我国刑法规定的犯罪构成,多数是完结的犯罪构成,少数属于开放的犯罪构成。开放的犯罪构成主要存在于一些法定犯或行为、对象具有实质易动性的犯罪构成,其中法定犯的犯罪构成的开放性要件要素通常以'违反……规定'表述。"[1] 我国台湾地区学者中也有人认为"开放的构成要件,系指空白刑罚法规之构成要件,又称待补充构成要件",并认为"违背关于预防传染病所公布之检查或进口之法令者""私运管制物品进口、出口逾公告数额者"皆为开放的构成要件。[2] 显然,在以上论者看来,封闭的构成要件就是叙述的构成要件,开放的构成要件就是空白的构成要件。依笔者看来,这是没有了解什么是开放的构成要件概念并且曲解了空白的构成要件概念的不正确结论,其结果是使开放的构成要件与空白的构成要件两个概念混同为了一个概念,因而值得商榷。

三、开放的构成要件与修正的构成要件

根据构成要件是否针对犯罪的基本形态而言,可以将犯罪的构成要件分为修正的构成要件与基本的构成要件。所谓基本的构成要件,又称

---

[1] 肖中华:《犯罪构成及其关系论》,116页,北京,中国人民大学出版社,2000。
[2] 参见高仰止:《刑法总则之理论与实用》,161页,台北,五南图书出版公司,1986。

一般形态的构成要件，是指刑法条文就某一犯罪基本形态所规定的构成要件。基本的构成要件一般是既遂犯和单独犯的犯罪构成要件。由于刑法分则条文主要是以单独犯的既遂状态为标本来规定各个具体犯罪的构成要件的，所以，基本的构成要件由刑法分则条文直接规定。例如，故意杀人罪、抢劫罪、盗窃罪等。行为人实施刑法分则条文所规定的某一犯罪，且达到既遂状态时，就可以直接适用该条文的规定来定罪。

修正的构成要件，又称特殊形态的构成要件，是指以基本的构成要件为前提，适应犯罪行为的各种不同犯罪形态，而对基本的构成要件加以某些修改、变更的构成要件。例如：适应故意犯罪过程中的未完成形态而分别规定的预备犯、未遂犯、中止犯的构成要件；适应数人实施以单独犯规定的构成要件的犯罪形态而规定的共犯的构成要件，即主犯、从犯、胁从犯、教唆犯的构成要件；等等。

修正的构成要件当然也是与开放的构成要件不同的两个概念。它们之间的区别在于：

首先，开放的构成要件是针对构成要件能否提供行为成立犯罪的完整判断所作的分类，修正的构成要件则是在犯罪已经成立的前提下根据犯罪的不同形态所作的分类。开放的构成要件是在讨论根据法定的认识能否判断行为是否成立犯罪的意义上对构成要件所作的分类，是在对实际已发案件讨论其违法性时对那些不能提供行为违法性充足判断的构成要件所作的分类。换言之，它是在行为成立犯罪前对构成要件划分的一种类别。其分类的意义在于说明法定构成要件的认识与行为刑事违法性之间的关系。修正的构成要件则是在行为已经被判断成立犯罪，且其违法性被确定之后，根据犯罪的形态是既遂还是未遂、是单独犯罪还是共同犯罪等所作的分类。其分类的意义在于说明预备犯罪、未遂犯罪、中止犯罪、胁从犯罪、教唆犯罪等犯罪的构成要件。

其次，开放的构成要件是以基本的构成要件为对象的分类，修正的构成要件则是对基本的构成要件的修改变更。由于开放的构成要件是在行为成立犯罪前对构成要件能否提供行为违法性的充足判断所作的分类，因此，它是以刑法条文中规定的构成要件为对象所作的分类。而刑法分则规定的犯罪都是以犯罪的基本形态即单独犯和既遂为模式的,换言之,都是基本的构成要件。因此,开放的构成要件是建立在基本的构成要件基础之上对构成要件的分类。修正的构成要件则是与基本的构成要件对立的概念,是指那些修正了基本构成要件形态的犯罪构成要件,因此,修正的构成要件可能是适用那些开放的基本构成要件的结果,也可能是适用那些封闭的基本构成要件的结果。

最后,开放的构成要件既是抽象的,也是具体的;修正的构成要件只能是具体的。开放的构成要件一方面是对那些不能提供行为违法性完整判断的构成要件模式的一种抽象概括,是对刑法分则中所有在构成要件的规定上不完整而且在违法性的判断上非自足的构成要件的统称。另一方面,它也可以是指法官在适用具体犯罪的构成要件时补充了具体某个犯罪的构成要件。例如当法官适用了我国《刑法》第232条杀人罪的构成要件,并以行为人具有保证人地位和义务对该条加以补充,判断行为人成立不真正不作为犯时,开放的构成要件就是针对故意杀人罪而言的。修正的构成要件只可能是针对具体犯罪而言的。由于它是以刑法总则的形式规定的,因而在确定这类行为的犯罪构成要件时,要以刑法分则具体条文规定的基本的构成要件为基础,结合总则中关于该修正的犯罪构成综合认定。也就是说,修正的构成要件犯罪构成都是具体的,而不是抽象的,没有离开具体犯罪而抽象存在的预备犯、未遂犯、中止犯或主犯、从犯、胁从犯、教唆犯的犯罪构成。总则关于修正的犯罪构成的规定,只有结合分则的具体罪的基本的犯罪构成才有意义。例如,故意杀人未遂行为的犯罪构成,要结我国《刑法》分则第232条故意杀人罪和总则第20条犯罪未遂的规定综合加以认定。再如,数人共同实施抢劫行为的犯罪构成,要结合我国《刑法》分则第263条抢劫罪和总则第25条至第28条,根据各共同犯罪人的具体情况综合加以认定。

需要说明的是,由于基本的构成要件与修正的构成要件的分类是以单独犯的既遂或是未遂或中止等形态为模式对构成要件所作的分类,根据这一分类,刑法分则规定的犯罪构成要件就是以单独的既遂犯为模式的,分则先规定了犯罪的完整的既遂模式,总则中关于未遂、中止等的规定则使这种完整的模式发生了改变,所以是修正的构成要件。这种分类是德、日等大陆法系刑法理论中的观点,后来被我国刑法学界引进,成为各种刑法学教科书中的内容,也成为我国刑法学界对构成要件分类的通说。① 但是,笔者以为,我国刑法的犯罪论体系决定了这一分类并不适合我国,因为大陆法系刑法分则规定的犯罪是以既遂为模式的,而我国《刑法》分则规定的犯罪并不是以既遂为模式。

根据大陆法系的犯罪论体系,犯罪是具备构成要件的违法的且有责的行为。在他们看来,法律不应惩罚犯意和预备行为,而应从实行行为开始处罚。对于实行行为,又以处罚既遂为原则,处罚未遂为例外。对这样一个原则与例外的关系是通过刑法总则的规定体现出来的,譬如《日本刑法典》第 44 条规定:"未遂罪处罚的情形,在各条中予以规定。"《德国刑法典》第 23 条规定:"重罪之未遂,皆应处罚,轻罪未遂之处罚,以法律有明文规定者为限。"这表明,分则规定的犯罪是单独为既遂犯设立的,如果要处罚犯罪的未遂,只有在分则相应各本条有明文规定的情况下才能进行。因此,在大陆法系的刑法理论中,如果行为符合刑法规定的构成要件且具备违法与有责性而成立犯罪,也就可以说该犯罪行为同时也是既遂犯。

但是,我国《刑法》分则规定的犯罪并非以既遂为模式。我国《刑法》总则分别规定了犯罪预备、未遂与中止三种形态,且对这三种犯罪形态规定原则上都应处罚。但在此之外,我国《刑法》总则并没有规定对未遂犯的处罚要以分则有特别规定为限。因此,我国《刑法》分则规定的犯罪实际上是包括犯罪预备、犯罪未遂、犯罪中止和犯罪既遂四种形态,而不是仅以犯罪既遂为模式。② 而既然我国《刑法》分则规定的犯罪不是以既遂为模式,而是同时也包括了犯罪未遂、中止等其他形态,那么,我国《刑法》分则中的犯罪的构成要件实际上既包括了大陆法系刑法理论中所说的基本的构成要件,即以单独犯的既遂为标准的构

---

① 参见贾宇主编:《刑法学》(上册),97 页,北京,高等教育出版社,2019。
② 参见张明楷:《犯罪论原理》,467 页,武汉,武汉大学出版社,1991;刘明祥:《我国刑法规定的犯罪并非以既遂为模式》,载《法学评论》,1990(4);等等。

成要件形式，也包括了所谓修正的构成要件，即以未遂或中止等其他形态为内容的构成要件形式，因此，将我国刑法中的构成要件分为基本的构成要件与修正的构成要件，实际上是在以"既遂模式论"为指导分析我国《刑法》分则中的犯罪得出的结论。由于"既遂模式论"这一前提在我国刑法中并不存在，因此，笔者不赞成对我国刑法中的构成要件作基本与修正的构成要件这样的分类。

综上，前文论述开放的构成要件与修正的构成要件之间的区别，虽然是在"我国刑法中开放的构成要件的意义"这样一个大的前提之下进行的，但笔者更愿意将以上比较的内容放在大陆法系的刑法理论之下理解看待，因为，只有在大陆法系的犯罪论体系之下，基本与修正的构成要件的分类才是合理的，将开放的构成要件与修正的构成要件进行比较也才是有意义的。

第四章 开放的构成要件之罪刑法定机能

第一节 问题的提出

开放的构成要件是否违反罪刑法定主义？这是研究和适用开放的构成要件时所要面临的一个重要问题。罪刑法定主义自从18世纪末产生以来，至今已成为刑事立法的支柱及刑法学的最高原理。凡是不符合罪刑法定主义的刑法制度与理论必然只有被抛弃的命运，对任何刑法理论问题的解答和适用必须以符合罪刑法定主义为前提。而开放的构成要件作为一个新的构成要件概念，如欲在刑法理论与实务中推广施行，必然就应正视它与罪刑法定主义的关系问题。只有在不违背罪刑法定主义的前提之下，开放的构成要件才能具有生命力，反之，则只能被抛弃。为此，笔者拟首先明确罪刑法定主义的价值立场，在此基础上进一步分析开放的构成要件与罪刑法定主义是否相违背的问题。

罪刑法定主义要求对什么是犯罪以及对犯罪处以何种刑罚由刑法条文明确予以规定。"法无明文规定不为罪不为刑。"因此，明确性原则作为罪刑法定主义之"法定"化的题中应有之义，就成为罪刑法定主义的重要派生原则。明确性原则是由英美法系国家宪法上的正当法律程序（due process of law）原则发展而来。英美等判例法国家不以成文法作

第四章　开放的构成要件之罪刑法定机能

为唯一的法源，不同于大陆法系的刑法理论主张构成要件学说，并以之作为刑法的重要内容。但是，英美法系对于"正当法律程序原则"的强调，则与构成要件的理论具有同样的刑法保障的意义。在内容上，它不以法规的类型概念为重心，而是以刑罚权行使的合理程序与方式为主要的着眼点，要求刑事立法、司法规定或行政规范的定义，必须符合明确性原则，否则将因规范定义之模糊不清而无效，此即"含混无效原则"(doctrine of void-for vagueness)或"不明确无效之理论"。"含混无效原则"经20世纪初美国的宪法判例实践被进一步广泛承认后[1]，又得到德日等国刑法判例的承认，并在二战后被作为罪刑法定主义的内容而在立法上加以规定。但令人唏嘘的是，关于明确性原则的含义，各国刑法中的表述却并不很明确。英美等国刑法的相关判例表明，刑罚处罚规范是否明确，主要是指：法律对于可能犯罪而受处罚的行为是否曾经合理的公布过；法律对于恣意擅断与歧视执行的情形，是否已经规定采取相当之保障措施。对于宪法保障的基本人权，必保留相当的喘息空间，因此，对于限制基本人权的处罚规定，应尽量采严格界定原则。[2] 美国判例也曾对明确性原则作过如下解释，即具有通常智力的人，能够达到对法规进行推测和适用的程度。联邦德国刑法学者认为，"能给予司法工作可资信赖的切实基础"就是明确性原则的要求。日本最高法院1975年在一个判例中确认，明确性原则"以具有通常判断力的理解为基础"[3]。

虽然各国刑法对于什么是罪刑法定主义的明确性原则存在一定争议，但是，从现今刑法理论来看，一般认为，明确性原则可从如下角度理解：其一，在范围上，是指对于犯罪构成要件的规定，以及对于刑罚的种类和刑罚幅度的规定都应该明晰确切，以使法官能够根据法条的规定公平统一地适用法律，因此，它包括构成要件的明确和法定刑的明

---

[1] 参见苏俊雄：《刑法总论Ⅰ》，182页，台北，台湾大地印刷厂有限公司，1998。
[2] Wayne R. La Fave, Austin W. Stcott, Jr., Criminal Law, 1972, p.83.
[3] 高铭暄、赵秉志主编：《新中国刑法学五十年》(上册)，349页，北京，中国方正出版社，2000。

确。虽然日本学者最初主张明确性原则"通常认为是关于构成要件的问题"。例如，日本学者赤坂昭二称，"罪刑法定主义的现代意义在于以犯罪构成要件的明确化和禁止刑法的溯及力为核心的对个人人权的保障。"[①] 对于开放的构成要件来说，有意义的当然是构成要件的明确性原则问题。其二，明确性原则的标准。明确性原则的标准并不如明确性原则的范围一样容易得出一致结论。通常认为，构成要件的明确性原则要求刑法对于犯罪的构成要件必须予以明确的规定，以使国民能够通过刑法明白什么是犯罪，以更好地预测自己的行为。它要求在构成要件的描述上不能使用概括性的规定，而应使用意思确切、文字清晰的表达，以避免混淆不清。一般人的判断力与智力是判断构成要件是否明确的一个基准。刑法的制定是为了昭示天下，以让国民能够根据刑法规定的行为准则准确地预测自己行为后果的可能性，换言之，刑法典应首先考虑一般民众理解刑法条文的能力，而不是法官的理解能力。"关于犯罪的构成要件，成为该刑罚法规的适用对象的国民层的平均人，根据法规的文字不能理解什么被禁止的场合，是不明确的、违宪的。"[②] 因此，必须清楚地规定犯罪与刑罚之间的关系，使用清晰的语言描述对犯罪的规定，对于概括性或模糊性的表述尽量不用或者少用，以使刑法对犯罪构成要件的规定"从最伟大的哲学家到最普通的公民都能一眼看明白"。刑法规范是否达到明确性原则的基本要求，是检验现行法律是否符合宪法要求的技术标准，也是立法者制定未来法律时必须遵循的宪法义务。尽管刑法规定明确性原则是对全部刑法规范的要求，如基本原则、效力范围、因果关系、排除犯罪的原因、犯罪的表现形态、量刑的情节等，但意大利学者一致认为，其核心是"要求对犯罪的描述必须明确，使人能准确地划分罪与非罪的界限"，即立法者必须用明确的语言描述各种犯罪具体的犯罪构成，所以，有不少人干脆就将罪刑法定主义的明确性

[①] [日] 赤坂昭二：《罪刑法定主义》，载《法学译丛》，1981（1），载北京政法学院刑法教研室：《外国形法研究资料》，第1辑，1982。
[②] [日] 中山研一等编：《现代刑法讲座》，第1卷，93页，东京，成文堂，1980。转引自马克昌：《罪刑法定主义比较研究》，载《中外法学》，1997（2）。

第四章　开放的构成要件之罪刑法定机能

原则称为"构成要件明确性原则"或者"构成要件典型性原则"[①]。

构成要件明确性原则由于能够明确立法意旨，能够有效划分刑罚权的界限，能够防止司法擅断，能够给公民提供安定的法准则，故便于行为人准确地预见自己的行为后果，最终有效保护公民的自由。"如果法无明文规定不为罪的准则，比方说，由于模糊的、不精确的法规而受到侵犯的话，那么我们能够自由地去做的事情就同样是模糊的、不精确的。我们的自由的界限便是不确定的。在这种情况下，人们对行使自由就会产生一种合理的担心，从而导致对自由的限制。""公民如果知道什么事情要受罚，并知道这些事情是在他们可做可不做的能力范围之内的，他们就可以相应地制定他们的计划。一个遵守已公布的法规的人不必害怕对他的自由的侵犯。"[②] 因此，"足以侵害人权或对人权构成危险者，并不是以类推适用刑法，而是由于规定不明确的刑法"[③]。明确性原则因此可以说是罪刑法定主义的最重要原则。

严格从罪刑法定主义的立场考察，开放的构成要件可能不符合罪刑法定主义的要求，具体说，是不符合罪刑法定主义的构成要件明确性原则的要求。不确定概念或概括性条款在开放的构成要件中均存在，甚或还有法律漏洞；它在内容上欠缺具体明确的内容，导致对处罚行为的确定与适用存在相当困难，自与罪刑法定主义不符。而且，开放的构成要件是针对法官而言的，它要求在法官的补充判断情况下方能适用，这也不符合构成要件明确性原则的法治机能。因为明确性原则的主要目的在于限制司法权，禁止法官在适用法律的过程中解释法律。有鉴于此，理论上有学者建议限制开放的构成要件之使用，"为防止未然计，宜避免在刑法上采用过多之开放构成要件及含有概括规定之混合构成要件"[④]。我国也有学者指出：开放的犯罪构成之实质是刑法对某个犯罪的行为特

[①] 陈忠林：《意大利刑法纲要》，26页，北京，中国人民大学出版社，1999。
[②] ［美］约翰·罗尔斯：《正义论》，何怀宏等译，229、231页，北京，中国社会科学出版社，1988。
[③] 林山田：《刑法通论》（上册），38页，北京，北京大学出版社，2012。
[④] 蔡墩铭：《中国刑法精义》，60页，台北，汉林出版社，1986。

征没有加以明确列举，如果不能加以严格解释，就可能违反罪刑法定主义，就和其要求的明确性原则相背离，故而在刑法当中，不宜设置过多的开放的犯罪构成要件。[①] 更有学者反对开放的构成要件，如日本学者内藤谦就认为，承认开放的构成要件就是承认由法官的价值判断来补充构成要件，这违反了罪刑法定主义和刑罚法规的明确性原则，因此，开放的构成要件概念不可取。[②]

综上，开放的构成要件因其没有实现构成要件的明确性，从而影响构成要件的罪刑法定机能之发挥，于人权保障，于法治国的建设似乎均存疑问。那么，开放的构成要件是否确实违背了罪刑法定主义呢？

第二节　刑法类型化概念与法治国原则之哲理

罪刑法定主义是刑事法治之保障，构成要件理论又是刑法理论之基石，二者之间关系如何，是一个涉及刑法哲学层次的问题。封闭的构成要件是与刑法旧派的个人自由主义相联系，与严格的罪刑法定主义相关联的概念；而开放的构成要件则是与刑法新派的团体主义相联系，与松弛的罪刑法定主义相关联的概念；基于法治国思想保障公民个人自由权利的刑法要求采用封闭的构成要件，并试图在现实中实现它。这就要求对构成要件要素尽量使用记叙性的表述，对构成要件各要素的描述尽量是详尽无遗的。1810年法国刑法、1813年拜恩刑法、1880年日本旧刑法中都可以看到这种努力，即企图以此来约束法官，并为了国民的权利自由而广泛承认所谓放任行为的合法性。社会防卫主义刑法要求采用开

[①] 参见秦前红、刘怡达：《全国人大常委会基本法律修改权之实证研究——以刑法修正案为样本的统计学分析》，载《华东政法大学学报》，2016 (4)。

[②] 参见［日］内藤谦：《刑法讲义（总论）》（上册），198页，东京，有斐阁，1983。

放的构成要件。这样,被刑法学者当作罪刑法定主义界限的问题就出来了:是犯罪的防卫,还是犯罪人的大宪章?因此,开放的构成要件与罪刑法定主义之间的关系,只应当在刑法任务的关系上加以解决。

而刑法的任务是一个刑法哲学层面上的问题,是与不同刑法学派的演变发展紧密相关的问题,因此,只有从刑法哲学这一根源性的层面,我们才能找到有关罪刑法定主义与开放的构成要件的关系的答案。因此,关于开放的构成要件是否违背罪刑法定主义的问题,首先应该在刑法哲学的层面上展开讨论。通过对不同学派刑法哲学思想的剖析,我们将会发现,深厚的刑法哲学思想为开放的构成要件之产生提供了坚实的基础,刑法哲学思潮对罪刑法定主义的影响又为开放的构成要件理论提供了法治基石;开放的构成要件在刑法理论中产生是刑法学派演变的结果,它与罪刑法定主义具有刑法哲学层面上的内在统一性。

一、旧派与新派的罪刑法定主义及构成要件理论

世界刑法思潮经历了从中世纪封建社会以前的任意刑法至19世纪后的刑法旧派(刑事古典学派)和20世纪初的刑法新派(刑事实证学派)的变化,其中主要是旧派和新派的交相发展。旧派所持乃严格的罪刑法定主义,与之相适应,建立起了行为构成要件理论;新派所持乃松弛的罪刑法定主义,与之相适应的则是行为人构成要件理论。

1. 严格的罪刑法定主义与行为构成要件理论

旧派学者从反对封建专制主义出发,以追求人的解放为价值目标,要求刑法能够最大限度地保障公民的人身自由,尊重公民的人格尊严,主张权利平等,反对罪刑擅断,司法专横,出入人罪。由此确立了个人本位的政治法律思想,并为罪刑法定主义提供了理论基础。根据早期的罪刑法定主义思想,何种行为是犯罪以及对犯罪处以何种刑罚,都须在刑法中予以明确规定,因此,旧派学者极为崇拜成文的法律形式,认为成文的法律才能体现社会的稳定管理,以文字记载的法律具有稳定性,能够抵御各种欲望的侵袭。这种绝对的罪刑法定主义思想在早期的旧派

学者中表现尤甚。1791年法国甚至制定了一部刑法典草案，对各种犯罪都规定了具体的构成要件和绝对确定的法定刑，毫不允许法官有根据犯罪情节斟酌科刑之余地。其次，要求对什么行为是犯罪、应处何种刑罚的规定是明确的，不明确的刑罚法规违反罪刑法定主义的基本理念，因而是无效的。在他们看来，没有明确规定什么范围内的行为是处罚对象的刑罚法规，不具有告知国民什么是犯罪及应处何种刑罚的机能。如果法律中没有明确规定行为的类型，或者没有实施实际的行为，就不能断定任何人是犯罪人；如果只规定行为应受处罚，或虽规定刑种但没有规定刑度（绝对的不定期刑），是不允许存在的。此外，类推适用是被禁止的；刑法只适用于其施行以后的犯罪行为，而不能追溯至其施行前的行为，即禁止事后法等。

显然，以自由意志和抽象的理性人为前提、以客观犯罪事实作为判断标准的旧派刑法观，既是罪刑法定主义的重要哲学基础，又是其核心内容。旧派刑法观所置重的客观的犯罪行为，其所关注的是什么行为是犯罪，什么行为不是犯罪。而罪刑法定主义正是对这一问题的法定回答，因为，罪刑法定主义是对客观犯罪行为在刑法典中的类型化、法定化，而不是对行为人反社会危险性这一主观要素的考虑结果。对客观的犯罪行为作预先规定并对这些行为的处罚进行宣示，实乃罪刑法定主义所从事的全部活动，所以，离开行为主义，罪刑法定主义将被抽掉骨髓。

罪刑法定主义以客观事实作为判断标准的行为主义为其核心内容，使得该主义从一开始就与构成要件理论之间产生了天然的密切关系。在罪刑法定主义之下，刑法的评价对象只限于外部行为，它所关注的是什么行为是犯罪及其类型化规定。这种思想促使成文刑法对犯罪的处罚唯行为马首是瞻，无行为则无犯罪，亦无刑罚。为了使人们对犯罪的行为有一个详细的了解，就要求刑法对应当作为犯罪来追究的行为必须具备的各种条件以及不应当被追究刑事责任的各种情况都进行详尽的描述。于是，立法者在刑法各条文之内，总是尽可能详尽地分别列举各种犯罪的构成要件，然后据此处罚犯罪行为。定罪要根据犯罪成立的要素，要

第四章 开放的构成要件之罪刑法定机能

根据具体犯罪的构成要件,量刑则根据对每一种犯罪刑种、刑度的规定。借此,防止肆意擅断,防止刑罚之滥用或法官自由裁量权的扩大。于是,罪刑法定主义在理论上被系统化为客观主义构成要件学说的建立前提。"罪刑法定主义是法治的要求,这一要求的落实,其基础工程是构成要件理论。它是现实的、实质规定性的、具有高度的法治约束力的基础工程,是传统的罪刑法定主义须臾不可离的。一句话,构成要件是贯彻罪刑法定主义的有力保证。罪刑法定主义如无与之相适应的构成要件理论这一基础工程,就成为架空的东西。"[①] 可见,罪刑法定主义是构成要件理论产生的思想基础,构成要件理论则是罪刑法定主义要求和内容的最彻底体现,它充实了罪刑法定主义的内涵。构成要件理论,因而是客观主义、刑事古典学派中最成功的成果,是古典学派得以稳定存在于刑法学界的一杆大旗。由于这时的构成要件理论是以客观的犯罪行为为中心,我们将之概括为旧派的行为构成要件理论。又因旧派的行为构成要件理论倡导具体复杂的规定,反对使用不明确的规定,因此,它又可以称为具体的构成要件理论。

为贯彻罪刑法定主义的根本精神,旧派学者非常重视任何违反法规范之行为,其必须适合刑罚法规所列之犯罪定型。通过富有特色的构成要件理论,将罪刑法定主义具体地实施,即首先划定刑法处罚的范围。而且,"在罪刑法定主义要求下所规定之构成要件,非行为构成要件莫属,绝不至于采用行为人构成要件"[②]。早期的构成要件理论以提出客观的中性无色的理论体系为开始,其在遭到批判之后,虽然有所变更,提出了违法性与有责性,但是,它们也只是附属于客观行为该当性的,其作用是辅助我们对客观事实行为进行判断,在功能上只具有附随判断性。这样,尽管旧派的不同学者对构成要件理论存在一些不同见解。但是,由于构成要件理论本身形成和发展的历史局限性,所以如同贝林一样,他们的构成要件理论从根本上来讲,并不是把成立犯罪的主客观要

[①] 甘雨沛主编:《刑法学专论》,15-16页,北京,北京大学出版社,1989。
[②] 蔡墩铭:《现代刑法思潮与刑事立法》,34页,台北,汉林出版社,1996。

件作为构成要件的统一整体，而是把构成要件该当性和违法性、有责性视为彼此并列，分别影响犯罪成立的独立要素。旧派学者所提倡的犯罪论体系"是以行为为中心的构成要件理论"体系，他们"都没有超越以行为为中心的形式法学这个基本概念"[①]。

2. 松弛的罪刑法定主义与行为人构成要件

新派学者否定旧派学者所提出的决定论的意思自由，认为犯罪的产生有个人的、社会的和环境的等多方面原因。社会责任论从社会出发责难犯罪人，使刑法从消极的惩罚转向积极的预防，从消极的限制机能转向积极的促进机能，从重视对个人权利的保障转而重视对社会共同生活利益的保护，因此，新派的刑法理论不以法官做到有罪必罚为必要，而追求对犯罪原因的了解，对具体犯罪人的反社会的危险性格的洞察。刑罚的运用不以法定之刑罚为限，而主张根据犯罪人的危险性格采取有针对性的处罚措施，以使犯罪人的危险性格得以消除，成为新人重返社会；理论和实践上均强调对于刑事政策的运用，主张结合行为人的危险性格采取不同的刑罚或非刑罚方法。新派的这些主张却遇到了罪刑法定主义的阻碍。行为人的危险性或者某些处罚方法并不是罪刑法定主义的内容，罪之法定不可能将行为人的危险性法定，法定只能针对行为；对行为的法定类型化，也不可能处罚那些不属于法律预先规定了确切范围的违反社会秩序的行为；一些新型处罚方法诸如处遇累进制度、不定期刑制度等的采用也使得刑罚的法定受到冲击。并且，罪刑法定主义这一制约形式上的法律关系要求的原则被新派学者视为阻碍了目的刑和防卫社会思想，甚至成为桎梏。为了充分地实现行为人刑法的思想，新派学者提出了松弛的罪刑法定主义。一些极端论者甚至提出了否定罪刑法定主义的主张。

罪刑法定主义经过新派学者的批判后，其最初所坚持的内容慢慢发生改变，僵硬性渐为灵活性所取代。这表现在，一方面，对犯罪的处罚上，不再只重视规定犯罪行为类型的刑法规范，于刑法规范之外，愈来

---

① 曾宪信、江任天、朱继良：《构成要件论》，15页，武汉，武汉大学出版社，1988。

第四章 开放的构成要件之罪刑法定机能

愈强调刑事政策的作用。法官的自由裁量权逐渐扩大，往往根据刑罚个别主义、行为人主义、人格主义等，在审判中不完全机械地按照罪刑法定主义操作，而允许类推解释及有利于被告人的扩大解释。过于严格的文理解释，被视为可能导致以形式的理由处罚完全没有可罚性的行为，或者导致不处罚无疑具有可罚性的行为。罪刑法定主义逐渐由绝对演变到相对。另一方面，罪刑法定主义的内容也随之发生了变化，例如容许有限制的类推适用或者扩大解释，不定期刑、保安处分、缓刑、假释纷纷登场等。总之，"近代学派，基于犯罪征表说，主张自由法论，认为传统之罪刑法定主义，应予修正或重新展开"[①]。经过行为人刑法观修正过的罪刑法定主义，不再如同旧派行为刑法观之下那般严格。罪刑法定主义虽然仍然作为刑事法治的一面旗帜飘扬在刑法学的领空，但在颜色上早已不同于旧派时期的鲜明，而是变得柔和。新派的文化国观念深深地浸入了旧派法治国的阵地。

罪刑法定主义由严格到松弛的发展变化，也影响到新派的构成要件理论。在新派学者看来，行为是由行为人实施的，每一行为人的人格都是不同的，其社会危险性的大小也存在差异，对客观行为成立犯罪条件的细琐规定使法官从根本上脱离行为人的主观人格来决定某一行为是否构成犯罪。因此，新派学者指责旧派学者过于注重烦琐的构成要件理论，对犯罪专注于法理和规范分析的方法，导致把犯罪仅仅当作一种法律上的行为加以研究，而忽视实施犯罪行为的主体即犯罪人的人格及社会环境。菲利就尖锐指出，"古典派把犯罪看成法律问题，集中注意犯罪的名称、定义以及进行法律分析，把罪犯在一定背景下形成的人格抛在一边"[②]。在审判中不注重构成要件之区分，而主张以行为人反社会危险性之大小来考虑适当运用刑事制裁。这样，随着"罪刑法定原则的不那么令人坚守，随之而来的就是构成要件论也不那么兴时了，所谓

[①] 甘添贵：《刑法之重要理念》，17页，台北，瑞兴图书股份有限公司，1996。
[②] [意] 菲利：《实证派犯罪学》，郭建安译，24页，北京，中国政法大学出版社，1987。

'死框框'、刑法理论中的'烦琐哲学'等议论颇为流行"[①]。他们"主张构成要件简约化，在立法上仅设计抽象及包括之规定，即为已足"[②]。在抽象与简化构成要件的前提之下，行为构成要件的规定渐渐趋于单纯，过去所倡导的复杂规定一扫而空。"代之而起者，即在行为构成要件之内采用无数之概括条款，赋予审判官斟酌认定犯罪事实之权力，不受犯罪规定太多之拘束。""他方面，犯罪之规定亦无过去之苛细，即罪名大为减少，不复过去大部分之犯罪，以为加重或减轻处罚之依据。将各种不同之罪名，归纳于统一罪名之下，审判官不必斤斤计较于犯罪事实之细节，在实际应用上颇见方便，所不待言。"而"罪名愈少，构成要件愈简单，则客观主义之色彩益趋冲淡，同时主观主义之倾向亦逐渐变浓，犯罪规定已不能视为纯粹依据客观主义之立法原则而制定。纵刑法在原则上仍维持行为构成要件之规定，唯由于刑法之立法者未具体将禁止事项予以具体化，而委由审判官依其情形而为积极判断或自由认定，如审判官为此而考虑行为人之人格要素，以为认定行为之基础，甚难避免，果尔，则此种犯罪规定不得谓非斟酌主观主义之立法原则而制定也。"[③] 这样，在行为人刑法观主导下的构成要件，终于由旧派的行为构成要件理论发展至新派的行为人构成要件理论。又因新派的构成要件理论倡导抽象简单而反对烦琐具体的规定，因此，它又可以称为抽象的构成要件理论。

二、折中刑的罪刑法定主义与开放的构成要件

1. 新旧学派罪刑法定主义及构成要件理论利弊剖析

（1）严格的罪刑法定主义及行为构成要件理论之利弊。

旧派的严格罪刑法定主义及行为构成要件理论的最大优点是有利于实现对人权之保障。行为人的内在心理事实既难把握，也难测量，据其

[①] 甘雨沛、何鹏：《外国刑法学》（上册），268页，北京，北京大学出版社，1984。
[②] 甘添贵：《刑法之重要理念》，14页，台北，瑞兴图书股份有限公司，1997。
[③] 蔡墩铭：《现代刑法思潮与刑事立法》，35页，台北，汉林出版社，1996。

定罪量刑容易造成出入人罪，只有既已发生的行为及其后果才是客观有形、可以把握的，根据它定罪判刑才能够防止司法擅断，因此，以行为为中心构建犯罪构成理论，并将行为成立犯罪的各种条件在法典中予以明确规定，同时，在量刑时根据行为恶害的大小处以相应的刑罚，就成为诞生于反对封建刑法背景下的旧派的必然选择。通过对犯罪行为的类型化规定，一方面，为公民提供一种行为模式，使公民对自己的行为能够预测，从而获得了人身与财产的安全；另一方面，避免了以主观意思为借口对公民随意定罪量刑。没有行为不能定罪，刑罚只能以客观可计量的危害行为及实际危害后果为依据。总之，旧派的行为刑法系依法治国，避免罪刑擅断，而必然采取的由外而内原则所致。

由于旧派主张严格的罪刑法定主义及行为构成要件理论，系统的刑法理论体系得到了建立。旧派"把犯罪看成法律问题，集中注意犯罪的名称、定义以及进行法律分析"，这一点使旧派专注于犯罪的法理研究，关心其在法律上的概念和犯罪的构成要件，从而建立起了系统的刑法理论体系，为刑事法学的研究打下了极为重要的理论基础。而犯罪构成要件理论，是刑事古典学派中最成功的成果，是其在刑法学理论上得以稳定立足的一杆大旗。新派固然有理由指责旧派过于关注法律概念、名称和定义，但是，离开了这一点，刑法学体系的建立恐怕难如现在之周密。仅有实证的分析没有逻辑的推论，必将会使刑法学丧失其论理性。正是旧派关心犯罪在法律上的规定，升华了刑法的理论层次，使刑法不致沦落为市井微学。今日各国的刑法理论表明，旧派的行为刑法理论正是其根源。总之，旧派"分析犯罪事实，明其定义，辨其区别，设有种种原则，完成刑法之体系，确立刑事学之规模，实有不可磨灭之功绩"[1]。

然而，旧派严格的罪刑法定主义以及详尽的构成要件之立法规定，也有诸多弊端。依据严格的罪刑法定主义和行为构成要件论，只能以客观行为为中心考察一切犯罪问题，使人们将犯罪行为当作离开行为人的

---

[1] 刘清波：《刑法概论》，23页，台北，台湾开明书店，1970。

抽象的行为，而不是与行为人紧密相连的有着独特成因和个性的人的犯罪行为。客观行为是定罪量刑的唯一依据，行为是否触犯刑法规范是其认定的途径，至于每个实施犯罪的行为人之间的危险性差异则在所不问。法官不能根据犯罪人的主观危险性决定行为是否成立犯罪，也不可能根据行为人主观危险性的大小采取一些便宜措施，而只能根据危害行为及其结果决定刑罚之轻重。这样的法治原则和构成要件论必然导致过分注意客观行为，注意行为对法益造成的实害结果，而忽视行为人的主观危险性。这与犯罪的实际情况显然有所偏离，因为"不了解犯罪人而欲了解犯罪的侵害事实，几乎不可能；脱离主观面（意思及人格）认定犯罪当然有失片面"[①]。同时这也导致处刑时未必总能切合行为人的危险性。犯罪行为与刑罚之间的机械的决定与被决定关系也排斥了刑罚对犯罪的预防作用，排斥了刑事活动对于犯罪的积极预防功能，排斥了犯罪的可控制性。以上种种弊端造成旧派"论犯罪主要是过去的凝固事实，是静态观，不从发展看事实，是向后看的，不考虑宏观方面的价值。只是发挥刑罚的限制机能，为刑罚而刑罚，是短识的消极观点。"[②]严格的罪刑法定主义与行为构成要件还存在重法典轻司法的弊端。绝对的罪刑法定主义也使法官失去了自由裁量的余地，烦琐而具体的构成要件使法官成为将犯罪事实与刑法条文的规定对号入座的机器，以至于拿破仑曾断言：任何一个能识字的并将两个思想联结在一起的人，都能作出法律上的裁决。对极度详尽的成文法典的追求使刑事司法日益陷入僵化的境地，刑事立法也日益陷入概念法学的桎梏之中。个人自由与社会秩序、人权保障与社会保护之间的关系严重失衡。这种由极端重视刑法的人权保障机能导致的极端轻视司法的倾向，可以说是对历史上长期盛行的片面发挥保护机能的罪刑擅断主义的矫枉过正。

（2）松弛的罪刑法定主义与行为人构成要件理论之利弊。

新派松弛的罪刑法定主义和行为人构成要件理论对既有的刑事法学

---

① 蔡墩铭：《刑法总论》，83页，台北，三民书局，1969。
② 甘雨沛：《比较刑法学大全》，533页，北京，北京大学出版社，1997。

的研究模式和理论框架造成了巨大冲击，不但令刑法理论为之革新，也奠定了刑事法学的科学基础，并为刑事法学的发展开辟了一个新的途径。

然而，行为人刑法有侵犯人权之虞。"自19世纪末期以来所盛行的社会防卫思想，立意未始不善，所惜者为固守本位主义，甚易流于极端，第一次世界大战后竟为独裁主义国家所凭借，用以破坏罪刑法定原则，摧残人权，无所不至，可谓为矫枉过正之现象"。[1] 行为人刑法主张松弛甚至否定罪刑法定主义，倡导犯罪构成规定的抽象化、概括化及简单化。这种刑法理论虽然有助于对犯罪的进一步认定和实现对犯罪的预防，但它也为侵犯公民人身权利创造了更多机会。其在定罪上，侧重于行为之危险性，对于犯罪的客观要素，动辄使用行为之危险性或侵害性之概念；不重视犯罪之定型，倡导抽象、概括和简单的犯罪规定。这样的规定虽然易于适用，但却为法官任意解释适用刑法提供了条件，它导致自由裁量权扩大，刑罚被滥用，从而不利于保障公民的人身权利。在处刑上，行为人刑法以反社会性、人身危险性、行为人人格等这类流动的、不确定的因素为基准，决定刑罚之轻重，易致刑罚的适用失去稳定的法则。在刑罚正当化根据上，根据目的刑观点，犯罪行为并非仅为现实的外部事实，同时还具有表现行为人的人格的作用，法官可以通过犯罪行为来观察犯罪人的人格。这样，从防卫社会的角度，对于具有社会危险性之人，可以不待其实施危害社会的现实行为、不待社会已受损害，就可以保全社会安全的方法而采取一些制裁措施，以消除其人身危险性。这些措施虽有防卫社会之功效，但是对于被执行者来说，则属限制自由和侵害权利的行为。行为人刑法所提出的防卫社会的目的当然是正当的，但为了防卫社会而刑及无辜，从犯罪人的个性定其处置，置人的权利与尊严于不顾的手段则是不正当的，从而陷入了为了目的而不择手段的泥潭。这种观点的实践无疑会侵犯公民的人身权利。保安处分制度即因此而遭到人们的非议。以上这些侵犯人权的情况显然都为法治国

---

[1] 参见韩忠谟：《刑法原理》，44页，台北，台湾雨利美术印刷有限公司，1981。

所不允许。总之，新派"弛缓犯罪与刑罚之概念，甚至否定固定之刑罚制度，对于人权有不能周全保障之虞"①。

2. 折中刑的罪刑法定主义及开放的构成要件

旧派与新派、行为刑法与行为人刑法的对立，对于刑事立法和刑法解释，都有着极深远的影响。无论是犯罪论还是刑罚论，对分则各条构成要件的解释，因为不同学派的渗透，其结论大相径庭。但是，如前所述，新旧两派的理论并非超越时空对立，而是受时代思潮与社会背景影响的结果，因此，时至今日，随着时代与环境的变迁，虽然新旧两派的对立没有完全消解，但两派都极力避免坚持己见，而是互相取长补短，互为改进，形成了并合的或曰折中的刑法理论。特别是新派刑法思想所存在的侵犯人权之缺陷，被法西斯主义所利用，"是以自第二次世界大战后，刑法思想幡然改过，甚至学者致力屏除本位思想，希能于道义责任、行为责任、及社会责任、行为人责任之间，求其折中调和，堪称刑法思想之转变"②。"理论之整合与任务的导向，乃形成观察理论发展的重心。"③

在折中刑法论的影响下，旧派倾向于刑法理论的研究与新派将刑法作为一门科学的研究的做法，使刑法学与科学融为一体，既提倡科学的实证，也主张哲学层面的研究。因此，罪刑法定主义和构成要件理论的教条主义思想并没有因为近代刑法学派的兴起而成为多余或丧失其意义，相反，现代刑法对罪刑法定主义的法定化、法律条文规定的构成要件及犯罪行为本质的研究，较之以往综合为前所未有的不可分离的整体。只不过，折中刑法论的罪刑法定主义与构成要件理论都不再固执于旧派或新派之一端，而是体现了二者之长。罪刑法定主义不再是呆板的机械或者是灵活有余原则性不足的机动，而是成为了将行为与行为人结合起来考虑的相对的罪刑法定主义，构成要件也不再苛求烦琐具体或偏执于简单抽象，而是在折中刑法论的影响下形成了既有明确性又有模糊

---

① 甘添贵：《刑法之重要理念》，12页，台北，瑞兴图书股份有限公司，1996。
② 韩忠谟：《刑法原理》，44页，台北，台湾雨利美术印刷有限公司，1981。
③ 苏俊雄：《刑法总论Ⅰ》，91页，台北，台湾大地印刷厂有限公司，1998。

性的开放的构成要件。

（1）相对的罪刑法定主义观。

如果严格地按照旧派的绝对严格罪刑法定主义，则必然强调严格规则主义的法典化。它要求刑法典对犯罪的规定应该明确其所有要件，不得使用模糊不清或多义性的表达，不得采用概括性与抽象性的规定，不得使用规范性的要件要素，追求法典的精密性，力图使刑法典成为可以像几何公式一样操作的运算表。法官只是将法条规定直接适用于具体案件，严格根据法条的规定定罪量刑；法官的自由裁量活动受到排除，创造性地适用法律不被允许。刑法过于保护公民个人的权利，消极地以保障人权为任务，刑法保全社会的机能显然受到忽视。如果严格地按照新派松弛的罪刑法定主义，罪刑法定主义能否存在都是问题。在新派学者过激的观点下，罪刑法定主义实际上面临被废除的命运。成文法所主张的刑罚法规的一部分内容被让渡给习惯法，事后法的否定如无宪法的约束也未必是绝对禁止的，类推解释或扩张解释只要符合逻辑就被允许，一些灵活便宜的非刑罚措施如保安处分等大行其道。这些对罪刑法定主义相当宽松的主张和实践实际上已不是在松弛罪刑法定主义，而是在否定罪刑法定主义。

纳粹刑法的兴起，实际上就是摒弃罪刑法定主义制度和思想的产物。罪刑擅断的司法黑暗引起人民的反感和社会的恐怖，法西斯主义刑法与战争后的宝贵经验使人们深深感受到，为了维持社会的存续，使法官的权力有所限制，人民自由权利有所保障，社会财富有所发展，罪刑法定主义仍然应该得到维持，它是刑法中不可动摇的铁律，是法治国实现的屏障，也是民主宪政理想的实现基础。这样，罪刑法定主义作为旧派个人自由主义政治思想的产物，通过新派社会本位的团体主义修正之后，仍然得以保留；并且，保留下来的罪刑法定主义与旧派的严格的罪刑法定主义和新派松弛的罪刑法定主义都有所不同，而呈现出折中二者之长的特点。它将旧派的机械主义、对个人自由的保障与对社会的保全有机地结合在一起，对刑法的解释既不是如机械的罪刑法定主义那般被禁止或严格限制，也不是如同新派的主张那样允许类推解释，而是在有效地避免堕入旧派的法律形式主义与新派的法律虚无主义的前提下，重新评价罪刑法定主义的内容与价值。这表现为仍然重视成文法的作用，主张只有刑法典的规定才能成为定罪量刑的根据，如若没有刑法典的规定，侵害法益的行为即使性质再严重，也不能被认定为犯罪，习惯法的适用被限制；对于刑法典的解释被合理地允许，但是类推定罪被禁止，至于扩大解释，虽然在有些国家的刑法理论与实践的一定范围内存在，例如允许有利于被告人的扩大解释，但是，其合理性仍然存在争议；无论是极端机械的罪刑法定主义所推崇的绝对定期刑，还是作为新派的实证主义与罪刑法定主义冲突焦点的绝对不定期刑，都没有被采纳，相对的不定期刑成为刑罚理论通说和实践中的通行做法，成为在绝对的定期刑和绝对的不定期刑之间寻求妥协的立足点；假释、缓刑等成为各国刑法中的稳定刑罚制度。"相对罪刑法定主义为现代刑事立法之基本原则"[①]，为当今世界各文明国家所广泛采用。如《德国刑法典》第1条便开宗明义地指出：行为之处罚，以行为前法律有明文规定其可罚性者为限。其基本法第103条第2款亦规定：某项行为实施之前法律已规定其可罚性时，对该行为方可处以刑事处罚。现行《日本刑法典》虽然没有规定罪刑法定主义，但其宪法第31条规定，"非依法律所规定之手续，不得剥夺任何人之生命或自由，或科以其他刑罚。"同法第39条也明确指出："凡在行为时适法之行为或被认为无罪之行为，不得究问其刑事责任。同一犯罪，不得重复究问其刑事责任。"这同样是在表示罪刑法定主义。我国1997年《刑法》第3条规定："法律明文规定为犯罪行为的，依照法律定罪处刑；法律没有明文规定为犯罪行为的，不得定罪处刑。"不仅各国刑法典中规定了罪刑法定主义，一些国际公约也将罪刑法定主义作为一项基本原则予以规定。联合国大会于1948年12月10日通过的《世界人权宣言》第11条第2款规定："任何人实行时根据国内法或者国际法不构成犯罪的作为、不作为，不认为有罪，不得科处比该犯罪实行时应适用的刑罚为重的刑罚。"1966年联合国大会通过

---

① 韩忠谟：《刑法原理》，63页，台北，台湾雨利美术印刷有限公司，1981。

第四章 开放的构成要件之罪刑法定机能

的《公民权利和政治权利国际公约》也对罪刑法定主义作了规定。

由于相对的罪刑法定主义既考虑对个人自由的保障，又考虑对社会的防卫，因此，一方面它仍基于客观行为及其实害对于定罪量刑的影响，以法定的行为类型作为定罪的依据；另一方面，它又允许法官根据行为人的危险性考虑所适用的刑罚，允许法官根据不同行为人危险性之大小决定适用的刑种和刑度。它既不完全排除法官的自由裁量，也不鼓励抛弃对犯罪类型的规定，完全由法官自由裁量定罪。现今各国的刑法理论基本上都承认相对的罪刑法定主义，罪刑法定主义也比历史上任何时期都更广泛地规定在各国的立法中。

（2）相对的罪刑法定主义与开放的构成要件。

相对的罪刑法定主义当然是体现在罪之法定与刑之法定两个方面。其中与构成要件相关者，当然是罪之法定。在罪刑法定主义经历了修正性的发展变化之后，作为以古典的罪刑法定主义为根据的构成要件理论当然同样得到了发展。一方面，与行为刑法以及刑法的人权保障功能相适应，同时也与罪刑法定主义的法治精神相适应，各国刑法都贯彻了罪刑法定主义的基本要求，即对犯罪的处罚，除依照刑法总则的一般性要件外，还必须在刑法分则就各种犯罪的构成要件设定具体的规定。这成为各国刑事立法技术上的特色。凡是法律规定的行为，才可以处罚，凡是法律未规定的行为不构成犯罪，因而也不能受到追诉与判刑。《法国新刑法典》第111-1条强制性规定，重罪与轻罪的构成要件必须由法律明确规定（作出定义），而违警罪的构成要件应由条例明确规定。[①]意大利1968年刑法更是在第1条明确规定："行为非经法律明文规定为犯罪者，其行为不得处罚。"第2条进一步规定："行为时，法无明文规定为犯罪者，其行为不为罪。行为后法律变更为不处罚者，其行为不为罪；其行为已判决者，终止其刑之执行及效力。"其他各国比如日本、瑞士、朝鲜、巴西等，甚至典型的英美法系国家，如英国和美国，虽然

---

① 参见［法］卡斯东·斯特法尼等：《法国刑法总论精义》，罗结珍译，132页，北京，中国政法大学出版社，1998。

是判例法国家，没有一部完整的刑法典，但是，从各种刑法法规汇编来看，凡成文的刑法法规在规定具体犯罪时，莫不是规定了犯罪的构成要件。

另一方面，法律对犯罪构成要件的规定兼有明确性与模糊性。严格的罪刑法定主义要求对犯罪的规定必须明确具体，早期启蒙运动甚至要求法律的明确性达到"法官是法律之口"的程度，即法律不得采用模糊不清的词语或者简单抽象概括的规定，以至于他必须能够在不作出自己的判断的情况下决定每一个边缘案件，但此种方法显然对立法者提出了过高的要求。① 松弛的罪刑法定主义过分强调社会保护，淡化了刑法的人权保障功能，崇尚概括或抽象的构成要件，甚至要否定构成要件概念。但是，在折中刑的思想之下，在相对的罪刑法定主义之下，犯罪的构成要件体现出两面性：一方面刑法分则规定犯罪的构成要件，而不是抛弃或否定犯罪的构成要件；另一方面，所规定的犯罪的构成要件既有明确性，也有一定的模糊性和概括性。"各国现行刑法对于大多数犯罪之构成要件均能在刑法分则予以列举，以符合法治国家之要求，然而仍难免有未明示之犯罪构成要件，此即对于不纯正不作为犯而规定之构成要件。"② 构成要件的明确性与模糊性和概括性，正是与罪刑法定主义，确切地说是相对的罪刑法定主义相一致的。构成要件只能做到相对的明确也是各国刑法所不可避免的。法国宪法委员会就曾裁决过某一不具体明确的犯罪规定不符合《人权宣言》第8条的规定，最高法院以此为依据，并且按照《欧洲人权公约》第6-3条与第7条的规定，拒绝承认某一非常不明确的条例性规定的效力。因此，刑法并不仅限于规定什么行为是应受惩处的行为，同时还指出在何种条件下该行为可予惩处。所以，法律还要规定每一犯罪行为的具体特别构成要件。但是，立法者并不始终如此明确具体地对各种犯罪都作出规定，有时法律只限于宣告某一行为是应当受到惩处的行为，但并未具体指出其具体构成要件，在法

---

① Vgl. Frister, Helmut, Strafrecht Allgemeiner Teil, 9. Aufl., 2020, §4, Rn. 12.
② 蔡墩铭主编：《刑法总则论文选辑》，26页，台北，五南图书出版公司，1984。

律条文没有具体明确规定的情况下，应由法院从中归结出这些犯罪的构成要件。在此情况下，将这些行为认定为犯罪的仍属合法。[1]

三、形式及实质意义法治国与开放的构成要件

法治国原则作为现代民主宪政的一般指导原则与理念，要求国家对干涉公民自由的法律首先应从立法上加以规定，以实现法的安定性。这种基于人权保障的基本要求体现在刑法领域，自然就是罪刑法定主义的产生；而构成要件则是将罪刑法定主义这一体现法治精神的原则在刑法园地落实的一杆大旗。法治国、罪刑法定主义及构成要件是三个密切相关的概念。这决定了我们在对开放的构成要件与罪刑法定主义的探讨中应该将此三者结合起来进行，即应从法治国到罪刑法定主义再到构成要件，从此三种理论的内在联系，论证开放的构成要件是符合罪刑法定主义的。

1. 形式意义法治国与实质意义法治国

法治国家或法治国（Rechtsstaat）是德语中最先使用的一个概念，即依照法律治理国家，但国家"依法而治"究竟是涉及单纯国家的统治方式，还是此制度本身即含有国家的目的，则是存有疑问的。前者明显地用法来取代传统以实力统治国家的手段，其注重的是手段层面，因此，公法学者称之为"形式意义"的法治主义，基于此理念而成立的法治国，则为"形式意义法治国"（Rechtsstaat im formellen Sinne）。如果实行法治之目的，不仅仅依赖"法"为工具，且进一步要对此"工具"——"法"的目的，或称为"法律目的"，以及国家实施整套法治主义的目的为何加以探讨，并用一套体系来概括之，此时，作为国家统治依据的法律，固然依旧保有其主要是作为工具的角色，但是其正当性的诉求就开始时常面临挑战。这实际上就是偏向"实质主义"的法治观了。由此，讨论一个法治国如果以"形式意义法治国"为基础，再加以

---

[1] 参见［法］卡斯东·斯特法尼等：《法国刑法总论精义》，罗结珍译，135页，北京，中国政法大学出版社，1998。

价值判断，即构成"实质意义法治国"（Rechtsstaat im materiellen Sinne）的概念。①

就法治国的发展理念而言，形式意义法治国是发展的第一步，实质意义法治国是发展的第二步。19世纪是资产阶级夺取政权并巩固政权发展资本主义的时期。在这一时期，资产阶级尚未摆脱封建专制统治阴影的笼罩，深感丧失自由和财产的恐惧。这使得19世纪的法治理论不得不以启蒙思想家的"天赋人权"和"个人自由"为理论指导和基石。从哲学上说，19世纪的哲学思想与资产阶级革命时的哲学思想一样，强调了矛盾的斗争性。卢梭的"主权在民"或"契约论"，孟德斯鸠的"三权分立"及康德的理性论，于是成为此一时期法治国理论构建的基础。其中尤其是孟德斯鸠的"三权力分立的理论，为'形式法治国家原则'（das formelle Rechtsstaatsprinzip）提供了相当的体系架构"②。"三权分立"的理论认为只有国王或政府才有权力制定临时或永久的法律，并修正或废止已制定的法律，只有这样法律才具有最大的权威性和普遍的约束力。法治被认为是依照形式化的成文法来治理国家，主观擅断的法官意见被认为违反了形式意义的成文法，是破坏法治的行为。19世纪中期德国资产阶级革命的失败使"法治国的形式化有了更有说服力的政治理由"。莫耳（Robert von Mohl）是形式意义法治国的代表者，他把法治国看作是国家形式的最高层次，认为法治国的目的不外乎规范民众的共同生活，使每个成员自由、全面地发挥自己的能力，且这种能力应得到最大可能的支持与促进。③ 这种形式意义法治国的特点是，扬其法律形式，而抑其自由实质。对法律形式的推崇成为形式法治国的主要理念导向。迈尔更是从行政法的角度论述了这种法律形式主义的意义。"法治国的行政，为了以法律的方式来决定，人必须尽最大的可能通过

---

① Vgl. Michael Stolleis, Geschichte des öffentlichen Rechts in Deutschland Bd. 4: Staats- und Verwaltungsrechts-wissenschaft in West und Ost 1945—1990, 2012, S. 200ff.

② 苏俊雄：《刑法法治国家原则之实践观察》，载《台大法学论丛》，1995（24）。

③ Vgl. Robert von Mohl, Die Polizei-Wissenschaft nach den Grundsätzen des Rechtsstaates, 1832, S. 7.

法律来加以约束。宪法应将此任务赋予立法机关，立法机关应尽最大可能制定法规或命令来约束行政权，这是法治国无可怀疑的第一任务。"①从19世纪30年代到20世纪初，形式意义法治国理念成为在法治国的起源地——德国占统治地位的法治国理论。

然而，在19世纪末20世纪初，在经济上，资本主义创造出了比以往任何社会都要丰富的物质财富，资本主义的生产方式已由自由竞争发展成为垄断经营。人们之间的交往日益频繁，社会关系日益复杂，社会的变化日益迅速，但个人的生存能力却受到了社会的严重制约，就业、教育、卫生、交通和环境等，都成了严重的社会问题。在政治上，封建复辟的危险性已消除，但无产阶级已经成为一个有马克思主义指导的成熟的革命阶级，工人运动一浪高过一浪。资产阶级理论家认识到，对这种社会形势除了政府没有任何一个组织或个人能够应付，对政府的角色有必要重新塑造；在哲学上已不能再强调矛盾的斗争性而应强调矛盾的统一性，否则就不可能有政权的巩固和社会秩序的稳定。于是，以狄骥为代表的法学家展开了对以"天赋人权"为指导思想的个人主义法治理论的批判。狄骥的社会联带主义法学理论——也被称为"团体主义"的法理学思想，就是在批判个人主义法治理论的基础之上建立起来的。尽管在20世纪的西方国家文化是多元化的，如新自然法学、新分析实证法学、社会法学、经济分析学、新自由主义法学、制度法理学、存在主义法理学、现象学法学、行为主义法学、批判法学和统一法学等百家争鸣，然而，从本体论上说，社会联带主义思想或团体主义思想却是法理学上的一种共识。

在普通法系国家，团体主义思想也以这样或那样的形式被提出来了。在英国，狄骥的理论得到了当时改良主义者拉斯基的坚决拥护和大力宣扬；当代学者米尔恩也认为，人们之间的关系是一种以"伙伴关系"为基础的相互合作，条件是互相信任。② 在美国，实证主义法学的

---

① Vgl. Otto Mayer, Deutsches Verwaltungsrecht, Bd. 1, 1895, S. 62.
② 参见［英］米尔恩：《人的权利与人的多样性》，夏勇等译，67-69页，北京，中国大百科全书出版社，1984。

主要代表人庞德也接受了社会联带主义思想，他认为"今后法学思想的道路""似乎是一条通向合作理想而不是通向相互竞争的自我主张理想的道路"，合作是20世纪法律的文明观念。他说，"我们现在对合作所赋予的价值，是在上一世纪赋予自由的个人自我主张那种价值如此之高，以至在我们今天看来是极其荒谬的东西，而在当时看来却不算是"过高代价的情况下出现的。① 在这种团体主义思想影响下，淡化法律对公民个人权利的保障而强调法律为社会大众提供服务、强调实质的正义而可以忽视法律上和程序上缺陷的实质法治理论应运而生。

实质意义法治国的主要特点是"包含更多的实质性内容。它在一定程度上包括一项或多项以下内容：确保最低限度社会福利的规定，即'福利国家'，维护某种形式市场经济的各种规定，保护最基本的人权的规定，促成民主政治制度化的规定。"而且，实质意义法治国的理论也在一定程度上包括全部或几乎全部形式意义法治国的制度形态，"包括法律制定机关，法律条文，以来源为导向的有效性标准，协调一致的解释方法，可靠的事实发现程序，一个易于操作、公正独立的司法系统，对法院适用法律时修正先前条文权力的有力限制，只有通过法院或类似司法机关在提供正式通知和听审机会后最后施行的补救和制裁措施等"。但是，形式意义法治国在很大程度上强调体现法律形式的特点；实质意义法治国则考虑到更多的实质性内容，诸如经济与非经济、福利与非福利、民主与非民主等。这是二者的不同点。②

2. 开放的构成要件与形式及实质的罪刑法定主义

"罪刑法定主义"便是"形式法治国的最重要的制度构成"③。与形式意义法治国思想相适应，此一时期的罪刑法定主义则是形式的罪刑法定主义。从形式意义的层面观察，法治国原则首先意味着法律保留，其

---

① 参见［美］庞德：《通过法律的社会控制》，沈宗灵等译，75-78页，北京，商务印书馆，2010。
② 参见［英］罗伯特·萨莫斯：《形式法治理论》，钱弘道译，载夏勇主编：《公法》，第2卷，113页，北京，法律出版社，2000。
③ 郑永流：《德国"法治国"思想和制度的起源与变迁》，载夏勇主编：《公法》，第2卷，55页，北京，法律出版社，2000。

在刑法上的作用即表现为对法律安定性（Rechtssicherheit）的保障机能。也即对犯罪的处罚规定，必须在构成要件之中，明确其侵害法益的范围及行为类型，且行为人在完成行为之前，对于刑法规定的构成要件，均具有预见的可能。[1] 因此，形式的罪刑法定主义认为，法是指立法机关颁布并制定的成文法，强调刑罚权之发动依据形式完备的成文法律；刑法规范的表现形式应该具备确定性，其内容必须极为明确周详，以使人民知悉其权利界限，避免法官恣意解释，相对强调对公民自由的保障；认为刑法的内容除了刑法典的规定便是法官的法条操作而无其他价值要素在内。基于此，形式意义法治国和形式的罪刑法定主义理论提出，"立法宜由'对法律学理透彻、经验老到'之人来将全民意志形诸法条"[2]，并认为只有如此才能制定出内容完备、法条严格的成文法典。

而与实质意义法治国理论相适应，罪刑法定主义则由形式意义演变为实质意义。实质的罪刑法定主义除要求形式的罪刑法定主义所强调的刑法规范和程序的完备外，更要求刑法规范在内容上必须符合公平正义之理念；必须考虑民主和社会原则，强调个人利益对社会利益的服从，认为刑法的首要任务是社会保护而不是个人自由之保障；哪怕形式上不完全符合法律，但在实质上侵犯了正义的行为也同样应该被认定为犯罪。意大利著名刑法学家曼多瓦尼等权威人士则更为详细地论述道，所谓实质的罪刑法定主义，是指具有下列倾向的刑法：（1）在法的本质问题上，强调"不违背正义要求不为罪"，即认为罪刑法定主义中的"法"只能是体现人类正义要求的"法"，反对"恶法"也是"法"的观点；（2）在刑法渊源上，强调"无刑罚处罚不为罪"，认为除制定法外，实际为人民所遵循的习惯法或司法创造的法，只要能作为适用刑罚的参考，都应该是刑法的表现形式；（3）在犯罪本质问题上，强调"无社会危害不为罪"，认为在认定犯罪时可以撇开法律规定的形式，直接以行为对社会的危害作为认定犯罪的标准；（4）在法的价值取向问题上，着

---

[1] Vgl. Frank Schorkopf, Staatsrecht der internationalen Beziehungen, 2019, §3, Rn. 50.

[2] 转引自陈新民：《德国十九世纪"法治国"概念的起源》，载《政大法学评论》，1996（55）。

重强调个人的利益应服从社会的需要,将维护保卫社会生活的基本条件作为刑法的首要任务。这样,坚持实质的罪刑法定主义得出的必然推论就是,只要行为的社会危害性达到了犯罪的程度,即使在没有法律明文规定的情况下,行为人也应受刑罚处罚;只要行为不具备应有的社会危害性,即使有法律的明文规定,也不得当作犯罪来处理。[①] 当然,在笔者看来,曼多瓦尼等人的主张当然有些极端,譬如以习惯法作为刑法的渊源,可以抛开刑法的规定而直接以社会危害性定罪等。这些主张与法治国原则的精神是相违背的。现代国家的实质的罪刑法定主义并不是对形式的罪刑法定主义的抛弃,而是在形式的罪刑法定主义的基础之上增加了注重法的公平正义等实质性的内容,强调在注重形式的罪刑法定主义的同时也注重实质的罪刑法定主义罢了。

因此,实质的罪刑法定主义不仅是对罪刑法定主义理念的更新,在罪刑法定主义的内容上也相应地发生了变化。最为重要的是依据实质的罪刑法定主义要求,刑法必须符合正义之观念,罪刑法定主义增加了实体的正当性为其新的内容。实体的适当原则,又称刑罚法规适当原则或适当处罚原则,是指刑罚法规规定的犯罪和刑罚都应认为适当的原则。原来罪刑法定主义只被理解为"无法律则无犯罪也无刑罚",只要有法律的规定,不管刑罚法规的内容如何,都被认为不违反罪刑法定主义。但自20世纪60年代以来,由于受美国宪法中适当的法律程序原则的影响,日本一些学者如团藤重光、平野龙一、芝原邦尔等教授在提倡明确性原则的同时,还提出承认实体的适当原则为罪刑法定主义的新的派生原则。随后,这一原则逐步为日本刑法学界所接受。他们认为受美国宪法影响于1946年制定的《日本国宪法》第31条的规定是实体的适当原则的宪法根据。该条规定:"任何人非依法律所定程序,不得剥夺其生命或自由,或科其他刑罚。"在日本学者看来,该条规定不仅要求程序的适当,而且要求刑罚法规的实体内容的适当。刑罚法规的内容不适当,被认为违反宪法第31条而成为违宪。团藤重光指出,《日本国宪

---

① 参见陈忠林:《意大利刑法纲要》,10-11页,北京,中国人民大学出版社,1999。

第四章 开放的构成要件之罪刑法定机能

法》第 31 条如前所述是由来于美国的适当程序条款,从而虽然没有"适当的"这种表述,但当然必须说要求罪刑的法定是适当的。在不仅程序而且实体必须适当这个意义上,美国所谓的"实体的适当程序"的要求,日本宪法的规定,也应当被承认。它们认为,罪刑法定主义的宗旨是保障人权;实体的适当原则体现了实质的保障人权原则,它符合罪刑法定主义本来的宗旨,应该说是当然的。[1]

一些原来主张形式的罪刑法定主义及相关观点的学者也受到了批判。日本学者前田雅英反对形式的罪刑法定主义和形式的犯罪论,主张从实质的观点修正罪刑法定主义,修正构成要件理论。前田雅英认为,民主主义与自由主义是罪刑法定主义的思想基础,目前的罪刑法定主义在反省战前的形式主义等基础之上更加重视实质的正当性,因此,对罪刑法定主义必须从实质上加以理解,对刑法的解释也必须敢于追求实质化的合宪的限定解释。解释刑法时,首先确定条文言词含义的范围,其次,检讨该犯罪类型的保护法益,考虑动用刑罚予以保护的必要性,再次,在该构成要件该当行为承载一定价值的情况下,要衡量其价值和被害法益的价值,并要计算对具体案件的刑罚处罚可能带来的对其他案件的波及效果,最后则是考虑解释结论与其他法律规范是否相协调。[2] 他还批判了团藤重光、大塚仁的形式的犯罪论,认为强调形式上的犯罪论是不充分的,构成要件符合性的判断,是从实质上判定是否存在达到值得科处刑罚的法益侵害。违法性的判断,应该根据对法益的侵害或者威胁的结果无价值为立场进行,而作为违法阻却的一般原理,则宜采用法益衡量说亦即以优越的利益为中心的实质判断;责任是对行为人进行非难的可能性,非难概念存在于国民的规范意识之中,因而责任是扎根于国民规范意识的实质的非难可能性。[3]

---

[1] 参见马克昌:《罪刑法定主义比较研究》,载《中外法学》,1997(2)。
[2] 参见[日]前田雅英:《现代社会と実质的犯罪论》,45-46 页,东京,东京大学出版会,1992。
[3] 参见[日]前田雅英:《刑法总论讲义》,6 版,曾文科译,201、262 页,北京,北京大学出版社,2017。

至此，罪刑法定主义的思想完成了从一般形式意义法治国家的原则到实质意义法治国原则的超越，不但具备了形式的内容，更具有了实质、普遍的意义。从形式到实质的罪刑法定主义之变化，对刑法构成要件理论也提出了挑战。形式意义法治国及形式的罪刑法定要求刑事立法者应该制定确定、严密、周详的全封闭式的构成要件，尽量将法官的自由裁量权缩小到最小限度，使法官无权进行解释，以实现个人主义、自由主义之人权保障机能。但是，形式的罪刑法定主义及绝对精确的构成要件存在着缺陷。由于形式的罪刑法定主义过分钟情于形式意义法治国的形式与程序，远离法律的自由价值，特别是缺乏对立法者的立法权限的限制，容易使刑法成为统治者推行自己意志的工具，将不公正的规则制定为强有力的国家法律，以合法的形式干涉公民正常的生活。"仅靠确定性并不能保障公民的自由，一个含义'确定的'犯罪规范，完全可能是专横与无理的产物。为了防止这种危险的出现，人们才要求必须由具有最大代表性的机关来制定罪刑法定原则保障公民自由的作用，必须有一个民主的政体，有一个能够通过辩论来确定应对哪些行为进行处罚的议会。"① 因此，形式的罪刑法定主义及其所主张的构成要件理论，理所当然地遭到了人们对其包含的潜在危险性的担忧及这种学说的批评。"唯一般民主法治国家不同者，乃在于强调法律安定价值优先原则之下，如何去追求法律的妥当性，以实现社会正义的善美价值。法律的安定价值与保障人权的功能，是不可或缺的基本作用，绝不能因为实务及政策考量而被忽视！"②

实质法意义治国及实质的罪刑法定主义的兴起，表达了人们除有对刑法安定性追求之外，还有对刑法妥当性的追求。在实质法治观的影响下，人们对刑法的功能及刑法规范的完备性有了新的认识。刑法在福利国家之中，不再只是限制国家权力之工具，而是具有强化国家的社会服务功能。一个福利国家中经济、社会与文化等各方面的任务是紧密相连

---

① ［意］杜里奥·帕多瓦尼：《意大利刑法学原理》，陈忠林译，9页，北京，法律出版社，1998。

② 苏俊雄：《刑法总论Ⅰ》，231页，台北，台湾大地印刷厂有限公司，1998。

的，刑法只有透过各种利益之平衡，力求实现正义，才能有助于福利国家发挥其创造社会福利的功能。对刑法规范不再苛求形式上的完备性，而认为只有符合正义理念的刑法规范才与福利国家的宗旨相符合，才与法治国的理念相符。于是，从实质层面观察，当代法治国家除了要求刑法规范和程序完备，更要求刑法规范的内容及其理论结构，尽可能符合正义国家的理想形象（Idealbild des gerechten Staates）。① 诸如：以人性尊严的维护，作为刑法价值体系的基本规范；尊重国际人权的理念，来排除非必要的刑法干预；尊重罪疑惟轻的证据原则；重视现代刑事政策的重要理念；刑罚权的行使尤其应注意"目的与手段相当原则（过度禁止原则）"（Grundsatz der Verhältnismäßigkeit der Mittel），以及法律之前人人平等原则；并且重视法治国家正当程序的要求。② 这样，刑法对构成要件的规定及适用，不再以形式的保障为已足，而且要求内容尽量符合法之公平与正义之观念，要求刑法构成要件的规定能够尽量给法官留下一定的裁决余地，以使法官能够根据并结合法条之形式规定来解释法条、适用法条，从而实现实质意义法治国之原则，以使刑法符合当代团体主义和福利国家之发展。

四、小 结

刑法哲学思潮的发展变迁表明，罪刑法定主义与犯罪的构成要件之间是紧密联系、相辅相成的。正是罪刑法定主义的产生才促生了构成要件。而罪刑法定主义由严格趋宽大，由偏执于人权保障或社会保护之一端到二者兼顾，决定了构成要件由烦琐到抽象，由封闭到开放。罪刑法定主义与构成要件理论内部的良性互动关系形成了二者在刑法哲学层面上深厚的内在一致性。罪刑法定主义与刑法的行为类型——构成要件之间，其实从来就没有分卄过。有什么样的罪刑法定主义就有什么样的构成要件类型。威尔哲尔在二战以后提出的开放的构成要件，与其说是一

---

① Vgl. BGH 24, 173.
② Vgl. BVerfGE 19, 343.

个新的概念，莫不如说是对折衷型的罪刑法定主义影响之下的刑法构成要件的实际情况与理论的承认和概括。只要我们明白刑法哲学思潮的变迁导致的罪刑法定主义的变化，明白罪刑法定主义的变化对构成要件的影响，我们就会明白开放的构成要件与罪刑法定主义之间具有怎样的内在一致性。因而任何对开放的构成要件违背罪刑法定主义的指责都是片面的，是没有正确地看待刑法哲学思潮的变迁，没有正确地看待罪刑法定主义的发展变化的僵化观点，都是我们应该避免的。

另外，从形式意义法治国到实质意义法治国的发展也表明，开放的构成要件更是与实质意义法治国及实质的罪刑法定相一致的一种构成要件立法模式。它不再如同古典构成要件理论那样追求构成要件的细致周详，不给法官留下任何裁量余地。相反，它既坚持了形式意义法治国的形式前提，因为它仍然是将构成要件进行类型化、定型化的一种法律模式，对何种行为是犯罪，何种行为不是，于法条之中已经作了相对明确的规定，而不是使用泛泛的一般性的规范性条款来处理犯罪；同时，又为法官留下了一定的自由裁量余地，因为它对犯罪构成要件的规定并非周密无遗，而是有漏洞的，有不确定的法律概念。它的适用需要法官根据公平正义观念，根据行为对社会的危害性进行解释。而法官的适用解释显然有助于从实质的角度去判断犯罪是否成立，有助于贯彻实质的罪刑法定主义的正义观念，有助于审查实质的罪刑法定主义的重要内容——实体是否正当。开放的构成要件既有法的安定性又有一定程度的弹性，而"弹性不是安定的反对概念"[1]，相反两者可以在一定范围内相互联系，借助构成要件的开放性保障刑法的安定性。

总之，开放的构成要件正是配合罪刑法定主义由严格到松弛、由绝对到相对的发展，而推陈出新的刑法构成要件规定方式，也是一种有效地贯彻了形式与实质的法治国思想及形式与实质的罪刑法定主义的构成要件规定方式。

---

[1] Chrisitan Starck：《法制度的弹性》，载《中兴法学》，1997（42）。

第四章　开放的构成要件之罪刑法定机能

第三节　刑事立法技术与法治国原则之实践

法治国理念层面的分析主要是解决开放的构成要件与罪刑法定的基础性问题。但是，犯罪构成要件的规定同时也是一个立法技术问题。从立法技术上分析，构成要件的立法究竟能达到何种程度的明确，在何种程度上实现罪刑法定主义的保障机能，这对于我们明确开放的构成要件与罪刑法定主义之间的关系也极为重要。因此，我们还须从刑事立法技术的角度进一步分析开放的构成要件是否与罪刑法定主义相符合。

虽然从法治原则以及罪刑法定主义的要求来看，构成要件的规定都应该做到明确性。然而，理论上应该是一回事，实际上能否实现则是另一回事。从各国刑法典对犯罪构成要件的规定来看，不确定的刑法规范与模糊的构成要件用语，正是构成要件立法的现状。明确性都只是相对的，不明确在所难免。这是构成要件明确性原则的实然状态。开放的构成要件概念的提出，正是对未能实现构成要件明确性原则的构成要件的概括。构成要件规定的不确定性与模糊性之所以会成为构成要件明确性原则的实然状态，有着深刻的原因。

成文法典是人类追求理性的产物。早期的法典编撰者认为，法典是书写的理性，甚至认为法典没有缺漏，它包含有解决所有法律问题的规范。在近代法律法典化过程中，自然法学派在很大程度上指导着社会的法制化，他们认为，"必须用完全符合人的理性或人性的法律来代替旧法律或者对后者进行改造，并认为新的法律应当是成文形式，内容完备详尽，表达明确和编排合乎逻辑的，能使每个公民都能理解和掌握的法律"[①]。这种思想的形成是受到孟德斯鸠、贝卡里亚等启蒙思想家的影

[①] 沈宗灵：《比较法总论》，85页，北京，北京大学出版社，1987。

响所致。孟德斯鸠基于三权分立理论，认为只有国王或政府才有权力制定临时或永久的法律，并修正或废止已制定的法律，只有这样，法律才具有最大的权威性和普遍的约束力。法官的任务只是确认或发现法律并探究立法者的意思而适用于具体案件，不得加入个人的任何价值判断。[1] 贝卡里亚根据孟德斯鸠权力制衡的结论认为：具有普遍性的法律只能由君主制定，法官只不过是一个判定事实是否与法律相符合的第三者，其任务不外乎是对具体事实作出单纯的肯定或否定，因此，刑事法官根本没有解释刑事法律的权力。法官对任何案件都应该进行三段论式的推论，大前提是一般法律，小前提是行为是否符合法律，结论是自由或刑罚。[2] 根据以上见解，刑法典被认为是被写下来的理性，法官所从事的行为仅为一种纯粹的逻辑操作，法官是刑事法律的机械执行者，没有任何的自由裁量权。由此导致了对成文刑法典的顶礼膜拜，对刑法典概念精密性的无限追求。"依概念而计算"成为对刑法犯罪构成要件立法的根本要求。

然而，主张纯粹依据法典的概念来解决一切问题的"法典万能论"被证明是不可能的。启蒙思想家所崇尚的法典是被写下来的理性的看法受到了批评。康德指出，理性"仅限于可能经验的对象，而在这些对象中，仅限于在经验里能够被认识的东西"[3]。唯理主义的合理性受到怀疑导致了自由法运动的兴起。耶林（Jhering）、埃利希（Ehrlich）等自由法论者指出，法律必然是有漏洞的，它不是一个完足的逻辑体现。法官有权根据法律科学的认识来补充法律的漏洞；法官对法律的适用不是简单的机械操作，而是根据目的、利益等价值衡量的过程，因此法官的自由裁量权应该得到肯定。这样，以追求构成要件的精密性和成文刑法规则的绝对性的立法倾向受到了冲击。无论是从法律的性质、法律所面

---

[1] 参见［法］孟德斯鸠：《论法的精神》（上册），张雁深译，155页，北京，商务印书馆，1961。

[2] 参见［意］贝卡里亚：《论犯罪与刑罚》，黄风译，11页，北京，中国大百科全书出版社，1993。

[3] ［德］康德：《未来形而上学导论》，庞景仁译，154页，北京，商务印书馆，1995。

对的社会生活,还是从法律语言来看,刑事立法都被证明不可能对犯罪构成要件规定精密得类似于算术的计算公式,完全封闭的构成要件只可能是一种不切实际的幻想;模糊性与不确定性成为犯罪构成要件的特点,构成要件的适用也无法离开法官的解释、补充等价值判断。

一、刑事立法局限性之客观必然

构成要件明确性之实现有着极大困难,这是由立法技术所决定的。立法者的认识能力和水平是有限的,而在人类生活中没有任何东西是静止不动的。这就注定不可能用什么高明的知识,颁布一项简单的法规去永远处理每一件事情。形形色色的犯罪及其成立的细节要素不可能都在立法者认识能力之内,尽管他们在立法之前要考虑现实生活中可能出现的各种情况,但也难以穷尽千变万化的犯罪现实。譬如刑法在设立了真正作为犯的构成要件之外,就不可能对不真正作为犯的要件都予以详尽列举,因为除真正作为犯外刑法典中的其他犯罪都可以由不作为的方式实施,如果对它们的成立要件都如真正作为犯那样详细地规定,就不大可能。详尽无遗地预见如此之多的不真正不作为犯的构成要件,特别是各种各样的行为人的作为义务,当然是不现实的。这样,为了使所立之法不因时势的变迁而频繁修改,只得以抽象、模糊代替具体、明确,将无法准确预见和规定的作为义务交由法官裁量。其实,追求构成要件的明确性无非就是要求所有的构成要件要素都能够使法官适用刑法典时能够仅凭感觉的感知获得判决的结论,而不需要通过价值性的补充判断。问题是,想要所有的构成要件要素都是可凭感官感知是不可能的,经院哲学曾经幻想过这样,他们有一句名言,认为"理智中的东西没有一样不曾在感官中"。他们所说的理智是指理解力,即知性。[①] 法官如果能够仅仅通过感官的感知就获得对构成要件的理解,并因此而排除自由裁量权的运用、排除对构成要件的价值补充判断当然不错,问题是,"我们是人,不是神,无论何时,我们试图用不给官员留下特殊情况下的自

---

① 参见[法]笛卡儿:《谈谈方法》,王太庆译,31页,北京,商务印书馆,2000。

由裁量权的一般标准,去清晰地、预先地调解某些领域,都会遇到两种不利条件,这是人类、也是立法者所不能摆脱的困境。其一是我们对事实的相对无知;其二是我们对目的的相对模糊"[1]。假如现实生活中的犯罪只有若干有限的特点,譬如只有真正不作为犯没有不真正不作为犯,只有故意犯罪没有过失犯罪,只有某一种固定可以适用于所有人的作为义务或预见义务,只有经济损失惨重一种严重的情节,而严重的经济损失只有固定的一千或八百元,那么,针对每一种犯罪就可能事先规定出一个明确的构成要件模式,使这些构成要件适用于任何特殊案件而无须进一步的判断。因此,认为构成要件所规定的犯罪事实都是可知的,并对每种犯罪立法者都能够作出明确的预见并以构成要件来详定之,这只可能是一个适合于机械法学的世界,而不是真实的世界。

"法律只能订立一些通则,不能完备无遗,不能规定一切细节,把所有的问题都包括进去。"[2] 立法的局限决定了无论是对何种犯罪的规定,立法者都不可能在立法时毫无困难地将每一种犯罪成立的各种要素毫无遗漏地预想到并予以规定,譬如成立犯罪所要求的各种"严重情节",即或有可能预想得到,但是因为学说理论的研究发展尚未成定论,譬如关于不作为犯的可罚性问题,或者因为立法篇目上的困难,譬如刑法不可能将无限多的各种严重情节一一予以规定,或者因为立法政策上的考量,譬如我国的立法政策之一就是不主张过于烦琐和细致的法律规定,因为"我们这样一个大国,各地政治、经济、文化发展很不平衡。因此,法律只能解决最基本的问题,不能规定太细,太细了就难以适用全国。""法,繁了不行,繁了,谁也记不住,叫人怎么执行?"[3] 以上诸种原因都决定了在犯罪构成要件的规定上不可避免地存在漏洞,存在诸如不真正不作为犯、过失犯、情节犯等对构成要件要素规定不详尽的

---

[1] [英]哈特:《法律的概念》,3版,许家馨、李冠宜译,192页,北京,法律出版社,2018。

[2] [古希腊]亚里士多德:《政治学》,吴寿彭译,163页,北京,商务印书馆,1983。

[3] 彭真:《论新时期的社会主义民主与法制建设》,246、267页,北京,中央文献出版社,1989。

情况，也决定了法官必须使用自由裁量权来补充和适用某些构成要件——那些没有周详地规定犯罪成立的所有要素的开放的构成要件。即便是立法者本身想将每一犯罪的构成要件都设计成为封闭式的，也注定是一种臆想，因为构成要件立法是对犯罪现象的反映，犯罪现象的多样性和多变性之本质决定了这种想法不可能成功，"立法者不是在制造法律，不是在发明法律，而仅仅是在表述法律"。这种表述是对形形色色的犯罪事实的表述，因此"如果一个立法者用自己的臆想来代替事情的本质，那么人们就应该责备他极端任性"①。开放的构成要件的存在正是人类——具体说是立法者的认识能力有限性的反映，正是无限多样的犯罪现实所决定的立法上的必然，正是由此导致的立法技术上的不可能——穷尽的结果。虽然开放的构成要件会损害罪刑法定主义的明确性原则，并不利于维持刑法的安定性，但是，"世事复杂，法律案件本身具有一般性、抽象性，无法将各案件之特征表现无遗，而为密密麻麻之规定，自不容许各该事件因该当于同一法律要件，即赋予同一法律效果。所以，只有在立法上容许主事者就具体要件的特征，给予一般妥当的法律效果"②。试图想颁布一套全部都是周密的封闭的构成要件的刑罚法规来处理一切刑事案件，既是对法官也是对人类自身认识能力的乌托邦的想法。既然法有限、情无穷、事无边，既然希冀有限的构成要件立法囊括一切犯罪的一切成立要素根本不可能，既然想要刑法的构成要件成为一种"无缝网"是不现实和非理性的，那么，就应该尊重并保证开放的构成要件的存在和运用，尊重犯罪构成要件规范的多元。所以，在现今刑法理论上，"唯刑法所规定之构成要件却难尽符明确性之原则，例如其对于规范构成要件、开放构成要件及空白法规，亦多加以承认"③。

---

① 《马克思恩格斯全集》，2版，第1卷，347页，北京，人民出版社，1995。
② 吕荣海：《法律的客观性》，66页，台北，台湾蔚理法律出版社，1987。
③ [日]泷川幸辰：《犯罪论序说》，王泰译，载高铭暄、赵秉志主编：《刑法论丛》，第3卷，186页以下，北京，法律出版社，1999。

二、刑事立法工具——语言特性之反映

罪刑法定主义的明确性要求对犯罪的描述必须明确，使人能准确地划分罪与非罪的界限。尽管这个原则要指导人们具体的行动，但法律规范却不能不总是抽象的。法属于一般性、抽象性的规定，是以确定的有限的条文，抽象、概括和揭示在多数情况下的个别的、具体的、变动不居的客观事实的。刑法规范作为法律规范中的一种必然如此。"规范是一种抽象的行为规则，所谓抽象性是指规范将各种具体事实状态和行为方式的特点和共性概括、归纳出来，舍弃它们的具体形态，以'类场合'或'类行为'的方式加以描述和规定。正由于规范所提供的是抽象的行为模式，它在适用范围上才具有普遍性。在一般情况下，效力等级高、适用范围广的法律规范，其内容的抽象性程度往往也比较高，而效力等级比较低或适用范围比较窄的规范，其内容也比较具体。"[1] 我国《刑法》作为全国人大制定的一项基本法律，其效力仅次于宪法，与民法一起，是两项最为重要的基本法律，其适用范围是全国性的，因此，它的抽象性程度较高是必然的。刑法对构成要件的规定属于刑法规范的一种，而从法律规范的角度分析，构成要件的开放性是由法律规范的抽象性决定的。而法律规范之所以抽象，是因为法律规范所使用的表达方式使然，即法律规范使用的是语言这一人类的基本表达方式，而不是数字的记载或公式的演算。

当成文的刑法典选择使用语言作为对构成要件的表达方式的时候，就已然决定它必然是不确定的。因为语言文字本身就是不确定的，带有模糊性。根据哈特的见解，在法律规则领域，存在着语言所能提供的指引上的限度，这是语言本身所固有的不确定性所引起的。即使对这些不确定规则进行解释，也不能消除其不确定性，因为一般语词的本身也需要解释，像其他规则一样，它们不能自己解释自己。任何被选择用来传递行为标准的工具——判例或立法，无论它们怎样顺利地适用于大多数

---

[1] 孙国华、朱景文主编：《法理学》，277页，北京，中国人民大学出版社，1999。

普通案件，都会在某一点上发生适用上的问题，将表现出不确定性；它们将具有人们称为空缺结构（open texture）的特征。至此，就立法而言，我们把空缺结构作为人类语言的一般特征提出来了；边界上的不确定性是在有关事实问题的任何传递形式中使用一般分类语词都需付出的代价。而法律的空缺结构则是由语言的特征决定的，语言本身就有开放性结构的特征。① 语言结构的空缺性决定了立法者对犯罪构成要件的规定不可能无所遗漏，尤其是在一些情节犯中，情节严重、数额较大等用语无不传达的是一种罪与非罪的边界上不确定性。正是语言空缺结构的特点导致立法者对构成要件行为罪与非罪的认识存在一定的模糊性，仅根据构成要件的文字规定尚无法准确地知道罪与非罪的界限，必须由法官在进行个案判断时作出一定的价值补充，开放的构成要件因此无可避免。而且，在构成要件用语上存在着或未及规定的或极为模糊的要件要素，而使构成要件呈开放状态。这在赋予法官自由裁量权时，也从刑之难测的角度加强了刑法的威慑效应。

而且，犯罪构成要件的立法是将犯罪事实向法律语言转化的过程，是从具体到抽象的转化过程，而从语言描述的对象向语言本身的转化过程决定了明确性的实现也是一个转化过程，并且这一过程包含着抽象与具体、普遍和特殊、法哲学层次向立法技术层次转化的复杂的思维机制，作为明确性的结果出现的东西不一定是作为被明确化的东西的逻辑推论或直接反射或映照，而是不同思维层次、不同性质的方法的转化，和他们之间是体现与被体现的关系。在语言表达与被表达事物之间则存在着一种永远的宿命，即如海德格尔所指出的，世界的存在是不可表达的，语言永远也不能表达世界的本来面目。这种转化及其不可表达性在刑法构成要件的立法过程中突出地存在着。构成要件是用来判断行为是否成立犯罪的，因此它应该对被认为是犯罪的行为的要件列举规定。"详言之，列举规定不外将一定应成为犯罪之行为，在法律上确立积极

---

① 参见［英］哈特：《法律的概念》，3 版，许家馨、李冠宜译，187-190 页，北京，法律出版社，2018。

但抽象之要件，以作为具体所发生犯罪的判断之用。"① 但是，刑法规范中的构成要件只是对行为概念上的记述，是一种观念的形象、概念的事实而已，它并非事实上发生的行为，构成要件的观念类型性与实际犯罪存在着反差性。前者是一种概念上的记述，后者是事实上发生的具体事物。具体事物的面目是千差万别的，而对林林总总的事物的描述必然是抽象概括的。构成要件是一种犯罪行为的模式，而"行为模式是从大量的实际行为中概括出来的作为行为的理论抽象、基本框架或标准，它不是实际行为本身，没有行为中的细节"②。这种关系决定了在实现构成要件的明确性的过程中必定要出现由具体事实转化为抽象语言时产生的差异，由充满细节的具体案件事实转化为普遍的构成要件定型时所使用的概括方式。这导致刑法构成要件只能是被反映的观念事实的抽象映照而不是直接反射，因此，构成要件要素的规定必然呈现出与具体案件事实不完全一致，出现开放的构成要件在所难免。

评议分析哲学和后现代主义认为，现代性要求明确性，但明确性的要求与现实世界的客观性是相违背的。语言与客观实在是两个不同的东西，语言本身不能等同于客观实在。对现代语言学、心理学产生过巨大影响的乔姆斯基在发展他的语言结构理论时，坚决认为应该采用一种严密精确的、技术性的语言结构理论，因为这可以有正反两方面的好处，"要是用一种精确的然而有缺点的公式表示法推论出一个无法接受的结论来，那么我们往往由此能够揭露缺点的真正根源，因而也就能获得对语言材料更深的理解。从积极方面来说，一种公式化的理论还可以自动地解决它本来打算解决的问题以外的许多问题。而模糊不清的、囿于直觉的概念既不能引出荒谬的结论，也不能提出新的、正确的结论。所以这类概念在两个重要的方面都没有用处。"③ 按照这样的观点，当立法者使用模糊性语言比如情节严重等用语时，对于刑事案件的认定将毫无

---

① 蔡墩铭：《中国刑法精义》，57页，台北，汉林出版社，1986。
② 沈宗灵主编：《法学基础理论》，34页，北京，北京大学出版社，1988。
③ [美] N. 乔姆斯基：《句法结构》，邢公畹等译，4页，北京，中国社会科学出版社，1979。

第四章 开放的构成要件之罪刑法定机能

作用，因为根据这样的语言既"不能引出荒谬的结论，也不能提出新的、正确的结论"。笔者不赞同这样的看法。模糊性语言内涵的不确定使其可依照立法目的、立法依据等被裁判官所理解，得出荒谬与新的正确的结论都不是构成要件中模糊性语言的最终目的，唯有根据法条所蕴含的真正精神以实现正义才是其终极追求。"成文法和其他法律文件的语言永远不可能是绝对明确的，因此解释它们的时候就有两条可供选择的道路，我总是倾向于实现公正的解释，而上议院肯定不这么认为……他们认为最重要的是实现法律，而我认为是实现公正。""作为法官的基本信念是，法官的作用就是在他面前的当事人之间实现公正。"[1] 因此，一个能够有助于实现法的正义的模糊性构成要件语言当然要比会推导出反正义结论的精确性用语更符合法治原则。

既然谁都明了"法还具有因其语言载体的有限、模糊和因其描述对象之属性的经常不清晰所导致的难以始终为行为人提供明确的规矩绳墨的模糊性"[2]这样的特征，那么，任何人都不应该对刑法中犯罪的构成要件持怀疑或否定态度。开放的构成要件之所以产生并存在，就是因为立法者使用的是人类具有模糊性的语言，除非我们使用1、2、3、4等这样的数学符号，否则任何想使构成要件成为全封闭的想法都只能是臆想；甚至，封闭的构成要件也只能是相对的，从法律规范的抽象性及人类语言的模糊性、边缘性等角度来说，并不存在真正封闭的构成要件，所有的构成要件其实都可以说是开放的。封闭和开放都只是在一定层面上才能区分，也只有从加强刑法的人权保障功能，但同时不舍弃刑法的社会防卫功能的角度来看待构成要件，才能相对地将构成要件区分为封闭或开放的。因为从规范或语言的抽象性来说，固然所有的构成要件其实都是开放的，但是我们毕竟不是从纯语义学的角度来分析犯罪的构成要件，而是从刑法学的角度来分析，而刑法既是善良人的大宪章，又是犯罪人的大宪章，那么，分析或主张任何一种刑法理论都要看是否能使或如何

---

[1] [英]丹宁勋爵：《法律的训诫》，杨百揆等译，9页，北京，法律出版社，1999。
[2] 徐向华：《中国立法关系论》，121页，杭州，浙江人民出版社，1999。

能使刑法同时发挥这两个方面的功效。舍此，任何刑法理论的研究都将会失去意义。这也是前文一再强调区分以及限缩开放的构成要件的原因。

三、"明确性"概念模糊性之体现

开放的构成要件之存在还与明确性概念本身的不明确有关。其实，当我们从刑事立法局限性以及刑事立法所使用的工具——人类语言的特性的角度来分析时，都还只是停留在从事物的外部分析了成因，因为刑事立法和语言特性都只是产生不明确的构成要件的外因。但是，我们还没有深入到事物的本身，也即明确性是什么的问题。既然我们一再讨论的是构成要件的明确性，而开放的构成要件又被认为是不明确的，那么，仔细分析什么是明确性就显得极为重要。否则，恐难明白构成要件之所以只是相对明确的真正原因，也难以真正明白为何开放的构成要件就是合理的。

究竟什么是明确性，究竟达到何种程度才算实现了明确性，这是人类认识论上一个没有解决的问题。明确性本身就是一个极不明确的概念。明确性的界限到底在哪里？这本身是极不明确也不可能明确的。对这一问题的认识，始于模糊性理论的提出。对模糊性的讨论，可以追溯得很早，20世纪伟大的哲学家罗素（B. Russel）在1923年一篇题为《含糊性》（Vaguenes）的论文里专门论述过我们今天称为"模糊性"的问题，并且明确指出，"认为模糊知识必定是靠不住的，这种看法是大错特错的"。著名控制论专家、美国加州大学教授L. A. 扎德于1965年提出的模糊集（Fuzzy set）的概念，奠定了模糊性理论的基础。"精确的贯彻可以用通常的集合来描述，模糊概念应该用相应的模糊集合来描述。扎德抓住这一点，首先在模糊集的定量描述上取得突破，奠定了模糊性理论及其应用的基础。"据此，扎德认为，"在人类认识领域里，非模糊概念起主要作用的唯一部门只是古典数学"[①]。有一个古老的希

[①] 刘应明、任平：《模糊性——精确性的另一半》，前言，16页，北京，清华大学出版社；广州，暨南大学出版社，2000。

腊神话形象地论证这一命题。这个神话是这样说的，"一粒种子肯定不叫一堆，两粒也不是，三粒也不是……另一方面，所有的人都同意，一亿粒种子肯定叫一堆。那么，适当的界限在哪里？我们能不能说，123 585粒种子不叫一堆，而123 586粒就构成一堆？""确实，一粒和一堆是有区别的两个概念。但是，它们的区别是逐渐的，而不是突变的，两者之间并不存在明确的界限。换言之，'一堆'这个概念带有某种程度的模糊性。因此，明确与模糊，是一对矛盾。有些现象本质上就是模糊的，如果硬要之精确，自然难以符合实际。"① 那么，哪些事物的本质是模糊而难以精确的呢？扎德指出，"对于人文系统，大概不可能达到既精确而又符合实际的效果。在这个意义上，模糊集理论特别是语言变量的应用，将试图达到一种对于现实世界中普遍存在的模糊性和不精确性的适应，而放弃这样一种想法：即认为硬的数学，对于人的判断和直觉起重要作用的那些复杂系统，能提供合适的概念性结构。"② 因此，我国数学院士刘应明教授指出，从罗素和扎德的见解中可以看出，只要不是不分场合地一味地推崇"非此即彼"的排中律，而是充分认识到精确性的局限，认识到排中律的不足，认识到模糊性和精确性相互依存的内在联系，我们就可以得出结论：精确性的另一半是模糊性。③

犯罪构成要件所抽象的事实就是一个极为复杂的人文系统，它是一个由相互联系、相互作用的诸要素，例如犯罪人、犯罪对象、犯罪行为、犯罪后果等按一定方式组成的、具有特定性能——都是对刑法所保护的各种法益的侵害——的有机整体。这一系统相当复杂，涉及法益概念的抽象性、犯罪行为的多变性、犯罪人人格的隐藏性、同一犯罪行为导致的犯罪后果的多样性等。这些因素不但内容复杂，而且并非单线性

---

① 刘应明、任平：《模糊性——精确性的另一半》，11页，北京，清华大学出版社；广州，暨南大学出版社，2000。
② 齐振海主编：《认识论新论》，254页，上海，上海人民出版社，1988。
③ 参见刘应明、任平：《模糊性——精确性的另一半》，前言，18页，北京，清华大学出版社；广州，暨南大学出版社，2000。

的自然因果关系，而是多因多果关系。即使是彻底采取实证的方法，也难以将这一系统中的多种因素及其关系做一个清晰的思考。而"当系统的复杂性日益增长时，我们作出系统的、精确然而有意义的描述的能力将降低，直至达到这样一个界限，即精确性和有意义变成两个完全相互排斥的特性"[①]。因此，面对如此复杂而又多变的犯罪系统，立法者对于构成要件精确性的认识及追求自然会受到阻碍，因为这不是古典数学的领域。如果说连 123 585 与 123 586 之间究竟何者为"一堆"尚且不明确，那么，当我们对每一种犯罪抽象出其基本的构成要件要素并加以规定之后，这一规定究竟是明确还是不明确又如何能分清呢？这样，当我们用明确性的要求来检验所有的犯罪构成要件时，又能说哪些犯罪的构成要件是明确的，哪些是不明确的呢？规定了犯罪的主观方面、主体及客观行为的可能是明确的，例如我国《刑法》第 398 条规定，"国家机关工作人员违反保守国家秘密法的规定，故意或者过失泄露国家秘密，情节严重的，处三年以下有期徒刑或者拘役；情节特别严重的，处三年以上七年以下有期徒刑。"只规定了客观行为而未规定主观方面与主体的可能是不明确的，例如我国《刑法》第 364 条第 2 款规定，"组织播放淫秽的电影、录像等音像制品的，处三年以下有期徒刑、拘役或者管制，并处罚金。"但是，反过来，规定了犯罪的主观方面、主体及客观行为也不见得就是明确的。譬如故意泄露国家秘密罪中的情节严重就阻碍了我们对该罪的把握，因为这一规定很抽象；又或者当国家工作人员是以不作为的方式实施故意泄露国家秘密罪时，如何认定其作为义务？而在组织播放淫秽音像制品罪中，虽然没有规定该罪的主体和主观方面，但是我们凭借总则的规定可以把握此二者，只要达到刑事责任年龄具备刑事责任能力的行为人实施了组织播放淫秽电影、录像等的行为就可以认定犯罪成立。换言之，一个所谓明确规定的犯罪的构成要件在适用时不见得就是真正明确的，一个看似不够明确的构成要件适用时可

---

① 转引自王雨田主编：《控制论、信息论、系统科学与哲学》，161－162 页，北京，中国人民大学出版社，1986。

能还要明确一些。当然，这也不是在说组织播放淫秽音像制品罪就真的是那么明确的，比如，行为人吆喝上百人观看其播放的淫秽音像制品的，我们容易认定其行为的组织性，但如果是十人能否认定？或者是五人时，又能否认定，或者是三人时，又能否认定？总之，它同样存在不明确的时候。只是在一些案件事实很容易被断定是否符合刑法构成要件的规定时，我们可能认为刑法对犯罪构成要件的规定也是明确的；反之，可能认为刑法的规定就是不明确的。总之，犯罪构成要件的规定是否明确，没有标准，没有界限，没有客观的尺度。明确与不明确，既与条文的规定有关，又与千变万化的事实有关。这也再次反映了犯罪系统的复杂性和人类对这一系统认识的有限性，因为我们绝不可能将适用于所有案件事实的构成要件要素都详细列举。一个明确的构成要件必定包含着一些不够明确的成分，一个不明确的构成要件立法也会包含一些明确的成分。总之，明确性与模糊性交互存在。如果根据模糊论原理，我们甚至不能说刑法中的构成要件是不明确的，因为这些在我们看来不够明确的构成要件中包含了模糊性，而模糊性正是精确性的另一半，是精确性实现的途径。换言之，一个包含了必不可少的模糊性的构成要件正是明确的，而不是不明确。远山无树，远人无目，远水无波，有时候看不见就是一种真实，模糊就是一种真实，为把抽象的东西展示给人看而图解开来，反而不真实。

精确性与模糊性唇齿相依的关系在我国现行刑法典中表现得极为明显。我国的刑事立法并非没有试图对犯罪的构成要件作出精确性的规定。1997年刑法典的一个重要倾向就是客观主义的立法立场。这一点在犯罪的构成要件方面表现得尤为突出。刑法对众多的犯罪都详尽地规定了犯罪的构成要件，其中主要是对犯罪客观行为的描述，采用叙明罪状的构成要件比例大大增加。例如骗取出口退税罪，侵占罪，挪用特定款物罪，非法集会、游行、示威罪，妨害传染病防治罪等，这样的立法例在分则条文中随处可见。现行刑法在犯罪构成要件的明确性方面前进了一大步。可是，在这种情况下，刑法中诸如未规定的作为义务或预见义务，或者主观目的或内容不够清晰的情节犯仍然大量存在，这本身就表明，当我们努力实现构成要件的精确性的同时，已经留下了构成要件的模糊性的问题。大而言之，开放的犯罪构成要件是对不同犯罪——如故意犯与过失犯、作为犯与不作为犯等的构成要件立法。例如我们可能尽量做到了对过失犯罪规定其主观方面，但是，囿于对过失犯预见义务的立法预见性不足而没有将之规定在过失犯罪中；或者如目的犯，虽然有些犯罪的主观目的在条文中已然明确，如我国《刑法》第152条走私淫秽物品罪"以牟利或者传播为目的"、我国《刑法》第363条制作、复制、出版、贩卖、传播淫秽物品牟利罪中"以牟利为目的"等，但是，还有一些犯罪的目的尚未明确。然而，当通过条文对客观行为的描述可以把握立法者对其主观要素的限定时，这些条文是既明确又不明确的。例如我国《刑法》第194条的票据诈骗罪、第195条的信用证诈骗罪、第196条的信用卡诈骗罪、第198条的保险诈骗罪等犯罪都详细地描述了犯罪行为的客观方面，就此而言，立法者对这些犯罪行为的描述可谓是明确的。而且，这种对客观行为的详细描述，因其详细，实际上还表达了立法者对这些犯罪主观要素的限制。它们"通过列举式立法的方法对具体的诈骗手段加以明示，从而揭示犯罪的主观要素"，即行为人必须具备非法占有的目的。[1] 然而立法者在对这几个犯罪的客观行为要件力争明确并以此来试图表达对主观要素的限定时，就已注定其明确性仍然是不明确的。因为对这些犯罪客观行为的描述再详细，以及这种详细的描述所试图表达的对犯罪主观要素的限定也固然明显，但毕竟有别于直接在条文中将主观目的予以规定，所以，以上犯罪看似明确的构成要件，仍然是不明确的，而且这种不明确正是在追求构成要件明确性的过程中产生的。小而言之，开放的犯罪构成要件是对同一犯罪内部所使用的语言或词语上。例如犯罪构成要件中规范性用语的使用。当我们想表明某种犯罪的成立必须要求情节严重的要素时，这实际上已在一定程度上实现了构成要件的明确性原则，因为这样的规定告诉我们的信息

---

[1] 参见陈兴良：《刑法研究》，第2卷·刑法绪论Ⅱ，482页，北京，中国人民大学出版社，2021。

第四章　开放的构成要件之罪刑法定机能

就是只有具备严重情节才能成立某种犯罪。然而这样的规定同时又是不明确的，因为什么是情节严重是一个需要进一步明确的问题，而当人们试图用语言来解释情节严重的内容时，又发现这是不可能的，它只能在相对意义上明确。因为当人们着手使某一术语更加精确时，结果发现，他用来消除所论及的模糊性的那个术语本身又是模糊的，因此，消除一个给定语的所有模糊性，是一个不切实际的目标。我们所希望做到的，至多是渐渐地接近于消除模糊性。这种模糊性规定具有开放性特征，因为对象的不确定永远不可能完全消除，对于无数可以想象的情况来说，模糊性规定仍然没有被定界。严格来说，不可能事先就对所有的情况进行判定，因为并不清楚这些情况的数量究竟有多少。[1]

如果我们要求所有的构成要件都不包含任何模糊性的极度明确，以至于我们在适用刑法条文时可以不费脑筋、不用补充解释就可以拿来就用，那就需要一种极度细密的构成要件立法，最好是达到量化的程度。因为极端的明确性只在古典数学领域存在。而这种对构成要件极端明确性甚至最好达到量化程度的追求，实际上是机械地认识刑法中的构成要件的结果，是机械唯物论的表现——正如机械唯物论的创始人笛卡尔所主张的。笛卡尔认为，在形体世界里，一切形体，包括天体、地球和生物的躯体，都是做机械运动的物质。他甚至非常形象地说，给我物质和运动，我就可以给你构造出世界来。他所说的物质只有一种属性，就是具有长、宽、高三个项量的广延，因此物质的运动只能是广延性的位置移动。他把当时物理研究所采取的观点引进了哲学，像力学那样把一切运动都归结为机械运动，化质为量。化质为量的想法使我们回忆起古代的原子唯物论，但并不是原子唯物论的直接继续。中间已经隔了漫长的中世纪。中世纪的经院哲学用质来解释一切，当遇到无法说明的时候，就信口胡诌一个"隐秘的质"来搪塞，以掩盖自己的无知。近代的科学家反其道而行之，用清楚明白的量来解释一切。这是当时的先进思想，

---

[1] 参见［美］阿尔斯顿：《语言哲学》，牟博、刘鸿辉译，206、213页，北京，三联书店，1988。

笛卡尔作为它的光辉创始者之一，产生了深远的影响。"但这并不是最后的绝对真理，随着物质概念的演进，机械唯物论就要让位于更高级的理论了。"[1] 而这更高级的理论，就是辩证唯物主义。辩证地看待世界中的一切事物、一切问题是一种科学的世界观和认识论，也是马克思、恩格斯所提出并经由人类世世代代的理论与实践检验过了的真理。

根据科学的认识论，即模糊论、系统论及辩证唯物主义，开放的构成要件并没有违背明确性原则，对某些构成要件要素的遗漏或抽象的概括，即一定程度的有意或无意的、模糊的、不确定的构成要件的存在，不是构成要件不明确，而正是构成要件明确性的表现，因为模糊性是精确性的另一半。

四、（刑法）法理反对过分明确之结果

"水满则溢，月盈则亏，物极必反。"从（刑法）法理学角度分析，明确性概念并不反对使用不确定概念，对明确性的追求也并不能无节制。确定性与不确定性的结合所形成的相对明确才是真正明确。而开放的构成要件正是这样一种明确性的产物。

法的明确性原则并不表明不能使用不确定概念。换言之，明确性本身就包含了对模糊性的使用。明确性原则固然是实现罪刑法定主义之要旨，但是，正如德国学者汉斯·J.沃尔夫（Hans J. Wolff）及阿尔弗雷德·卡茨认为的，所谓明确性原则对法规之要求，并不当然禁止立法者于必要情形利用概括条款、不确定概念来加以规定。且对不确定法律概念，目前学说上认为，于宪法上是无可指责的，特别是宪法上明确性之要求，并不禁止立法者于制定法律时使用不确定之法律概念。德国通说认为，只要公民能够依据法律明确知晓什么是可为的、什么是禁止的，该条款便符合宪法明确性的要求。[2] 其判例也明确指出：明确性原则并不一定排除使用模糊的法律术语。因为抽象的法律当然不可能包含具体

---

[1] ［法］笛卡儿：《谈谈方法》，王太庆译，22页，北京，商务印书馆，2000。
[2] Bernd Heinrich, Strafrecht Allgemeiner Teil, 6. Aufl., 2019, Rn. 30.

第四章 开放的构成要件之罪刑法定机能

案件的所有情况，故事前存在标准范围的模糊性是不可避免的，只要日后的判例能够使这些模糊的概念变得更加精确和具体就可以了。① 正因如此，不明确的法律概念和概括性条款在每一个部门法中都大量存在着。譬如民法中的诚实信用原则、行政法中的均衡原则等。而且，这些看似不明确的法律概念在各自的法领域发挥着相当大的作用，所谓的不明确性无损其法治机能的发挥。甚至，民法中的诚实信用原则还被誉为民法中的"帝王条款"。同样的道理，在刑法中，对构成要件的立法当然不应该禁止使用概括性条款或不确定的构成要件概念。诸如只规定了过失犯的客观方面的法条，只规定了作为犯的构成要件并需要以此来适用于不作为犯的法条，只规定了犯罪行为未规定目的的目的犯，采用"情节严重""损失严重""后果严重"等的抽象规定等。

法的明确性原则要求对明确性的追求不能过分。"严格性往往与刻板性相通，准确性又常常伴随着烦琐性。"刻板性与烦琐性是精确性思维常见的弊端。它们达到一定的程度，所要表达的意义将受到很大损害。与此相对照，模糊性在不损害意义表达的情况下，具有灵活、简捷、高效率的优点。并非精确性总是科学的，模糊性总是非科学的。扎德指出，"如果深入研究人类的认识过程，我们将会发现人类运用模糊性概念是一个巨大的财富而不是包袱。这一点，是理解人类智能和机器智能之间深奥区别的关键。"② 或如罗素指出，"认为模糊知识必定是靠不住的，这种看法是大错特错的"。必须去掉蒙在模糊性头上的污名，它是人类与精确性相辅相成运用的认识论，是把握复杂对象和运动对象的手段。③ 过于明确的构成要件有一系列负面因素，开放的构成要件则正是有效地体现了模糊性之长处的构成要件理论。

过分明确的刑法规范不利于发挥刑法行为规范的指引作用。我国民国时期法学家程树德指出："简则治，繁则乱，盖以我国幅员之广，人

---

① BVerfGE 126, 170 (196f.).
② 刘应明、任平：《模糊性——精确性的另一半》，前言，16页，北京，清华大学出版社；广州，暨南大学出版社，2000。
③ 参见李晓明：《模糊性：人类认识之谜》，12页，北京，人民出版社，1985。

民之众、风俗之殊，不能不以简驭繁之法。"唐李世民曰："国家法令，唯须简约，不可一罪作数种条，格式既多，官人既不能尽记，更生奸诈。"这些都表述了过于烦琐细致的立法的弊端。就刑法而论，过于细密的规定不利于刑法的遵守。刑法是指引人们预见并指导自己行动的行为规范。简短易懂的刑法规范使人们容易根据它预测自己的行为是否违反刑法。如果刑法卷帙浩繁，人们会因不能全面掌握其内容，而不能预测自己行为的法律性质与后果，产生无所适从之感。[①] 假设刑事立法者有着非凡的洞察能力，能对每一种犯罪的每一种案情的构成要件的普遍性与特殊性要件要素都加以中药铺式的列举规定，就会使刑法典条文卷帙浩繁，数量众多，民众难以了解，从而丧失法的普遍性。正如构成要件的不明确而无法提供给公民一个明确的行为界限一样，过于烦琐的立法同样会使公民对法典的了解可望而不可即。比如我国台湾地区学者林纪东所说："法律是欲以极少数的条文，网罗极复杂的社会事实，为便于适用和遵守起见，条文固应力求其少，文字尤应力求其短，以免卷帙浩繁，人民有无所适从之叹。"[②] 因此，极端明确的构成要件对于刑法规范作用的发挥极为不利。开放的构成要件既设定了犯罪行为成立的一般要件，又不至于太过烦琐细致，是有效地发挥刑法规范作用的构成要件类型。

过于明确的刑法规范无法适应社会需要。过于细致烦琐的规定还会使刑法僵化停滞，失去活力。"法还具有因其体系稳定和被规范对象的变动所导致的与其调整对象之间或多或少的脱节滞后性。"[③] 因此，法作为社会生活的调节器不能不反映和适应变化中的社会现实，否则就会真如萨维尼所说，法自产生之日起，就逐渐与时代脱节了。法与其他社会现象一样，实际上也是一个不断成长着的有机体，它只有随着社会生活的发展变化而变化才能求其长生，否则，就会陷入僵化的境地而无法

[①] 参见张明楷：《妥善处理粗疏与细密的关系力求制定明确与协调的刑法》，载《法商研究》，1997（1）。
[②] 林纪东：《法学理论》，89页，台北，远东图书公司，1953。
[③] 徐向华：《中国立法关系论》，121页，杭州，浙江人民出版社，1999。

第四章 开放的构成要件之罪刑法定机能

适应社会需要。刑法要反映千变万化的犯罪现象,就不能使用过于确定的法律概念,因为越确定的概念所包含的意思越明确,内涵越清晰,需要解释的余地越小,其可操作性也越强,法官根据犯罪事实的变化进行自由裁量的权限也越小,从而不利于刑法根据社会变迁的实际和需要发展。此时,如果再去修改刑法典显然成本更大,而且,对刑法典的反复修改最终会损害刑法典的安定性和权威性,通过构成要件的明确性来实现刑法安定性的目标不但达不到,可能还会事倍功半。所以,虽然"法律规定得愈明确,其条文就愈容易切实地实行。但是规定得过于详细,也会使法带有经验的色彩,这样,法律在实际执行过程中就不免要被修改,而这就会违背法律的性质"[①]。采用一些概括性的条款和一些不确定的模糊的法律概念,可以使法官在司法过程中行使一定权限内的司法解释权,从而有助于实现刑法与社会及犯罪现象的同步发展,不至于自其颁布之日起即陷入落后于时代的境地,即便如此,也可在一定程度上减少这种法与社会现实相脱节的距离。正如莫里斯·科恩(Morris Cohen)指出的:"生活需要法律具有两种自相矛盾的本质,即稳定性或确定性和灵活性;需要前者以使人们的事业不致被疑惑和不稳定所损害;需要后者以免生活受过去的束缚。"[②] 开放的构成要件正是刑法所反映社会生活——犯罪现象——的需要。它将各种行为通过成文法予以类型性规定,实现了刑法的稳定性,实现了法治国人权保障的基本机能;而对不同犯罪的构成要件采取一定程度的开放性,赋予司法人员一定的自由裁量权,以使其根据社会的发展变化作出不断与之相适应的解释,从而弥补成文法与社会相脱节的问题。开放的构成要件理论所带来的社会适应性,也得到我国学者的赞同:"与封闭的构成要件不同,开放的构成要件则是由于立法者有意或无意地对构成要件的各种要素未加完整描述所形成的,由于其所刻画的犯罪类型范围不甚明确,有待于法官作补充判断,因而具有较宽的适用范围。通过法官的补充判断,一些没有被

---

① [德]黑格尔:《法哲学原理》,范扬、张企泰译,316-317页,北京,商务印书馆,1961。

② Morris Cohen, Law and the Social order, Essays in Legal Philosophy, 1967, p.261.

立法者明确描述的情况可能被纳入开放的构成要件所刻画的行为类型，这样，在面对复杂多变的社会生活时，开放的构成要件就具有很强的适应性"①。"过于精确的刑法立法，不仅无法回应社会生活的需要，而且也是立法者不能完成的事业，立法必须有一定的前瞻性，以应对未来社会变化带来的正面挑战，这就需要立法者采取相对精确的概念与文本，保持刑法的灵活性，以减少刑事立法的负担，和增加刑事司法的能动性，因此，刑法并不禁止引用不确定的、价值有待补充的概念与概括性条款，如空白罪状，同时也容许法律授权制定法规命令就犯罪构成要件作出详尽的补充规定。"②

过分明确的刑法规范有损刑法社会保护机能的发挥。刑事古典学派重视对公民个人自由的保障。这要求对犯罪的构成要件作出尽可能细密的规定，因为细密的规定没有给法官留下自由裁量的空间，法官的主观意志不会渗透到案件的判决之中，对于保护公民个人的自由权利来说，这当然是有利的。刑事实证学派要求刑法保护社会不受个人行为的侵害，这要求对犯罪构成要件进行粗疏的规定，因为粗疏的规定包容性大，法官容易进行司法解释，如若自由裁量权使用不当，就会造成司法擅断。所以，构成要件的明确与模糊反映了刑法的自由保障与社会保护机能之间的对立。但是，现代并合主义的刑法观已表明，人权保障与社会保护并非对立，因为个人与社会是有机的统一体，因此在任何一个社会，人权保障与社会保护都应当互相协调。因此，对构成要件的立法规定就要同时考虑到刑法人权保障与社会保护机能的发挥。刑法机能的双重性要求刑事立法者对构成要件之设计既不能过于粗疏，譬如一律采用简单罪状规定构成要件；也不能过于细致，譬如将犯罪构成的四个方面，尤其是对客观方面的不同手段、后果等都予以详细规定。而开放的构成要件既不过于简略，也不过于烦琐，既对每一种犯罪的构成要件作了基本明确的规定，又在一些难以或无法明确的构成要件要素上给法官

---

① 周少华：《立法技术与刑法之适应性》，载《国家检察官学院学报》，2011 (3)。
② 姜涛：《基于明确性原则的刑法解释研究》，载《政法论坛》，2019 (3)。

留有裁量的空间,因此,开放的构成要件是兼顾了刑法的人权保障与社会保护双重机能的构成要件类型。

过于明确的法律条文不利于发挥司法人员的主观能动性。可以这么说,所有法律上的概括条款,皆为立法者对于价值判断的空间预留。不只如此,刑法上的"规范性构成要件要素"占绝大部分,而开放的构成要件也占据相当部分。这些要素,全都需要法官在解释法律时,作价值上的补充。立法需要依赖生活经验,但又不能全受生活经验支配,这是因为立法需要考虑生活经验的多变,立法不能钳制法官对不同案件事实作价值判断。[1] 只有法官的价值判断才能帮助我们克服成文法的稳定性与社会变化之间的矛盾。成文法的局限性不可能在成文法内部去解决,而只能通过其适用者——司法工作人员的活动来克服。通过主观能动性的发挥,通过司法人员对成文法的弊端的了解,并积极思考社会现实的发展,找出二者之间的问题,然后结合个案,对滞后的刑法规范予以补充解释,从而在一定程度上克服成文法的局限性。无论是有意还是无意存在的开放的构成要件条款,都可以让司法工作人员发挥主观能动性,通过对构成要件的价值补充,解释拾遗,从而克服成文法的不完整性。这也是刑法社会防卫精神的实现。如果将所有犯罪的构成要件如同开中药铺一样一一罗列,只会使司法人员变成机械的法条操作者,根本不可能发挥自己的主观能动性来裁决任何案件,成文法的缺陷也就无从克服。开放的构成要件既为司法人员提供了可供操作的依据,又给他们留下了一定的自由裁量余地,将成文法典的规则性与社会适应性有效糅合为一体,是兼顾了原则性与灵活性的一种良性构成要件类型。

法律的明确性是法治的一项基本原则,但是,对法律的明确性的要求也不能过分,一种华而不实的明确性可能比老老实实的含混不清还要

---

[1] 参见林东茂:《一个知识论上的刑法学思考》,2版,30页,台北,五南图书出版公司,2001。

有害。过分的明确性对法律来说是作茧自缚,也是法律受到损害的因素。[①] 因此,在法律不能明确或无法明确的情况下,使用一定的概括性的条款或不确定的法律概念,同样是符合法治的明确性原则的。法律的"完整性只是永远不断地对完整性的接近而已"。这种"接近"主要是通过不断修订、补充法律来实现的。事实上,刑法的明确性是由立法的明确性与解释的明确性共同实现的,刑法本身不可能绝对明确。[②] 法的明确性与模糊性、确定性与不确定性的这种先天缺陷与其固有长处是不可分割的,两者同生同灭、同生同长,因此,如何既发挥法的普遍性、确定性,又克服法之不合目的性、不周延性、模糊和滞后等缺陷,不仅是法律史上的世界性难题,而且是"法哲学上的哥德巴赫猜想"[③]。那么,构成要件的明确性与概括性、精确性与模糊性则将是刑法学上一个永不可解决的难题,而对开放的构成要件的承认和运用则是刑法学上一个不可逃避的现实。

总之,只要我们对罪刑法定主义的明确性原则抱着客观而科学的态度,实事求是地理解构成要件的明确性原则,我们就会发现,开放的构成要件非但没有违反罪刑法定主义的明确性原则,而且,它正是罪刑法定主义的明确性原则在刑事立法技术上两难处境的体现,也因此,它与罪刑法定主义是不相违背的。

第四节 结 论

在本部分论述结束之前,作为结语,有两点需要交代。

---

① 参见张文显:《二十世纪西方法哲学思潮研究》,64-65页,北京,法律出版社,1996。
② 参见张明楷:《外国刑法纲要》,3版,24-25页,北京,法律出版社,2020。
③ 徐国栋:《民法基本原则解释——成文法局限之克服》,144页,北京,中国政法大学出版社,1992。

第四章 开放的构成要件之罪刑法定机能

首先,应该防止对开放的构成要件的滥用。

虽然笔者赞同开放的构成要件并认为它从原则上来说不违反罪刑法定主义,但并不代表鼓励在立法上对开放的构成要件进行滥用。从优先发挥罪刑法定主义人权保障机能角度而言,应该对开放的构成要件有所限制,在能够使用封闭的构成要件立法的场合,尽量不使用开放的构成要件。

在罪刑法定主义的人权保障机能和社会保护机能之中,应该说人权保障机能具有优先的地位。强调这一点,对于现今我国法治国的建立具有重要的意义。罪刑法定主义在确立之初就是针对封建刑法的专横黑暗,对公民权利的肆意干涉,为了防止罪刑擅断,保障个人自由而提出的。"罪刑法定主义乃系以限制国家刑罚权之行使为主要目的,而以保障个人自由为最高目标。"[1] 当今国际社会更是赋予罪刑法定主义以新的更为明确的立法基础,即从保障人权、"维护人的尊严"出发而进一步加以肯定。[2] 虽然现代的罪刑法定主义较之早期已有很大变化,但是早期古典罪刑法定主义植根于人权保障的精神仍然极为重要。"古典罪刑法定主义原则向现代罪刑法定主义原则的转移,并不意味着前者已经完全起到了应起的作用。"[3] 换言之,古典罪刑法定主义的人权保障机能和限制国家刑罚权之发动的作用仍然需要继续发扬。在已建立市场经济基本体制的中国,个人的权利与自由日益受到重视,公民的权利意识也日益增强,刑法工具意识论日益受到批评和诘难。特别是,随着中国政府逐步加入一系列重要的国际公约,如《公民权利与政治权利国际公约》等,强调刑法的人权保障功能,在人权保障和社会保护功能中适当向前者倾斜,是我们贯彻和执行罪刑法定主义的过程中所要注意的。唯有如此,才能使罪刑法定主义发挥人权保障的真正的功效,毕竟"罪刑法定主义是以人权思想为支柱,在追求个人自由的长期斗争的历史中培

---

[1] 杨建华:《刑法原则之比较与研讨》,10页,台北,汉荣出版社,1982。
[2] 参见何鹏:《外国刑事法选论》,14页,长春,吉林大学出版社,1989。
[3] [日]中山研一:《刑法的基本思想》,145页,北京,国际文化出版公司,1988。

养起来的一个原则"①；同时，也才能在刑法中准确地确立权利与权力之间的关系，保障公民权利在文明社会不受国家权力的侵害。而在二者冲突的情况下，"在刑罚权与基本人权发生抵触不能求全之情形，与其牺牲基本人权，毋宁放弃刑罚权"②。

虽然开放的构成要件是与罪刑法定主义的发展相配合的一种新的刑法构成要件规定方式，它也是立法技术以及认识论的客观规律所决定无可避免的，但是，这并不等于我们鼓励开放的构成要件的立法。从根本上来说，开放的构成要件确实因其开放性为司法工作人员留下了一定的自由裁量权，如果这种权力过大，就会造成刑法适用的弹性过大，根据法官的主观意志出入人罪未必不会发生。"法律基于作为防范人性弱点的工具之特性必须警惕人。"③ 因为"一切有权力的人都容易滥用权力，这是万古不变的一条经验。""从事物的性质来说，要防止权力滥用，就必须以权力约束权力。"④ 从司法制度方面我们当然也会探讨如何约束法官的自由裁量权，但从罪刑法定主义之明确性方面努力成效可能最为显著。而这种可能带来的过大的弹性，也是以往刑法理论对开放的构成要件的排斥理由之一："因强调构成要件的限制机能，这就要求构成要件要素应当尽可能地确定、固定，才能有效地限制刑罚权力的发动，这样，一切需要法律适用者作出独立价值判断的内容，都不符合古典性需求。顺理成章，规范、开放的构成要件要素均受到质疑。"⑤ 所以，笔者仍然提倡对开放的构成要件应该抱着谨慎的态度，在确实无法实现构成要件明确性的前提之下，采用一定量的开放的构成要件未尝不可，但是，在能够做到明确立法的情况下，还是尽量采取封闭式的构成要件。对于过失犯、不真正不作为犯这样的犯罪的构成要件，由于各国刑法理论上的不统一和实践中的复杂性，目前采用开放的构成要件的立法未尝

---

① ［日］大野真义：《罪刑法定主义》，修订 2 版，10 页，京都，世界思想社，2014。
② 蔡墩铭：《刑法基本理论研究》，346 页，台北，汉林出版社，1986。
③ Chrisitan Starck：《法制度的弹性》，载《中兴法学》，（42）。
④ ［法］孟德斯鸠：《论法的精神》，张雁深译，154 页，北京，商务印书馆，1961。
⑤ 蔡桂生：《构成要件论：罪刑法定与机能权衡》，载《中外法学》，2013（1）。

不可。但是，目的犯之目的，其立法相对简单，应该做到在条文中予以明确规定；对于规范性构成要件要素应尽量少采用，特别是被笔者归入开放的构成要件中的所谓高度规范性的情节犯。我国刑法中的情节犯一是数量太多，据笔者粗略估计，约占刑法分则条文的一半；二是范围太广，从危害国家安全罪到侵犯公民人身与民主权利罪，从经济犯罪到职务犯罪等，几乎每一类犯罪中都存在着大量的情节犯。这些条文的存在极大地干扰了刑法的适用。如果立法者能够尽量地减少情节犯立法，对于实现构成要件的罪刑法定机能，对于突出罪刑法定主义的人权保障功能，应该说是一个好的尝试。"一般认为，从有利于保障公民自由的角度出发，泛泛地以'情节严重'为区分罪与非罪，或加重处罚的标准，应予避免。"[1]

在理解和运用罪刑法定主义的明确性原则时，应注意防止两种不好的倾向：其一，要意识到刑法规范作为法律规范中的一种，不得不总是抽象的，因此不要追求对犯罪构成要件的"详细的罗列式规范"，不要追求全封闭式的、极度明确的构成要件立法。因为"列举犯罪行为所有可能出现的具体情况，是详细罗列式的规范损害法律规范的明确性的方式。这种方法割裂了概念的完整性，很难发挥法律规范引导社会——文化价值取向的作用；同时，由于社会的现实总是超越立法者的预见能力，这种立法方法必然会留下许多实质性的漏洞，促使人们用法律破坏法律确定性的方法来解释法律"[2]。其二，不宜大量采用纯粹的一般性、概括性的规范或包含模糊、不确定因素的规范，大量采用开放的构成要件规定。因为"纯粹一般式的规范或包含模糊因素的规范对法律规范明确性的消极影响，则表现为法律规范没有具体或确定的内容，因而可被适用于性质不同的行为"[3]。虽然概括性的法律文字或开放的构成要件的

---

[1] 陈忠林：《意大利刑法纲要》，27页，北京，中国人民大学出版社，1999。
[2] ［意］杜里奥·帕多瓦尼：《意大利刑法学原理》，陈忠林译，28页，北京，法律出版社，1998。
[3] ［意］杜里奥·帕多瓦尼：《意大利刑法学原理》，陈忠林译，28页，北京，法律出版社，1998。

使用都很难免，但是过于粗略的规定包容性太强，过多的开放的构成要件给法官留下的司法解释机会太多，容易使执法者借助条文的缺陷，任意扩张适用，所以，为了防患于未然，应尽量避免在刑法上采用过多的不确定概念或开放的构成要件。对前一种倾向的追求是不现实的，对后一种做法的追求则是不负责任的。这两种不好的立法方式我们都应该防止。只有这样，才能既发挥罪刑法定主义的人权保障机能，又发挥其社会保护机能，并做到了对罪刑法定主义明确性原则的真正贯彻和领悟。

虽然要尽量避免采用开放的构成要件，并力争对开放的构成要件尽量作明确的规定，使其成为封闭式的构成要件这一目标的实现有一定困难，但是，实现目标的困难决不应该成为批评目标本身的根据，不能以不可完全消除的主观性或不确定性为理由，否认法律有尽可能确定的可能，不能以封闭的构成要件存有立法技术上的难度，就放弃对它的追求。

其次，对开放的构成要件是否违反罪刑法定主义的看法，甚或是对刑法中许多问题是否违反罪刑法定主义的看法，都要以树立科学的罪刑法定主义观为前提。

罪刑法定主义与其说是一项刑法的基本原则，毋宁说是一项刑事立法的基本精神。从罪刑法定主义的起源与发展过程来看，它是资产阶级针对中世纪盛行的罪刑擅断主义而提出的，具有深刻的政治、经济、文化背景，且随着社会的演进不断地被注入理性精神。我们在适用和理解罪刑法定主义的时候，既要时时注意它所强调的人权保障精神，同时也应该看到罪刑法定主义经过社会的发展和演变，已由绝对变为相对，它在保障人权的同时也开始兼顾到社会保护，它对构成要件的明确性要求并非指绝对明确而只是一种相对的明确。绝对的成文法主义和构成要件的精确性，是早期罪刑法定主义的要求，在今天这个兼顾个人与社会双重利益的时代，在人类认识论经历了漫长考验之后，这被证明只能是纯然的幻想。譬如罪刑法定主义所要求的成文法主义，在今天早已为大陆法系的刑法理论所发展。成文法主义要求刑罚法规是处罚犯罪行为的唯一合法根据，舍此，就不能对任何行为予以刑罚处罚。但是，我们在适

第四章 开放的构成要件之罪刑法定机能

用成文的刑罚法规时,很多时候都会运用判例、习惯、法理等非成文的东西作为解释构成要件或判断行为违法性的根据,根据它们来确定某种行为是否属于刑罚法规规定所要处罚的行为。最为重要的是,在当今大陆法系国家,"即使没有成文法的根据,也可能否定这种行为的可罚性。如明文规定为犯罪阻却事由以外的超法规的违法性阻却事由、超法规的责任阻却事由,便是如此。在这个意义上说,刑法的法源不限于成文法"[①]。因为罪刑法定主义包含了有利于被告人的思想,故一般承认超法规的违法性阻却事由与责任阻却事由。对构成要件精确性的要求,在现今坚持罪刑法定主义的国家,受相对罪刑法定主义思想的影响,受实质意义法治国和实质的罪刑法定主义的影响,更是没有,也不可能实现绝对明确的全封闭的构成要件。譬如意大利刑法学界就指出:"宪法法院常常宣称'犯罪构成的明确性并不等于(一定要)采用(多少有点完整的)描述性罪状',运用'约定俗成的功能或者可作客观理解的社会伦理价值'并不与明确性原则的要求相悖";构成要件中的"弹性"因素只要其所指的对象属于刑法调整的范围且该"弹性"因素规范所规定的行为的确无法用非常准确的语言加以描述,那么,也符合构成要件的明确性原则。[②]

因此,我们在理解和运用罪刑法定主义的过程中,需要特别注意的一种倾向就是,将罪刑法定主义当作死的教条,并要求构成要件绝对精确,将罪刑法定主义的明确性原则等同于对构成要件的面面俱到、精确无疑;强调罪刑法定主义的人权保障机能,忽视其社会保护机能。这是当前我国刑法理论和实务界所面临的最为紧迫的问题。自从1997年刑法将罪刑法定主义作为我国刑法的一项基本原则规定于《刑法》第3条之后,我国刑事法学界和司法实务界的法治观念确实大为改观。但是,我们也要看到,另一个不好的趋势正在泛起,那就是理论和实务界将罪刑法定主义奉为圭臬,对罪刑法定主义的理解极为僵化,将罪刑法定主

---

① 张明楷:《外国刑法纲要》,3版,19页,北京,法律出版社,2020。
② 参见[意]杜里奥·帕多瓦尼:《意大利刑法学原理》,陈忠林译,29、27页,北京,法律出版社,1998。

义等同于死的教条，将它理解为死的教义，任一法条的适用都要唯法条文字马首是瞻，丝毫的不明确就被认为是违反了罪刑法定主义，运用丝毫的自由裁量权就被认为是破坏罪刑法定主义。罪刑法定主义日益失去其应有的活力，蜕变成了僵化适用和理解刑法条文的代名词。似乎凡是法条没有规定的内容，法官就须臾不得动用司法解释，似乎对法条规定的任何文字，都只能做最表面的一般的理解。笔者以为，这不是在贯彻罪刑法定主义，而是对罪刑法定主义的误解，因为现代的罪刑法定主义并非对构成要件的所有要素全然明确无误地予以规定，并非没有遗漏，也并非没有模糊。20世纪，在严格的绝对的罪刑法定主义之下，欧洲大陆的刑法典都未能将不真正不作为犯的作为义务规定在刑法中，当罪刑法定主义演变为当今相对的罪刑法定主义的时候，怎么反倒以绝对的机械的罪刑法定主义要求我们的立法并试图用它指引我们的司法呢？现代的罪刑法定主义并非不容许法官的自由裁量权，也并非不容许法官对构成要件的解释，否则，我们如何理解当今主张并将罪刑法定主义同样规定在自己法典的文明国家，将超法规的违法、责任阻却事由作为不处罚行为人的根据呢？如果说这些都是对罪刑法定主义的破坏，那么，世界上的哪个角落里还会有臆想者所认为的纯粹的、绝对的、严格的、罪刑法定主义呢？显然是没有的！这种对绝对的罪刑法定主义的信奉和追崇观念所造成的对我国司法实务界的误导，笔者将在下文的论述中痛陈其害。

　　开放的构成要件作为一种构成要件立法模式，在我们刑法的构成要件中存在是合理的，它既提供了判断行为罪或非罪的标准，为公民区分合法与非法提供了一个大致清楚的界限，而且这样的构成要件立法的确是因为存在许多因客观原因限制而无法一一明确的构成要件要素，但也因此通过给予法官一定的自由裁量权，使构成要件的相对明确再加上法官的解释适用来彻底实现构成要件的明确性。因此，开放的构成要件无论从古典罪刑法定主义的人权保障精神，还是从现代罪刑法定主义的社会保护要求来看，其与罪刑法定主义都是不相违背的。罪刑法定主义是来源于西方社会的一种法文化观念，"了解另一种文化是非常困难的事，

第四章 开放的构成要件之罪刑法定机能

而把另外一种文化的一些东西当作口号是相当简单的，如果不知那些口号所代表的观念的复杂性和它在特殊情况下演化出来的性格而从它们的历史来源中切断，并随便把外国环境中因特殊的背景和问题发展起来的东西当作我们的权威会产生形式主义的谬误"[1]。当我们将罪刑法定主义移植到我国法律体系之中并赋予其法典文字的肯定时，它还要面临中国特定环境中法律文化、法律观念、刑事法律的科学性、特别刑事立法和刑事司法解释、司法过程等方面的考验，罪刑法定主义必须认真地面对并经受住这些考验才能为自己辟出一条道路，携其推崇和膜拜者涉过期盼的海市蜃楼到达久仰的圣地。[2] 而这些考验，都要以我们对罪刑法定主义有一个正确的了解和客观科学的态度为前提，否则，罪刑法定主义非但不能发挥其积极功效，反而会成为我国刑事司法的桎梏，成为法官消极判案的最好借口——而这正是目前我国刑事司法界所存在的问题。通过开放的构成要件理论改变我国刑法理论和实务界对罪刑法定主义的一些偏差性看法，也正是笔者撰写本书的意图之一。我国刑法理论与实务界应当永远记住的是，"罪刑法定主义固然要在法律条文中获得确认，但它真实的生命永远是存续于实际的司法运行中"。

---

[1] 林毓生：《中国人文的重构》，载《思想与人物》，13-14页。转引自黄定勇：《罪刑法定原则将在挑战中前行》，载《法律科学》，1998（5）。

[2] 参见黄定勇：《罪刑法定原则将在挑战中前行》，载《法律科学》，1998（5）。

第五章 开放的构成要件之司法适用

明确了开放的构成要件基本理论问题之后，如何解决开放的构成要件的实践问题，必然是我们所关注的。对于封闭的构成要件，法官只需要根据法条之规定即可判断行为构成犯罪与否；而对于开放的构成要件，由于它对一些构成要件要素未作规定或已有规定，但是规定得过于抽象和概括，而不能提供关于行为违法性的完整判断，因此需要法官的补充适用。法官的补充适用是开放的构成要件适用的前提和方法。

这一命题看似简单，然而，在我国目前的刑事司法情况之下，要求法官运用裁量解释来适用刑法构成要件绝非易事！如果我们要求由法官补充适用开放的构成要件，就必须对存在于我国刑事司法中的问题进行深入剖析，并结合开放的构成要件理论，提出具体的解决方法，以使法官对开放的构成要件的补充适用成为可能。

需要交代的是，刑法典虽有总则与分则之分，但刑法的适用就是刑法分则的适用，总则性规定通过分则罪名的适用而起作用。这样一个适用过程就是将实践中发生的形形色色的案件事实与分则规定的各种构成要件类型加以对照分析，以确定行为的性质的过程，因此，刑法的适用也就是分则规定的犯罪构成要件的适用。在分则的构成要件类型中，虽然我国刑法学界没有研究过开放的构成要件，也没有使用开放的构成要件之理论，但是，于刑法规定的构成要件之实际，开放的构成要件当然是从一开始就存在的，而非自本书对开放的构成要件理论论述时起才产生，因此，进一步我们可以说，分则犯罪构成要件的适用就是对开放与封闭的构成要件的适用，其中容易产生问题者，当然属开放的构成要件。基于此，笔者在下文中所说的我国刑事司法及刑法适用体制中的各种问题，同时意味着它们也是开放的构成要件适用的问题。这也正是笔者要分析这些问题的原因，以及提出解决办法的根源。

第一节 刑事司法历史与现实透视

刑法适用过程就是刑法的解释过程。刑法的解释分为立法解释和司法解释，刑法的立法解释在我国就是由全国人民代表大会常务委员会所作的解释，通常认为它包括三种情况：一是在刑法或相关法律中所作的解释性规定，二是在"法律的起草说明"中所作的解释，三是在刑法施行过程中对发生歧义的规定所作的解释。[1] 司法解释是由国家最高司法机关作出的具有普遍效力的解释。根据有关规定，在我国具有普遍效力的司法解释，只能由最高人民法院和最高人民检察院（以下简称"两高"）两家机关就审判和检察工作中如何具体应用法律的问题进行解释。有观点认为，由司法工作人员在具体运用刑法条文的过程中所作的解释，即法官行使自由裁量权针对个案所作的解释也属于司法解释的范围。[2] 这种提法不可取。而且1981年第五届全国人大第十九次常委会通过的《关于加强法律解释工作的决议》第2条明确规定，"凡关于法院审判工作中具体应用法律、法令的问题，由最高人民法院进行解释。凡属于检察院检察工作中具体应用法律、法令的问题，由最高人民检察院进行解释"。显然，司法解释在我国是有法定含义的，即仅限于"两高"在适用法律的过程中所作的解释，将司法工作人员也包括在司法解

---

[1] 参见高铭暄主编：《中国刑法学》，42-43页，北京，中国人民大学出版社，1989。
[2] 参见姜伟、陈正云：《罪刑法定与刑法解释》，载《人民检察》，2001（1）。

释的主体范围之内，显然于法无据。正因如此，我国所有版本的刑法教科书都是依此来界定司法解释的内涵的，并据此在与立法解释和学理解释相对应的意义上使用，作为根据解释机关的不同及其导致的解释效力之不同所作的分类。法官在适用个案中所作的解释，与司法解释在主体、程序以及性质和地位等方面都不一样，将其归入司法解释的范围，既破坏了司法解释的特定含义，又造成了概念间的人为混乱，因此不可取。法官在适用法律的过程中对法条所作的解释应该称为自由裁量权的行使，而不应该归入司法解释的范围之内。

在司法解释的形式上，我国两家最高司法机关作出的司法解释既有书面解释又有口头解释；在解释的名称上可谓五花八门，大致有"解释""规定""意见""批复""通知""决定""答复""复函""纪要""办法""解答"等。不过，关于司法解释的这些名称也是由"两高"分别颁布的关于司法解释工作的规定中规定的。1996年12月9日最高人民检察院发布实施的《最高人民检察院司法解释工作暂行规定》中第8条规定，司法解释可以采用"解释""规定""意见""通知""批复"等形式，并统一编排文号；1997年6月23日最高人民法院发布的《关于司法解释工作的若干规定》中第9条规定，司法解释分"解释"、"规定"和"批复"三种形式。至于解释的方式，有书面解释和口头解释两种。"所有书面司法解释，均经过最高人民法院审判委员会讨论通过，并以文件、规定、意见、通知或者批复等形式印发全国法院和有关部门；口头司法解释，绝大部分也经过最高法院审判委员会讨论通过，不同的只是以口头答复形式通知有关高级人民法院遵照执行。这部分司法解释中，经过一段审判实践，对其中比较成熟的作进一步修改后，也作为书面司法解释正式印发全国法院遵照执行。"[1]

新中国成立以前，审理刑事案件的根据主要是苏维埃政府颁发的一些条例、纲领等。1934年苏维埃共和国公布的《中华苏维埃共和国惩

---

[1] 张军：《最高审判机关刑事司法解释工作回顾与思考（1980—1990）》，载《法学研究》，1991（3）。

治反革命条例》，1939年陕甘宁边区政府颁布的《陕甘宁边区惩治汉奸条例（草案）》，1949年《华北人民政府关于重大案件量刑标准的通报》，等等。此一时期，刑事司法根本没有走上正轨，因此也无可圈点之处。在新中国成立以后至1979年我国第一部刑法典颁布之前，审理刑事案件则是依据中央颁布的一些条例、决定、指示、通知等，诸如《关于反贪污斗争必须大张旗鼓地进行的指示》（1951年12月）、《中央节约检查委员会关于处理涉及克服官僚主义错误的若干规定》（1952年3月）等。在这一时期，最高司法机关即开始通过颁布司法解释的方式对刑事司法进行介入。该阶段最高人民法院和最高人民检察院所颁布的司法解释有300多件，解释的范围从犯罪与刑罚一般性问题到具体犯罪的认定和处罚，可以说无所不包。[1]

1979年《刑法》的创制以及其于1980年的施行，是新中国刑法规范基本具备的标志。此后近17年的时间内，为适应不断出现的新情况、新问题和惩治犯罪的实际需要，全国人大常委会又陆续颁布了24个单行刑法，并在80余个非刑事法律中增设了附属性刑法条款约130条，从而形成了以刑法典为主体、以单行刑法和附属刑法为两翼的刑法格局。不过，如果1979年《刑法》果真是按照这一格局在运行，那尚且是对刑法典的运用，因为全国人大常委会颁发的单行刑法属于立法机关的补充立法，其他附属刑法的规定因其附属于其他立法机关制定的法律之中，因此，它们从性质上来说，都是对刑法典——从狭义到广义——的适用。问题是，在1979年《刑法》运行的17余年时间中，法官对刑法条文的适用绝对不是仅仅适用刑法典、单行刑法和附属刑法那么简单，在这些基本的刑法条文之外，尚且存在着"两高"颁布的220余件司法解释。至于立法解释，除了全国人大常委会在有的"法律草案说明"中对有些刑法规定作过解释外，单独并根据立法解释的正当程序就刑法问题所作的专门解释一件也没有。

在1979年《刑法》实施期间，颁布的大量司法解释主要原因在于

---

[1] 参见李希慧：《刑法解释论》，16页，北京，中国人民公安大学出版社，1995。

1979年《刑法》对犯罪的规定过于粗疏、不具体、不好操作，需要进一步明确以增加其可操作性。在1979年《刑法》制定之时，立法指导思想是"宜粗不宜细"。这一原则的确立是特定历史背景和条件的产物。1979年《刑法》的粗，表现为：在犯罪的分类上"粗线条"，不同性质的犯罪类别合在一章之中，本应分离的条文合在一个条文之中；对犯罪规定的罪名少；对罪状的描述简单，采用简单罪状的条文多，对犯罪构成要件大多缺乏必要的描述；对法定刑规定的幅度过大；等等。如果说对于这样一部过于粗疏的刑法典，随着我国市场体系和公民权利观的确立，"两高"颁布大量的司法解释使其更加明确并更好操作，以避免刑事司法的随意性，从而导致在一定程度上削弱了法官的自由裁量权还可以理解的话，那么，在1979年《刑法》修订之后，1997年《刑法》颁行以来，这种状况仍在延续，就非常令人费解了。

针对1979年《刑法》的上述缺点，1997年第八届全国人民代表大会提出对1979年《刑法》进行修订、补充和完善。针对1979年《刑法》规范粗疏的缺陷，此次刑法修改确立了刑法修改的三个指导思想，即要制定一部统一的、较完备的刑法典；注意保持法律的连续性和稳定性；对一些原来比较笼统、原则的规定，尽量把犯罪行为研究清楚，作出具体规定。[①] 这种指导思想的确立，使1997年通过的新修订刑法典与1979年《刑法》相比，体现出了极大的不同。1979年《刑法》突出刑法的社会保护功能，1997年《刑法》强调刑法的人权保障功能。刑法基本原则的确立是1997年《刑法》突出其人权保障功能的体现之一，而刑法规范的明确化则是其第二个体现。这种明确化表现为：将1979年《刑法》中规定得过于笼统的几个口袋罪分解细化为若干罪名；除一些传统的简单易懂的罪名之外，对于一些新型的、形态复杂多样的犯罪基本上都采用了叙明罪状；对犯罪构成要件作了较为详细的规定，尤其是对影响定罪的核心——客观行为的描述比较详细，比如大量的经济犯

[①] 王汉斌1997年3月6日在第八届全国人民代表大会第五次会议上《关于〈中华人民共和国刑法（修订草案）〉的说明》。

罪和妨害社会秩序罪即为适例；减少了"等""其他"之类难以限定范围的用语；减少了将"情节严重""情节恶劣"等概括性定罪情节作为犯罪构成要件的情况，对于必须具备概括性定罪情节才能构成的犯罪，则尽量对什么是"情节严重""情节恶劣"等概括性情节作了列举式规定。可以说，与1979年《刑法》相比，1997年《刑法》无论是在整体结构设计上，还是在犯罪构成要件的规定、罪状的表述以及法定刑的幅度、处罚情节的规定等方面，都最大限度地克服了1979年《刑法》粗疏化的缺点和不足。概括性用语大为减少，犯罪构成设计严密，规定具体详细，可操作性大大增强，因此，1997年《刑法》出台以后，在一段时间内几乎赞誉如潮。

按照1997年《刑法》的明确性，其理应比1979年《刑法》易操作、易适用。问题是，1997年《刑法》颁布后不久，我们就发现，刑法典规定的明确性与刑事司法之间似乎没有必然关系。因为在1997年《刑法》于10月1日起施行后的第五天，最高人民检察院即颁布1997年《刑法》实施以后的第一个司法解释——《关于检察院工作中具体适用修订刑法第十二条若干问题的通知》。时至今日，"两高"总共颁布的书面司法解释用数以千计来形容毫不夸张！此外，全国人大常委会还对1997年《刑法》进行了十一次修改，颁布了13个立法解释。大量刑法司法解释的存在，对于刑法的适用当然也有一定积极作用，譬如说将一些模糊性概念、概括性条款予以明确化，使罪刑法定原则得到进一步贯彻实施，确保了刑法的法治保障机能；根据犯罪的新情况及时对刑法条文作出解释，增强了刑法的时代性与社会适应性；对实践中存在的问题作出统一规定，有利于保证刑法的统一性和权威性；对于正义性的疑难问题通过司法解释的形式确立适用的标准，提高了刑法的可操作性；等等。但是，笔者以为，大量司法解释的存在绝非正常现象，其消极作用远远多于积极功效。

第二节 开放的构成要件的适用理念：
实用主义刑法观

开放的构成要件理论本身具有极强的实用性。它承认构成要件要素规定上的不完整性，它使用概括的和不确定的法律概念，它要求以法官行使自由裁量权来补充适用，以使成文法典与迅速变化的社会现实相适应。以司法解释为中心的刑法适用体制却恰恰是对构成要件精确性的无节制追求，对法官自由裁量权的扼杀。为了正确地适用开放的构成要件，笔者以为，首先应该改变存在于我国刑事立法和司法实践中的本本主义、教条主义的刑法观，提倡一种与开放的构成要件的实用性相对应的实用主义刑法观。观念的改变是最困难的，却也是最有效的。由开放的构成要件观念的提倡到实用主义刑法观的提倡，是将犯罪构成的理论的变化上升到整个刑事法观念的变革，既包括刑事法理念之革新，又包括刑事司法实践观念与制度之革新。它是一场应该发生在刑事法领域的根本性的认识转换。

一、实用主义法哲学之要义

实用主义刑法观当然是建立在实用主义法哲学观基础之上的一种刑法哲学，因此，什么是实用主义法哲学，是我们建立实用主义刑法观之前所必须要明确的问题。

1. 概念法学到自由法学

19世纪初期，欧洲大陆法学界受德国古典法学，尤其是普赫达、萨维尼等法学者思想的影响，认为罗马法的概念很精密，任何问题皆可"依概念而计算"，因而法律被假定为无缺陷的，法律的适用是一种纯粹的理论认识，无须掺杂法律解释等评价因素。至 19 世纪中叶，这种趋势逐渐演变成为概念法学。即以分析法典中的概念为风尚，强调法典的完美无缺；成文法被信奉为唯一合法的法源；法学不过是一门纯理论认识活动的学问，法官只需运用法律的技巧，用逻辑推演成文法所建立的"概念"，便能从现行的实在法制度中得出正确的结论，法官无须进行任何价值性判断。"成文法万能主义""逻辑的自足性"在此时响彻云霄。德国学者耶林将此等学风讽刺地称为"概念法学"（Begriffsjurisprudenz）。①

如果说"概念天国"是一件精致的东西，那也是一种令人窒息的精致。"事实上，所谓无漏洞的抽象概念体系，是一份根本无法清偿的账单。"② 1847 年，曾任法官的基尔希曼（Julius V. Kirschmann，1802—1884）发表《作为科学的法学的无价值性》，对概念法学率先发难，留下名言，"立法者修正了三个字眼，所有法学著作就变成废纸一堆"。真正给概念法学致命一击的是耶林。耶林本为概念法学派的代表人物之一，其早年的《罗马法的精神》就是将概念、体系等方法运用得极为纯熟的一部巨著。可是他后来却匿名发表了一系列文章，对概念法学进行了激烈的抨击，倡导目的法学。耶林这一转向如釜底抽薪，激起一班少壮派学者对"概念法学"兴师问罪，恰逢法国学者撒莱（Raimond Saleilles，1855—1912）、惹尼（Francois Geny，1861—1959）的科学法学，奥地利学者埃利希（Eugen Ehrlich，1862—1922）的自由法学思想传入德国，里应外合形成了"自由法运动"，概念法学自此一蹶不振。经过这次思想洗礼，德国法学家开始改良运动。他们承认像数学一般构筑"概念的体系"在事实上不可能做到，承认"公理式演绎的方法在法学中决不可行"，但他们并不因此放弃体系化的努力。耶林认为，法律不是概念的支配而是人类意志的产物，有一定的目的，"目的是全部法

---

① Vgl. Christoph-Eric Mecke, Begriff des Rechts und Methode der Rechtswissenschaft bei Rudolf von Jhering, 2018, S. 21.
② ［德］Karl Larenz：《法学方法论》，陈爱娥译，373 页，台北，五南图书出版公司，1996。

律的创造者。每条法律的产生都源于一种目的，即一种事实上的动机"①。目的就是指人类自觉行为的目的。人类的目的有两种基本形式，即个人目的和社会目的，前者以利己为根据，后者以利他为根据，所谓利他，实际上也是利己。法律产生的动力正是利己的目的。人们为了达到利己主义的目的，而后推己及人，互相交换才需要法律。法律归根到底无非就是实现这样一种交换关系的手段。②因此，法律的目的是解释法律的最高准则，法律的目的也是法学的基本指导原理。耶林反对概念法学对逻辑的盲从和对抽象概念游戏的热衷，而提倡法律应承担对实际社会生活所负的使命。这就是著名的目的法学。虽然目的法学"脱胎于'概念法学'，唯其有鉴于概念法学'架空'，与实际的社会生活不相配，乃对之痛加批判，自己批判本家，自甚具说服力，对当时法学界及以后学风，影响至巨，一些较为年轻的学者蔚然从风，纷纷对传统法学或概念法学提出批评，或力陈己见，此即所谓'自由法论'"③。由于耶林的目的法论提倡法律的实际社会职能，反对概念法学的逻辑和文字游戏，反对概念法学的纯粹的无价值判断，而主张法官适用法律时从法律的价值因素——目的来进行评价，强调法的实际功用，因此耶林的学说被称为"实用法理学"（pragmatische Jurisprudenz）。

在以耶林的目的论为中心的自由法思想的影响下，20世纪初德国不少法学家都对执着于形式化、概念逻辑推理的传统法学方法——主要是概念法学提出了许多批评。其中以利益法学派的论述最为系统和有影响力，其代表人物有赫克（Philipp Heck，1858—1943）、施托尔（Heinrich Stoll，1891—1937）和米勒·埃尔茨巴赫（Rudolf Müller-Erzbach，1874—1959）。利益法学派更加深刻地批判了概念法学。赫克指出，概念法学是虚幻的、不现实的，是与事实不相符的。任何一种法

---

① ［美］E. 博登海默：《法理学：法律哲学与法律方法》，邓正来译，122页，北京，中国政法大学出版社，2017。
② 参见昌世伦主编：《现代西方法学流派》（上卷），292页，北京，中国大百科全书出版社，1999。
③ 杨仁寿：《法学方法论》，102页，北京，中国政法大学出版社，2013。

律制度都存有一定的缺陷，都是不完整的，根据逻辑推理的过程并不总能从现存法律规范中得出令人满意的结论。赫克认为，传统的法学将研究的重点放在一般的概念上，概念成了法律规则的基础，并是法学研究的主要客体。在这种思维方法引导之下，法官在案件审判过程中的主要任务是认识法律规则中的概念，并将这些规则通过逻辑的方法运用到具体的案件之中。在概念法学中，即使在法律不完整不完善的情况下，法官也完全有理由弱化自己所负的责任，因为他可以寻找到这样的借口，"这不是我的过错，案件判决的不理想完全是法律中的概念不明确造成的"。概念法学还导致法律科学的主要功能是从既定的法律规则中推出可能性的概念，将这些概念精确化，或运用技术性的术语解释这些法律概念；将这些法律概念体系化并隶属于新的法律规则。这样，在概念法学之下，法官几乎成了一台机器。而赫克认为，现在的法官永远不可能成为适用法律的机器，而应该是立法者的助手。在适用法律的过程中，法官需要明白立法者的意图，并在审判的过程中将立法者的意图贯彻下去。当然，这一过程中，法官应该将立法者没有清晰地表达出来的利益分割原则明确化，因此，"创造法律是法官的功能之一"。传统的概念法学因为其僵化性而变得不能适应现代社会的发展，它应该被一种更新的法学理论所取代。在对概念法学的大肆批判之下，在耶林所倡导的目的法学的基础上，赫克提出了利益法学。利益法学派继承了耶林的思想。在赫克看来，法律的目的在于谋求社会利益，并认为这种思想特别适用于司法活动。而利益法学只不过是从广义的角度来理解利益的，即认为利益包括公共利益和私人利益，物质利益和精神利益。司法人员适用一定的法律最重要的是确定立法者所要保护的社会利益。[1] 法律就是每一个社群中各种利益折中妥协的结果，法律的意图因此在于它所实现的具体利益，包括物质、伦理、宗教和政治上的各种利益，而非任何抽象的价值，也唯有理解法律形成的历史背景，才能真正认识法律。法官不仅

---

[1] 参见吕世伦主编：《现代西方法学流派》（上卷），197-198页，哈尔滨，黑龙江美术出版社，2018。

应当运用一些法律命令，而且他还必须保护那些立法者认为值得保护的总体利益。显然，赫克的利益法学主要是针对法官在运用法律的过程中如何去处理一些法律规则没能给出明确规定的情形而创立的。

虽然利益法学派自称不同于当时所流行的自由法运动，但是，利益法学的主张仍然不可避免地被打上了自由法论的烙印。赫克所主张的法官造法，提倡从利益衡量而不是仅从概念的角度适用法律，甚至提出"像医学一样，法律科学是一门实用性很强的学科。它的作用是帮助法官对案件作出正确的判决"。因此，以赫克为代表的利益法学与耶林的目的法学一样，同样属于实践性的法学、实用主义的法学。

自耶林之后，奥地利法学家埃利希（Eugen Ehrlich，1862—1922）对自由法理论作出了巨大贡献。"活法"（Living Law）是最能体现埃利希法学思想的一个名词。他在其著作《法律社会学基本原理》一书的序言中指出，法社会学基本原则的实质在于，"无论是现在还是其他任何时候，法律发展的重心都不在立法、法律科学，也不在司法判决，而是在社会本身"①。这句话高度概括了埃利希的"活法"的学术思想。他认为法并不都是国家制定的，国家以成文法的形式公布的法律只是法律中的一种形态，除此之外，其他许多没有被国家制定为成文法律而又保证社会秩序化的社会规则都是法，这些并非由国家制定的法律就是"活法"，即支配生活本身的法，即便它不具有法律命题的形式。与"活法"相比，成文法是贫乏的。对于"活法"，应该以现实的态度来研究。②以"活法"为前提，埃利希反对传统的概念法学所主张的法律案件必须均依成文法的规定进行严密逻辑演绎的做法，而认为现代法学的使命在于促进社会生活，必须将目的论的思考方法带进法学领域，以目的论的方法解释法律，在此基础上，提出了所谓的"自由的判决方法"，即主张法官通过发现生活中的法律而不是仅仅根据成文法的规定进行判决，

---

① Eugen Ehrlich, Fundamental Principles of the Sociology of Law, 1958, p. 437.
② 参见吕世伦主编：《现代西方法学流派》（上卷），210-211页，哈尔滨，黑龙江美术出版社，2018；张乃根：《西方法哲学史纲》，226-229页，北京，中国政法大学出版社，1993。

法官在审判的过程中应该发挥创造性。埃利希的学说是欧洲20世纪初期的社会学法学的代表。他的学说对后来美国的社会学法学和美国现实主义法学都产生了一定的影响。①

概念法学的特点是强调对概念的分析和阐述，注重法律的结构体系，不现实地强调法律体系上的逻辑自足性，注重对成文法典的严格遵守和执行，反对法官的主观价值判断，因而在一定程度上具有脱离社会现实，从概念到概念，从条文到条文的倾向。价值虚无主义、教条主义和形式主义是其特点。与之相反，自由法学主张从实际社会生活中探求活生生的法；法律的适用不是法律文字的纯粹逻辑演绎，因为法律的对象具有人为性和可变性，必然存在漏洞，法官应该根据社会生活中的利益和法律的目的进行价值上的补充评价判断。价值主义、经验主义和实质主义是其特点。自由法学使法学不仅仅是一门理论认识活动，也具有了实践的性格。欧洲大陆的自由法运动兴起，对其后美国大陆上的实用主义法哲学产生了深远的影响。

2. 美国实用主义法哲学

实用主义是体现美国精神的美国哲学，而实用主义法学则是真正意义上的美国法哲学的开端。19世纪末20世纪初，美国经济飞速发展，垄断资本主义取代了自由资本主义，国家对社会经济生活的干预加强，资产阶级急需能够满足高度社会化生活的法律，实用主义法哲学正是与此相适应的一种法哲学理论。

联邦最高法院法官霍姆斯（O. W. Holmers，1841—1935）是第一位自觉运用实用主义方法研究普通法的美国法学家，其所创立的实用主义法学是美国法哲学的起源。霍姆斯的名言"法律的生命不在于逻辑，而是经验"，包含了实用主义法学的核心。"法律的生命不在于逻辑"，是指成文法并不是主要的法律，"而是经验"，则表明法院的判决、法官制定的判例才是他所说的法。法官应该根据社会生活的不断变化，在遵

---

① 参见吕世伦主编：《现代西方法学流派》（上卷），321页，北京，中国大百科全书出版社，2000。

循先例的原则下赋予先例以新的生命。霍姆斯"反对严格的司法形式，因为这种司法形式通过严格地遵循先例和对语言形式的操纵达到了扭曲真理的效果。因此，在实践上各种试图适应现实生活变化的法律上的动机都被窒息了"[1]。而关于什么是法，霍姆斯宣称，实用主义的法律观必须从"坏人"的观点来理解。他说，"如果你想知道法律是什么，那么你必须从一个坏人的角度看待法律，坏人仅仅关心他所掌握的法律知识能使他预见的实质性后果，而不像好人，总是在不太明确的良心许可状态下寻找他行为的原因，不管这种原因是在法律内还是在法律外"；"如果我们从我们的朋友或者坏人的观点看，我们将会发现他丝毫不关心公理或推论，但他确实想知道马萨诸塞州或英国的法院事实上将要做什么。我很理解这种想法。我所理解的法律，不是什么别的东西，而是法院在事实上将要做什么的预测"[2]。霍姆斯主张的法的本质及法的定义，几乎成为以后的美国现实主义法律学者信条中的基本原则。同时，实用主义法学由霍姆斯创始后，在很大程度上促使了20世纪上半叶美国社会学法学与现实主义法学的产生。

庞德的法社会学是霍姆斯实用主义法学在20世纪初的新发展。与当时美国强调保护垄断资本的福利国家的背景相适应，庞德巧妙地将威廉·詹姆士（William James，1842—1910）的实用主义哲学与德国利益法学派学者耶林的思想相结合，创造了以社会利益为中心的社会学法学。社会学法学的核心强调法律是保障各种社会利益的社会工程。但是，庞德的社会学法学从本质上讲仍然是实用主义的法哲学。庞德自己就明确指出，他的社会学法学"是一种实用主义的法律学说"。他说："法学中的社会学运动是一种法律哲学中的实用主义运动；是一种调整原则、原理及适应它们所要辖治的人间情况而不要坚持最高原则的

---

[1] Elizabeth Devine, Thinkers of the Twentieth Century Thinkers of Twentieth Century, St. James Press, 1987, p. 352.

[2] Holmes, The Path of Law, Cf. Max Lerner, The Mind and Faith of Justice Holmes, Brown and Company, Boston, 1945, p. 75.

运动。"①

在法哲学领域，与霍姆斯一样，庞德反对机械法律原则中的技术运作，反对那种沉湎于法律的抽象内容和纯粹逻辑推理的概念法学或形式主义法学；主张一种更具有现实精神、更能规范人们行为的目的法学。在他看来，问题的核心在于"法律规则和判决在现实生活中是如何运作的。他的目标是建立起一种实用的社会学法学，使法律规则适应具体的案例而不是相反"②。而庞德的社会学法学的纲领要点是，注重研究法律制度、法律学说和立法的实际社会效果，认为"法律的生命在于其实施"③，重视法律生效的手段及其与司法、行政等的相互关系等。总之，其核心"就是以实用主义为基础的研究如何使法律秩序的目的更有效地实现的方法"④。

受霍姆斯实用主义法学以及庞德社会学法学的影响，美国最伟大的法官之一，本杰明·卡多佐（Benjamin N. Cardozo，1870—1938）对美国的现实主义法学作出了巨大贡献。虽然卡多佐认为"所有制深刻地影响着法律思维的发展"⑤，但是，卡多佐受霍姆斯、庞德等人的影响更深。他提倡法官对法律的解释。他认为，法典的制定并不使法官显得多余，会有需要填补的空白，也会有需要澄清的疑问和含混，而只有法官的解释才能填补法律的空白，这正是司法职能繁荣并坚持下来的原因。而遵循先例应当成为规则而不是例外。法官是"活着的法律宣示者"，他通过制定判决先例而为其他人制作法律。他重视法律的实效，赞赏惹尼的正义和一般效用，认为这将是指引我们进程的两个目标。他与其偶像霍姆斯一样，反对概念法学的僵化的法律观，指出对每一个规则，人

---

① 转引自［美］威尔斯：《荷姆斯——实用主义法学的代言人》，允怀译，载《法学研究》，1955（1）。
② 吕世伦主编：《现代西方法学流派》（上卷），448页，北京，中国大百科全书出版社，2000。
③ Rosoce Pound, The Scope and Purpose of Sociological Jurisprudence, Harvod Law Review Vol 25 (1912), p.512.
④ 何勤华：《西方法学史》，400页，北京，中国政法大学出版社，1996。
⑤ Benjamin N. Cardozo, The Growth of the Law, Yale University Press, 1924, p.127.

们也似乎看到一个对立的规则,没有什么是稳定的,也没有什么是绝对的,一切都是流动的和可变的。世界是一个无穷无尽的"变成"。法理学的全部题材要比我们当中大多数人在未进行这类分析时所习惯于相信的更具有弹性,更具有可塑性,其模子并不那么确定,其正确与错误的边界也并不那么预先固定和恒定。他说:"随着岁月的流逝,随着我越来越多地反思司法过程的性质,我已经变得甘心这种(法律的)不确定性了,因为我已经渐渐理解它是不可避免的。我已经渐渐懂得:司法过程的最高境界并不是发现法律,而是创造法律……一些曾经为自己时代服务的原则死亡了,而一些新的原则诞生了。"[1] 显然,实用主义和现实主义贯穿了卡多佐的法学思想。

霍姆斯的实用主义法学中所包含的现实主义法学思想的成分,到了20世纪末、30世纪初,经由弗兰克(J. Frank, 1889—1957)、卢埃林等人的发展,形成了颇有特色与影响的美国现实主义法学思潮。"现实主义是……渊源于实用主义的思潮。"[2] 弗兰克学说的核心是关于法律概念的不确定性。他认为,将法律看成是确定的观念,是自欺欺人的神话。法律在本质上是不可能确定的。法律并不是"书本上的法律",而是"行动中的法律";不是固定的规则,而是法官的行为;不是规则体系,而是一批"事实"。因此,法律的不确定性蕴含着巨大的社会价值。那种认为能使法律稳定且固定不变的观点是一个"基本的法律神化"[3]。

关于什么是法律,弗兰克认为,完整的定义是不可能的,即使是一个勉强可用的定义也将使读者失去耐性。他主张从一个普通人的观点来对法律下一个粗略的定义。他认为,对任何特定的人,就任何特定的事实说,法律就是关于这些事实的,在其影响该特定人的范围内的一种判决。他还强调,在法院就那些事实作出判决以前,对于特定的问题的法

---

[1] [美]本杰明·卡多佐:《司法过程的性质》,苏力译,14、101、105页,北京,商务印书馆,1998。
[2] 张乃根:《西方法哲学史纲》,237页,北京,中国政法大学出版社,2008。
[3] 何勤华:《西方法学史纲》,421页,北京,商务印书馆,2016。

律是不存在的。①弗兰克指出，法全部是由法院作出的判决组成的，就任何具体情况而言，法或者是实际的法，即关于某一情况的一个过去判决，或者是大概的法，即关于一个未来的判决的推测。他认为，直到一个法院已审理某一案件，在这一案件上并不存在任何法律，唯一可利用的"法律"，是律师对有关这个案件的法律意见。这些意见实际上并不是法律，不过是对法院将如何判决的推测。既然法律是法院的判决或关于法院判决的推测，那么，要想知道什么是法律，就必须着重研究司法程序和法官的活动，而不是写在纸上的规定，也就是说，应注意"现实"而不是"概念"②。

卢埃林是与霍姆斯、庞德齐名的法哲学家。他的现实主义法学思想深刻地体现了当代美国法的精神。卢埃林现实主义法学的基本思想是：法官关于争端作出的裁决就是法，法是司法创造的、灵活变动的东西；法不是目的，只是实现社会各种目的的手段；法是不断发展的，因此应经常研究法的各部分是否适合社会的情况；法的应然与实然可以分开，即区分书本中的法与行动中的法等。③卢埃林一向反对法学中传统的定义方法和定义，将它们斥为"全然乏味的"东西。在他看来，不研究一个东西实际上是怎样活动的，起什么作用，就不可能知道该东西是什么，法的研究也是这样，因此，他建议抛弃传统的定义方法，把注意力集中在说明实际的法律生活和法律作用上。他认为法不是权力机关发布的命令，法官关于争端作出的裁决就是法。④他强调，在法律领域中，最重要的是法官的行为，而不是法律本身。在卢埃林的现实主义法学思想中，"规则怀疑论"是一大特色。他认为，规则具有不确定性，即规则没有给法官提供统一性、肯定性和预测性，从而指引法官得出预期的判决。大量的事实证明，在同一法律规则的结构中会产生出众多不同的

---

① Jerome Frank, Law and the Modern Mind, Anchor Books edition, 1963, p.6.
② 张文显：《二十世纪西方法哲学思潮研究》，137、138页，北京，法律出版社，1996。
③ 参见何勤华：《西方法学史纲》，422-423页，北京，商务印书馆，2016。
④ 参见张文显：《二十世纪西方法哲学思潮研究》，137页，北京，法律出版社，1996。

审判结果。以卢埃林为代表的"规则怀疑论者"把这一原因视为法不确定的首要原因,第二则是事实方面的不确定性。

"与庞德的主流法学相比,弗兰克和卢埃林的现实主义法学更趋极端,表现在:第一,过分强调法的不确定性;第二,片面地将法官的行为理解为法;第三,仅从社会心理学观点来解释法律;等等。"①

3. 实用主义法哲学观之总结

概念法学是一切的根源。对概念法学的反对促使了欧洲大陆自由法学派的产生,而自由法学的思想又深深地影响到了美国实用主义法哲学思潮的产生与发展。从思想源流来看,实用主义法哲学固然从实用主义哲学中吸收了不少养分,但是,自由法学所主张的从实际社会生活中探求活生生的法等观念也牢固地成为美国实用主义法哲学的思想内容。综观实用主义法学的思想,主要有以下几点:

首先,反对概念法学的严格规则主义。实用主义法学者一致认为概念法学的这个论点是虚幻而且与现实不相符的。任何一种实在的法律制度必然都是不完整的和有缺陷的,而且根据逻辑推理的过程,也并不总能从现存法律规范中得出令人满意的结论。

其次,持规则怀疑论和法律概念不确定论,主张区分"书本中的法"和"行动中的法"。怀疑法律规则论,认为书本上的规则不可能精确地表达法院的实践活动,在实际的法律实践中其所具有的意义远没有人们早先设想的那么重要;主张法律的不确定性,认为法律是流动而富有弹性的,确定性的法律只是一种幻想,因此法律不是在法官判案前就已存在,而是通过法官的行为体现出来的;强调法的社会目的性;强调法和社会的不断变化;认为行为的效用是法律的唯一准则,法律应以一定的现实基础以及对事实作出一定程度的反映。

最后,反对法官通过形式逻辑的方式将法律运用于具体案件的机械操作技术,提倡法官发挥自由裁量权。"行动中的法"观念使实用主义法学者相当重视法院的判决,将法院的判决奉为法律,认为司法的现实

---

① 何勤华:《西方法学史纲》,423页,北京,商务印书馆,2016。

就是法律,强调生活与行动中的法,提倡法官裁量权的发挥。提倡法官造法——即判决先例的制定,法官甚至包括其他官员如律师、警察或监狱官等,实际上在他们法律事务中的所作所为就是法律本身。断言法律就是对法院的判决所做的预测,提倡法官对制定法规则的解释性运用。"法的生命不是逻辑,而是经验",弗兰克、卢埃林等人提出的法院的判决才是法律,"活法"才是法律等观点,也是对这一论点的发展和继承。

总之,反对概念法学和机械分析法学的拜物教主义、咬文嚼字主义、绝对主义以及形而上学主义,提倡以实际效用为基调的法的实证主义、价值主义、便宜主义,提倡行动中的法,提倡法官中心论,是实用主义法哲学的基本思想。归根到底,"实用主义法学是将法律的重心从国家主权者移向法官"[①]。实用主义法学经由庞德、卡多佐、布兰代斯(L. D. Brandeis,1856—1941)、弗兰克、卢埃林等人继续了下去。直到20世纪30年代中期,在美国最高法院的判案中,实用主义法学的主张还主要是在"异议意见"中表示出来。但在罗斯福总统与"老派"之间展开了斗争,并从而改变了美国最高法院的构成成分以后,实用主义派法官最后在美国最高法院中取得了多数。[②] 随着美国经济的扩张,美国实用主义的法学思想也被输送到世界各地,包括中国,可谓影响广泛。

二、实用主义刑法观的建立:以开放的构成要件为基础

1. 实用主义刑法的基本观念

如何理解实用主义刑法观?这是一个有难度的问题。"实用主义几乎是目前唯一流行的真理理论"[③],而实用主义法哲学对美国法治建设更是作用巨大,几乎成为美国法庭的官方学说,其影响波及世界各地,

---

① 张乃根:《西方法哲学史纲》,222页,北京,中国政法大学出版社,2008。
② 参见[美]威尔斯:《荷姆斯——实用主义法学的代言人》,允怀译,载《法学研究》,1955(1)。
③ [法]爱弥尔·涂尔干:《实用主义社会学》,渠东译,1页,上海,上海人民出版社,2000。

因此，笔者选择以实用主义及其法哲学观来构建实用主义的刑法观，也就不足为奇了。尤其是在我国现行的刑法适用体制之下，选择以实用主义的方法来研究刑法适用问题更是唯一的出路。

就实用主义概念而言，"没有哪位实用主义者能够给我们提供一种彻头彻尾的解释"[①]。不过，实用主义哲学哪怕是零散的理论，还有以美国法学者为代表的实用主义法哲学，为笔者所提倡的实用主义刑法观提供了坚实的基础。这使我们的理论不至于是沙上建塔，而是体现了深厚的理论源流。

笔者以为，实用主义刑法观的基本要素是对传统概念主义刑法观所持有的批判态度。对我国刑事立法和司法实践部门长期以来存在的教条主义刑法观进行反省，批判本本主义，批判唯成文的文字是瞻的刑法适用态度，因此它是一种经验主义的刑法观。此其一。其二，实用主义刑法观强调实践中的法、活法，强调法官对法律的补充适用，提倡法官自由裁量权的发挥。它反对任何形而上学的教条，反对所有封闭的系统，而提倡开放的构成要件理论；它反对仅根据成文规范的规定简单地适用刑法而拒绝进一步考察有可能更加明确而合适的解决方案。其三，实用主义刑法观最看重的不是成文的文字性记载，而是司法实践的实际后果。因此，实用主义刑法观并不是一个体系，而只是一场讨论，一场运动，是一场解放我国刑事司法囚禁于概念法学唯理论桎梏下的意志的尝试。它的面目也许会在后来变得越来越清晰。

实用主义刑法观作为一种刑法研究方法，只是我们内心面对问题时所采取的态度和一般的倾向。在这种态度中，我们的注意力直接指向适用刑法的后果和事实，"实用主义方法是试图探索其实际效果来解释每一个概念"[②]，而不是指向刑法规范本身。实用主义刑法观就是一个解决形而上学的、以刑事立法和司法解释的本本主义为中心的刑法适用方

[①]〔法〕爱弥尔·涂尔干：《实用主义与社会学》，渠东译，17页，北京，上海人民出版社，2000。
[②]〔美〕威廉·詹姆士：《实用主义》，陈羽纶、孙瑞禾译，26页，北京，商务印书馆，1979。

第五章　开放的构成要件之司法适用

法,它可以满足对琐碎立法和"明确性"司法解释的无尽需求。实用主义刑法观解放的远远不止是行动而有思想,即对意图编织严格的、由成文性记载所组成的刑事法网的反感。实用主义刑法观是要确立讲究实效的、由法官自由裁量来适用刑法的观念。只要我们看一下实用主义这个词的含义我们就会更容易明白实用主义刑法观的意义。詹姆士考证指出,实用主义这个词源于希腊的一个词 $π\breve{α}ργμα$,意思是行动。"实践"(practice)和"实践的"(practical)这两个词就是从这个词来的。1978年皮尔斯(Charles S. Peierces)把这个词用到哲学中。皮尔斯指出,"我们在思考事物时,如果要把它完全弄明白,只需考虑它含有什么样可能的实际效果,即我们从它那里会得到什么感觉,我们必须准备作什么样的反应。我们对于这些无论是眼前还是遥远的效果所具有的概念,就这个概念的积极意义而论,就是我们对于这一事物所具有的全部概念。"[1] 这就是实用主义的原理。于是 pragmatism——"实用主义"这个名词就传开了。这个词的形容词形式更有助于诠释其意义,pragmatic,意为讲究实际的,重实干的,重实效的。因此,作为一种刑法研究方法,实用主义刑法观重视刑法实际的实施效果,强调刑法的实践意义,反对教条主义的刑法观,提倡从实践中去发现刑法,适用刑法。实用主义刑法观反对将刑法适用问题仅仅视为成文法的细化问题,并使刑法变得毫无生气,而主张通过法官根据活生生的生活去补充适用,以使捕捉生活的手段——制定并适用法律——不至于变成一种纯然的幻想。

对于实用主义刑法观来说,任何刑法规范都是未完成的,没有完全实现的,其意义也是灵活多变的。换言之,刑法规范是开放而非封闭的。开放的构成要件正是与实用主义相吻合的良好系统。而且,开放性的刑法规范与现实生活之间有一道鸿沟,并有无穷无尽的可能性。只要现实环境允许,各种可能性就会变成现实性。对于概念法学来说,刑法规范是理性主义的,是永远完成了的自足体系,因而它无须法官的价值

---

[1] [美]威廉·詹姆士:《实用主义》,陈羽纶、孙瑞禾译,27页,北京,商务印书馆,1979。

补充；而对于实用主义法学来说，刑法规范仍然处于形成之中，只有等到未来，等到法官根据生活现实补充适用之后方才最终完成。这样，一方面，刑法规范是确定的；另一方面，刑法规范仍然经历着变化的考验。法官可能会变成刑法规范的创造者，也可能会改变未来刑法规范的性质，所以，刑法规范不是固有和注定的东西，也不是被囚禁于无法超越的界限之内不可能适用的东西，它随着法官认识经验的扩大而逐渐丰富。盛行于我国刑事立法与司法界的"法典万能主义"是一种形而上学的概念，是一种思辨方法，它仅仅触动了刑法的外在表面，因为它产生了一套看似严格的刑法规范体系；而根本不可能洞悉刑法规范的本质，因为它武断地以各种概念限制了刑法规范的变动性和不确定性。法官并非只有逻辑推理而无补充判断的权力，逻辑只是次要的，再严密的逻辑都必定屈从于千变万化的犯罪现实。刑法的生命不是逻辑，而是经验。生活经验如同世界的图像，变化多端，很难准确把握它，因此，实用主义的刑法观是一种连续主义的形式——刑法规范永远处于形成之中，我们也可以将实用主义刑法观看作是一种经验主义的形式。从某种意义上讲，是与法官适用刑法的活动有关联的思维创造了刑法规范本身，而不是立法者或司法解释者的硬性规定。

实用主义方法并没有什么特别之处，但是，对于我国刑法的适用却绝对有不同凡响的意义和特别的重要性。按照詹姆士的看法，苏格拉底是还用这方法的老手。亚里士多德又系统地运用了这种方法。洛克、贝克莱、休谟还用这个方法对真理作出了巨大的贡献。霍克森坚决地认为实在不过是人们所"认知"的东西而已。至于实用主义法学观的提倡和运用，更使实用主义首次进入法学的殿堂。我国刑法适用中存在以下现象：对无限明确的刑法规范的追求，对文字性记载的刑法表述的过于迷恋，对教条主义的刑法观的依依不舍，对司法裁判者自由裁量权的压制，对刑法与实际生活相接轨的漠视。实用主义刑法观将会促使全面反省这种实践中存在的刑事司法僵化的现象，促使刑法进一步与实际生活、与犯罪现实相联系，并通过发挥法官的自由裁量权来促使刑事法官整体提高业务水平。其中，把刑法与生活联系起来，提倡法官运用自由裁量权而非依照精密的成文性规定机械地适用刑法，将刑法适用的重心从国家主权者移向法官，是实用主义刑法的基本观念。

至于实用主义法哲学中一些比较极端或偏颇的看法，则是为笔者提出的实用主义刑法观所反对。其代表如过分怀疑法律规则以及强调法律的不确定性。法律概念或规则的不确定当然是其属性，但是，不能因此就放弃对法律确定性的追求，笔者只是主张，在我们追求法律的确定性时，不能忘记法律还有不确定一面。但这绝不是说，因为法律具有不确定的一面，我们就完全不坚持法律确定性的一面，否则，就是从一个极端走入另一个极端。再如，关于法官造法，法官的行为就是法律的观念。在法治精神还有待建设、法官素质还有待提高的我国，过于宣扬或者赋予法官权力，一来会导致法官的恣意擅断，使法官从法条的机械操作者滑入法条的恣意创造者，这同样是从一个极端走向另一个极端；二来与我国的成文法系国家的法律制度也不相适应。因此，在笔者所提倡的实用主义刑法观中，我们只强调法官充分地行使司法的自由裁量权，而不提倡法官造法。

2. 实用主义刑法观的具体内容

根据实用主义刑法观的基本观念，实用主义刑法观的具体内容应该是，树立构成要件是开放的观念，树立刑法规范的相对确定性观念。反对立法者和司法解释者以明察秋毫的谨慎，试图将刑法典所有的细节考虑到，以至于将来任何时候都不会有疑点出现；提倡活法概念，提倡法官对刑法条文的解释与裁量权——既然构成要件的明确性只能是相对的，既然罪刑法定的明确性只能是一种立法政策上的方向，既然"刑法的明确性是由立法的明确性与解释的明确性共同实现的，刑法本身不可能绝对明确"，那么，如果还在明确性方面进行追求，而不是倡导法官用法，成文法永远都不可能实现明确。由此，我们应该树立以法官的自由裁量权为中心的刑法适用体制，反对司法解释干涉和侵入立法权，反对司法解释干涉和限制法官的自由裁量权，反对法官消极被动办案、遇事请示的流行做法，主张法官应该发挥其主动积极性；强调活法、实践中的法，反对概念法学教条主义的一套做法。概括起来，实用主义刑法观有以下三方面内容：一是确立开放的构成要件与不确定法律概念观，二是压缩刑法司法解释，三是提倡法官发挥自由裁量权。在这三项内容中，第三项内容同时即为笔者所倡导的我国刑法适用新体制。为了着重体现笔者所提倡的我国刑法适用新体制及其重要性，笔者拟将该问题作为本章第四节独立阐述。故此部分中笔者只阐述开放的构成要件与不确定法律概念的确立和刑法司法解释的压缩这两个问题。

(1) 开放的构成要件与不确定法律概念的确立。

我国的刑事立法者和最高司法机关总是致力于追求法律的明确，而忽视了法律的弹性。梁启超先生曾经谈到过我国法律的明确性与弹性的问题，他指出："法律之文辞有三要件：一曰明，二曰确，三曰弹力性。明确就法文之用语言之，弹力就法文所含意义言之。若用艰深之问，非妇孺所能晓解者，时曰不明……确也者，用语之正确也……确之一义与弹力性之一义，似不相容，实乃不然。弹力性以言夫其义，确以言夫其文也。""存最小之余地，则其为'确'可见；能供判官伸缩之用，则其有'弹力性'可见。然则二者之可以相兼明矣。我国法律之文'明'则有之，而'确'与'弹力性'两种，皆甚缺乏。大清律例卷首，于律中文辞之用法，虽有说明，然其细已甚，且不完备。以我律文与今世诸国之法文相较，其正确之程度，相去甚远，且不完备。若夫弹力性，则我律文中殆全无之。率皆死于句下，无所复容解释之余地。法之适用所以日狭，而驯即于不为用者，皆此之由。"[①] 时至今日，我国法律过于强调明确性而忽视弹性的做法非但未为改观，反而更加严重。刑法司法解释虽然"其细已甚"，但并不见得完备；至于刑法的弹力性，则在最高司法机关颁布大量司法解释的情况下，可以说"则我律文中殆全无之。率皆死于句下，无所复容解释之余地"！

前述对开放的构成要件理论的探讨也许是不完全的，其中肯定还存在着一些问题，例如对开放的构成要件的内涵与外延的有关看法就不一定成熟，但是，笔者以为，介绍威尔哲尔的开放的构成要件理论，并将

---

① 范忠信选编：《梁启超法学文集》，180页，北京，中国政法大学出版社，2000。

第五章　开放的构成要件之司法适用

之与我国刑法相结合来探讨我国刑法的犯罪构成,其最重要的意义恐怕不在于这一理论本身,而在于这一理论或概念将带给我们观念上的冲击与转变,以及其将要带来的刑法适用方法上的变化。以往我国刑法理论和实务界在研究刑法中的犯罪构成问题时,都只是局限于刑法理论本身并侧重于从犯罪构成的要件个数研究,而没有从哲学以及法哲学的角度推动对犯罪构成以至于整个刑法理论和刑事司法问题的研究。而开放的构成要件与以往学界所从事的犯罪构成问题的研究所不同的是,它不仅仅是一个犯罪构成的理论问题,更是一种观念的更新问题。这一理论将使刑事立法者和司法者明白,刑法中的构成要件在本质上是开放的,开放的构成要件是犯罪构成的构造方式。只存在相对封闭的构成要件,而不存在绝对封闭式的构成要件,但是,存在绝对开放式的构成要件。而且,开放的构成要件并不违反罪刑法定主义的明确性原则,它是刑事立法技术的必然产物,也是认识论的科学规律所决定的。因此,于我国刑法学界和司法实务界而言,重要的是应该通过开放的构成要件之理论,改变以往和目前存在于立法者及各级司法者脑海中以为构成要件可以全部实现封闭式的理想观念。通过开放的构成要件理论,立法者及最高司法机关应该清楚,构成要件的明确性只能是相对的,绝对的明确不现实,绝对的明确反而是不明确。"构成要件的明确性,也只能是一种立法政策的方向,甚至在一定范围内可说是一种理想,只有刑法理论和司法实践才能确定其真正的含义。"[1] 全封闭式的构成要件只是一种全然的幻想。封闭与开放的构成要件的区分本身就是相对的。任何构成要件都只能做到一定程度的明确,而不可能极端明确。因此,无论是刑事立法者还是最高司法机关都要放弃对构成要件明确性的无止境追求,树立开放的构成要件之观念。同时,立法者和司法者还应该明确,开放的犯罪构成所具有的灵活性、时代性、多样性与实用性,使法官能及时根据实际案例予以决断,不仅辅助了刑法、补充了刑法,而且还可以纠正刑法、发展刑法,并最终推动刑法内容的完善。因为明确与不明确区分具

---

[1] 陈忠林:《意大利刑法纲要》,27页,北京,中国人民大学出版社,1999。

有相对性，也为了适应社会生活的实际需要，开放的构成要件及其观念不应该受到反对，相反，应该在一定范围内被肯定并在一定程度上被提倡。在过去及现在，我国的刑事立法者和司法实务部门中仍有人认为，可以制定一个确定的、永恒的刑法规则体系，只要从这个体系出发，然后再通过纯粹的逻辑运算，"一个包罗万象甚至连每个细节都完美无缺的法律体系可以推导出来"，那么，今后，我们应该明确，"这种法理学方法已是明日黄花了"[①]。只有承认刑法体系的开放性，承认构成要件的开放性，并倡导法官的裁量适用，才能使刑法的发展与社会同步。开放的构成要件使刑法在具备了稳定性与相对的明确性的同时，又能兼顾社会多变性与灵活性，对开放的构成要件予以补充适用的司法官则是解决刑法典的稳定性与社会发展之间的矛盾的协调者。

而刑法概念的不确定性，同样是与开放的构成要件相联系的一个问题。其实，开放的构成要件与刑法概念的不确定性都是和法的不确定性紧密相关的问题，只不过开放的构成要件是从犯罪构成的总体角度来探讨不确定性，它是刑法规范的不确定性，而刑法概念的不确定性则是从概念的个体的角度来探讨不确定性的。构成要件的开放状态及其导致的刑法规范的不确定性中当然包括刑法概念的不确定性。可以说，构成要件的不确定是由刑法概念的不确定形成的，但是不确定的刑法概念并不仅仅组成不确定的构成要件，它们还形成不确定的法定刑规定。因此，当我们树立了构成要件的开放性观念，同时就还要树立刑法概念的不确定性观念。这一点很重要，但是仅有构成要件的不确定性观念还不能完全改变现有的教条主义刑法观，及实践中泰罗式司法解释的做法。只有既从宏观的犯罪构成的角度又从微观的刑法概念的角度同时树立不确定观念，才能根本改变我国现行刑事司法的弊端，否则，在适用刑法中的构成要件时，虽然我们能够树立构成要件的开放性及不确定性观念，并能进而反对立法者和最高司法机关对不确定的构成要件的无节制、确定

---

① ［美］罗斯科·庞德：《普通法的精神》，唐前宏等译，101页，北京，法律出版社，2001。

化的追求，而在运用法定刑的规定时，却陷入对明确性要求的不能自拔之中，同样会导致司法解释的盛行和法官判案的机械化。这方面有很好的例子能够说明，抢劫罪就是一个典型的例子：1979年《刑法》第150条规定，以暴力、胁迫或者其他方法抢劫公私财物的，处3年以上10年以下有期徒刑。犯前款罪，情节严重的或者致人重伤、死亡的，处10年以上有期徒刑、无期徒刑或者死刑，可以并处没收财产。其中的"情节严重"被指责过于抽象不易理解。现行《刑法》在规定抢劫罪时及时吸取了意见，对抢劫罪中的情节严重作了列举。现行《刑法》第263条规定，以暴力、胁迫或者其他方法抢劫财物的，处3年以上10年以下有期徒刑，并处罚金；有下列情形之一的，处10年以上有期徒刑、无期徒刑或者死刑，并处罚金或者没收财产：（1）入户抢劫的；（2）在公共交通工具上抢劫的；（3）抢劫银行或者其他金融机构的；（4）多次抢劫或者抢劫数额巨大的；（5）抢劫致人重伤、死亡的；（6）冒充军警人员抢劫的；（7）持枪抢劫的；（8）抢劫军用物资或者抢险、救灾、救济物资的。与1979年《刑法》第150条的规定相比，现行《刑法》第263条用了总共八项的规定来将1979年《刑法》中的"情节严重"具体化。现行刑法该条的规定绝对做到了罪刑法定的明确性要求。它不但详细地列举了被1979年《刑法》概括为"情节严重"的八种情况，而且没有使用尾缀性的"其他情节严重的"等类似概括性规定，可以说既明确又好操作。然而，对明确性的无节制追求使最高人民法院先后于2000年11月28日、2005年6月8日、2016年1月19日颁布了《关于审理抢劫案件具体应用法律若干问题的解释》（以下简称《解释》）《关于审理抢劫、抢夺刑事案件适用法律若干问题的意见》《关于审理抢劫刑事案件适用法律若干问题的指导意见》，对现行《刑法》第263条规定的八项具体化了的情节严重的内容进行解释。这包括对"入户抢劫"中"户"的解释，何谓"在公共交通工具上抢劫"中的交通工具的解释，"银行或者其他金融机构"如何理解，"持枪抢劫"的"枪支"是否包括假枪，等等。如果说1979年《刑法》的规定不明确还可理解的话，1997年《刑法》第263条的规定无论如何都不能再说是不明确的了。依笔者之见，最高人民法院的司法解释并无必要。如果不树立法律概念的不确定性观念，则很有可能还需要对《解释》中的有关概念再进行解释，譬如《解释》第1条规定，"入户抢劫"是指为实施抢劫行为而进入他人生活的与外界相对隔离的住所，包括封闭的院落、牧民的帐篷、渔民作为家庭生活场所的渔船、为生活租用的房屋等进行抢劫的行为。如何理解这里规定的"与外界相对隔离的住所""封闭的院落"等概念显然也是有疑问的，如果从对明确性的进一步追求角度来看，似乎很有必要再作出一个司法解释。果如此，我们的刑法想不变成一部19世纪概念法学所说的法条售货机都难。

当然，开放的构成要件和刑法概念的不确定性观念的树立绝非易事。正如哈耶克指出，"人们一般认为，在所有的法律规则都以成文方式或法典方式加以制定而且法官也只限于适用已成为成文法的规则的那种系统中，法律会具有更大的确定性（certainty）。除此之外，整个法典化运动也始终都是受这样一种信念指导的，即把法律编纂成法典可以增进司法判决的可预见性（predictability）"。正是根植于这样一种偏见之中，我国的刑事立法者和最高司法机关才会对追求精确性的成文刑法规范的规定乐此不疲。对此，哈耶克认为，"就我本人的情形而言，即使我在普通法（common law）世界有着三十多年的社会经验，但是这段经验仍不足以使我纠正这种根深蒂固的偏见"[①]。不过，正因如此，开放的构成要件理论的提出才更有意义和价值。因为它不是毫无根据的理论，而是建立在合理的深厚的大陆法系的刑法理论基础之上的，我国与大陆法系刑法的共通性为我们接受开放的构成要件提供了很好的前提，所以，树立构成要件的开放性观念既不是无源之水，也不是强人所难。

根据开放的构成要件和刑法概念的不确定性，构成要件的不完整不详尽是无法避免的，它呈现的是一种开放的态势；刑法概念的不确定性

[①] [英] 弗里德利希·冯·哈耶克：《法律、立法与自由》，第1卷，邓正来译，181页，北京，中国大百科全书出版社，2000。

也是必然的,这是由法律概念的不确定性决定的。它们都体现了与实用主义法学相同的立场,即对完整的严苛详尽的法律规则的反对,而对法律的社会目的、效果的强调;都主张划分"书本上的法律"和"行动中的法律",或称"纸面规则"和"实在规则"。如果承认法律只能相对确定或者不确定,就必然承认有开放的构成要件的存在。而开放的构成要件的适用必须充分发挥法官的自由裁量权,法官必须结合案件事实根据法条的规定并予以补充之后才能作出判决,刑法条文不再是死的,而是活生生的适用中的法。对刑法的实施就不应只重视成文的书面规定,而更加强调刑法实施的效果。因此,在笔者看来,开放的构成要件天然就蕴含了深刻的实用主义法哲学思想;也因此,开放的构成要件理论及刑法概念的不确定性能够成为实用主义刑法观的内容之一。

(2) 刑法司法解释的压缩。

一个又一个的司法解释,就是为了通过对法条的解释明确刑法,把立法者或解释者认为粗线条的、不好操作的法条,或者是不确定的刑法概念罗织为精密的准确的法网,总之,就是为了使法条清晰化;此外,通过修改、补充法条,使刑法与整个变化了的社会现实相适应。烦琐而细致的司法解释固然实现了罪刑法定主义的明确性要求,但是真理的相对性决定了刑法规范明确的相对性。时间的流逝会使真理变得越来越不牢固,成文性的解释则在这种变化中迟早要受到淘汰。现实生活的无限多样性和成文法的局限性决定了再多的司法解释也不可能解决成文法典存在的问题。"法律的范围一方面应该是一个完备而有系统的整体,另一方面,它又继续不断地需要新的法律规定",因为"对任何一部法典都可以求其更好,不用多少反思就可以作出这一主张,因为我们对最好、最高、最美的,还可以想到更好、更高、更美的",这表明了"法的完备和改进的可能性"[①]。法律的这种特性决定了即使最高司法机关意图通过司法解释来克服刑法典的局限性,这也只是在短时间内有效的

---

① [德]黑格尔:《法哲学原理》,范扬、张企泰译,225、226页,北京,商务印书馆,1961。

行为，而绝不可能一劳永逸——一个或几个司法解释解决所有的刑法适用问题。而这种不可能的结果加速了司法解释的颁布速度和数量，导致刑法司法解释泛滥成灾。各司法解释之间叠床架屋，错综复杂，既难掌握又难适用。如果不遏止无休止的司法解释步伐，刑法规范将会多得漫无止境。

以非法经营罪为例：其相关的司法解释、司法指导文件、公安文件相加，数量甚至达到了61个，着实令人叹为观止，但即便存在如此之多的文件，其仍然是司法实践中最为人诟病的"口袋罪"之一。事实上，刑法典的抽象性并不是刑法司法解释能完全弥补的。哪怕最高司法机关不遗余力地颁布一个又一个的司法解释，也不排除这些司法解释又会随着新问题的出现而遭到淘汰或不适应新的犯罪情况，与其这样头痛医头，脚痛医脚，不如将个案的自由裁量权交由司法裁判人员行使，反倒可以将成文法典及成文化的司法解释之缺陷克服，否则，解释复解释，司法解释无穷尽也！而再多司法解释的颁布都不可能与瞬息万变的社会生活完全相适应，因为越是具体的解释规定越不可能适应快速变化的生活实际，反倒具有一定抽象性和概括性的刑法规范可以做到。既然刑法司法解释永远只可能停留在现实生活的彼岸，既然被快速变化的社会生活淘汰是司法解释无可避免的宿命，最高司法机关又何必劳民伤财、耗时花力去做这样的无用功呢！而且，假设刑法中的每个犯罪都像挪用公款和挪用资金罪一样适用如此繁多的司法解释，又何必还要刑法典？果如此，刑法适用岂非永远存续于永无边际的司法解释之中？而立法者又何必还要使用无可避免抽象性的法律规范来表达司法解释呢？如此循环下去，只会使刑事司法在适用司法解释——请示——再解释这样的怪圈中不可自拔！

司法解释的繁衍不仅反映了我国最高司法机关在刑法的运用上欲实现"滴水不漏"，也是理论上对概念式的刑法学的要求。如刑法理论上有人就提出，我国最高司法机关颁布的司法解释在司法实践中起着不可或缺的作用，但是，司法解释的工作需要完善的地方还不少，重要的是，颁布司法解释的主动性与及时性方面需要完善，以及为保障主动性与及时性的实现而建立一个自上而下的功能强大、反应敏捷的调研系统的重要性和急迫性。"因为我们看到,仍有一些重要的实践中急需的司法解释(比如犯罪数额标准、大量的'情节严重'、'情节特别严重'的界定)付诸阙如,或年久未改,落后于社会的发展,满足不了实践的需要。"[①] 如果说,"两高"不亦乐乎地在短短四年多的时间内颁布了如此之多的司法解释还不够积极主动,认为司法解释还不够多的话,那么,很难想象如果按照该论者所说更加积极主动地去颁布司法解释,我国的刑事司法将会是一幅什么图景?!

另需特别指出的是,我国刑事立法解释不多,甚至很少,这是事实,但是,我们并不因此就倡导立法解释的增多。我们反对过多的刑事司法解释,但这并不表明我们提倡大规模地进行立法解释,或者说以立法解释取代司法解释。刑法理论上有观点认为,我国刑事司法解释过多,应该改变这种状况,建立以刑事立法解释为主导、以自由裁量为主体、以司法解释为补充的新的刑法解释体制。[②] 司法解释过多的不合理之处实属事实,但是,就此倡导强化立法解释并建立以立法解释为主导的新的刑法解释体制,笔者难以苟同。其一,立法解释存在着与司法解释类似的问题。无论是立法解释还是司法解释,二者只是在解释的主体和解释的程序上有所区分,但在实质上,它们对司法实践都具有同样的约束力,法官在适用法条的过程中都须遵照执行,而且它们都是来自国家权力机构的解释,只是在权力机关的级别上,立法解释机关高于司法解释机关。而且,立法解释的强化和蔓延,是立法者直接通过自己的类似于立法的行为将开放的构成要件补充为封闭的构成要件,基本上是直接以立法的形式实现概念法学的法典万能主义,而不是假最高司法机关之手。果如此,以司法解释为主导的旧的刑法解释体制的弊端同样会在所谓的以立法解释为主导的新的刑法解释体制下存在。其二,立法者解释法律并不是如我们想象的那般合理,至少世界各国法律实践的现状给

---

① 戴长林、周小军:《新刑法条文中"等"字意义辨析》,载《法学》,1999(7)。
② 参见杨焕宁、李国如:《刑法解释体制的重构》,载《犯罪与改造研究》,2001(4)。

我们的信息是如此。在其他国家的法律实践中，法律解释都是在个案的适用过程中由法官根据法律条文的规定具体为之。也就是说，法律解释主要是一种法官的司法裁量活动。法官造法在"英美法系国家殆视为当然，在大陆法系国家，其判例的效力虽不若英美各国所具权威，唯无可否认，其亦具有造法的功能"①。《法国民法典》第 4 条就规定："法官借口法律无规定、规定不明确或不完备而拒绝审判者，得以拒绝审判罪追诉之。"《瑞士民法》第 1 条规定，"法律问题，在文字上及解释上，法律已有规定者，概适用法律。""法律所未规定，依习惯法。无习惯法者，法院因遵照立法者所拟制之原则予以裁判。""于此情形，法院务须苟遵稳妥之学说及判例"。显然。法律没有规定或者没有明确规定时，就要按照法理和习惯办，不能不办。英美体系和大陆法系的法律实践表明，各国的司法实践基本上形成了这样的司法原则，即有法律就依照法律，没有法律就要依据法理和习惯办案。其三，法律解释与立法活动是两种不同性质的活动。立法者的任务就是制定出具有普遍性、抽象性，能够适用于不同形势和案件的法律规则，而不是在如何将这些抽象性的法律规则适用于具体案件的问题上费心，后者是司法裁判者的任务。立法者受主体认识能力、语言表达能力、客观环境的复杂性等各种因素的决定，不应该也不可能制定出一个针对形形色色案件的将甲乙丙丁戊诸种情况一一列举的刑法典，他们只能制定出一个抽象的规范。将抽象规范与具体案件相结合的具体化过程当然只能由案件的裁判者——司法官员完成。"如果把法律解释作为一种区别于立法（包括立法中的解释现象）的话，那么甚至可以说，由立法者之外的实施者解释法律，尤其是由司法裁判者在利害双方或多方参与的情况下解释法律，更符合客观公正地理解和实施法律的要求。"② 其四，从新刑法实施以来立法机关颁布立法解释的情况来看，截至目前，全国人大常委会已经颁布了 13 个立法解释，较之 1979 年刑法实施的 17 年间一个立法解释都没有的情

---

① 杨仁寿：《法学方法论》，142 页，北京，中国政法大学出版社，1999。
② 张志铭：《法律解释的操作分析》，251 页，北京，中国政法大学出版社，1998。

况，已经是不可同日而语。这表明，我国的立法机关已经开始高度重视运用其所享有的法律解释权了，其法律解释意识已大大增强。在此情况下，如果我们还提倡强化立法解释，甚至建立起以立法解释为主的刑法适用体制，那么，可以想见，立法解释会更频繁地出现，最后的结果就会如同前述第一点所论述的一样！

当然，笔者反对的是过多的刑事立法解释，以防止我们由刑事司法解释过多的一种不好倾向走向刑事立法解释泛滥的另一种不好倾向。但是，笔者也并不反对合理的刑事立法解释。如果在刑法的执行过程中确实遇到了关于法律、法令条文本身需要进一步明确界限或作补充规定的情况，我们当然主张由全国人大常委会进行解释或以法令加以规定。

总之，为了避免今后的刑法典过分追求其实用性，不能容许有太多的司法解释，必须促使司法解释尽量融入刑法典之内，以促使刑法典的适用统一。如此既可避免司法解释过多而导致与刑法典之规定相冲突，又有助于使刑法典发挥全体行为规范的作用，而使受规范者——国民易于遵守法律，也使刑法的执行者——法官易于适用；同时，也有利于维护刑法的统一性和权威性。

第三节　开放的构成要件之适用体制

基于改变我国刑事司法之现实弊端的想法，基于开放的构成要件的适用要求——法官的补充为前提，基于与之相联系的实用主义刑法观的内在观念，改变长期以来我国刑法适用上的"立法解释相对薄弱，司法解释异常繁荣，自由裁量受到限制"的不合理刑法适用体制，而转变为以法官的自由裁量权为中心的刑法适用体制，当属必然的结果。法官行使自由裁量权实际就是由法官来解释适用刑法，不同于以最高司法机关司法解释为指导的刑法适用体制，因此，笔者以下简称其为法官解释体制。

一、法官解释体制的确立

确立法官及其自由裁量权中心地位的刑法适用体制是实用主义法官哲学的要求。被誉为美国民族英雄的实用主义法学的创始人霍姆斯，他所建立的法官哲学改变了以往和当今社会人们对于法官角色的定位，尤其是在19世纪概念法、严格法时代法官卑微地位。霍姆斯指出，我们"研究法律的目标是预测（prediction），预测来自法院的活动对公共权力的影响"[①]。而什么是法，在霍姆斯看来，就"是法院在事实上将要做什么的预测"。这样，以法的预测说为基础，霍姆斯构建了其法官哲学的出发点，即以法官为中心，以法官判决的可能内容为研究对象。霍姆斯的法官哲学从历史上看就是合乎实际的，因为，在"历史上，法官先于法律。法律的草创始于法庭。""无论如何，法官先于法律。"[②]法官之所以优于法律，是因为法官本身的行为。"如将法律视为法律科学或观察科学的对象，人们就必须将思想集中到行为上来。"[③] 如果认为刑法是法学观察的对象，就必须将人们的视线从刑法条文或其文字性有权解释转移到法官的审判行为上来。"法律领域里，最核心的问题是法官的行为，尤其是他们作为法官的行为。"[④] 只有法官的行为才能"使易于僵化之功能不致僵化，使易于丧失真理性之法律随时保持真理性，使一般而抽象的法律随时有化为特殊而具体之可能，使不完全的条文适用时成为完全"。而这正是"国家社会需要法曹（唐、宋地方的司法机

---

① Holmes, The path of Law, Cf. Max Lerner, The Mind and faith of Justice Holmes, Brown and Company, Boston, 1945, p. 72.
② [美] 庞德：《法院组织与法律秩序》，王笑红译，载王健编：《西法东渐》，434 - 435页，北京，中国政法大学出版社，2001。
③ 蒋集耀：《司法现代化：法治化的必然要求》，载《法学》，1995（5）。
④ [美] 卡尔·卢埃林语，参见张乃根：《西方法哲学史纲》，修订版，311页，北京，中国政法大学出版社，1997。

关——作者注）及法学人士之合理的根据"①。而在我国现行的刑法适用体制之下，最高司法机关的司法解释已经使法官适用刑法的过程成为被动机械地操作由刑法典和司法解释共同构成的法律机器的过程，法官日益成为如同孟德斯鸠所描述的"宣布法律条文的喉舌"。他纯粹是个被动的人物，既不能缓解法律的威力，也不能削弱其严格性。长此以往，不但会使刑法规范日渐失去活力，也会使法院及法官的司法职能难以发挥。因此，改变以适用司法解释为主体的刑法适用体制，确立以法官自由裁量权为中心的我国刑法适用新体制，就是让本该属于法官的权力由法官行使，使法官真正成为一个享有自由裁量权的裁判者，而不是法律机器的操作员。

"尽管正当行为规则就像它们使之可能的行动秩序一样，最初都是自生自发的产物，但是它们的不断完善却需要法官（或其他熟谙法律的人士）作出刻意审慎的努力，因为他们可以通过制定新的规则来改进现存的规则系统。"② 所以，构成要件的明确只有依靠法官的解释才能完全实现，这对于开放的构成要件的适用是一个很好的启示，即我们必须通过法官的补充解释才能适用之。换言之，任何其他的形式都不是最好的形式。其他方式无非包括立法解释与司法解释。这两者，一是成本太大，二是解释一旦颁布，与成文的法典一样具有普遍的约束力和权威性，也因此，它们同样具有成文法典本身的不周延性、不完整性，同样会遇到解释中的内容与实际发生的情况不一致的情形，与刑法典一样，它们同样不是万能的，在适用短路的情况下，同样需要法官的解释，所以，问题到最后还是会归结为需要法官对构成要件的解释适用。因此，官方解释的形式只是适用开放的构成要件的次优选择，最优选择当然是法官的补充解释，通过发挥法官的主观能动性，使其充分行使自由裁量权，才符合适用成文刑法典的科学规律。

---

① 蔡枢衡：《中国法理自觉的发展》，1947年。转引自张骐：《继承与超越》，载《中外法学》，2000（1）。
② ［英］弗里德利希·冯·哈耶克：《法律、立法与自由》，第1卷，邓正来译，160页，北京，中国大百科全书出版社，2000。

在法官对开放的构成要件进行解释的时候,法官所遇到的当然是一些疑难问题、一些说不清道不明的东西。对于这些疑难问题,可能会存在不止一种解决方法,可能会存在着不止一种可能性答案,譬如,什么是"情节严重",或者某种过失犯的预见义务。这样,甚至在大多数情况下,即便是找到一种能够符合它必须予以满足的所有条件的解决方法,也是极为困难的。"因此,法官的使命乃是一种智识使命,而不是另一种使命——其间,法官的个人情绪或个人偏好、法官对当事人一方所处困境的同情或者法官对特定目标所具有的重要性的看法等因素都可能影响他的判决。法官持有一个明确的目标,尽管不是一个特定的具体的目的,亦即通过制定一项能够防止业已发生的冲突再次重演的行为规则来逐渐改进某个特定的行动秩序。在努力履行这项使命的时候,法官必须始终在一个给定的他所必须接受的规则系统内活动,而且还必须把整个规则系统致力于的目标所要求的具体规则融入该系统之中。"[①]

确立以法官自由裁量权为中心的我国刑法适用新体制是与无穷尽的犯罪现实相适应的。"许许多多的几何学,许许多多的逻辑学,许许多多的物理学和化学假设,许许多多的分类,每一种都很有价值,却不适用于所有事物,于是我们便有了这样的观念:最真实的公式也许就是人类的手段,而不是文字的记录。"[②] 对于刑法的适用而言,正是这样。成文的刑法典或者司法解释虽然能够确保刑法的安定性和可预期性,然而,成文法及成文的司法解释固有的局限性使其难以适应于所有犯罪现象,其对确定性的追求只会陷入新的不确定性中。因为如霍布斯所言,一切文字性的词句都是可能发生歧义的,所以增加法律本身的词句就是增加歧义。只要我们看到旧刑法是多么简洁,后来在司法解释以及单行刑法的补充之下是怎样愈变愈烦琐,以及新刑法如何克服旧刑法粗疏而变得更加明确,现在又在层出不穷的司法解释的补充之下变得空前复

[①] [英]弗里德利希·冯·哈耶克:《法律、立法与自由》,第1卷,邓正来译,161页,北京,中国大百科全书出版社,2000。

[②] 转引自[法]爱弥尔·涂尔干:《实用主义与社会学》,渠东译,34页,北京,上海人民出版社,2000。

第五章　开放的构成要件之司法适用

杂，就能够明白文字性的规定是如何增加刑法规范的歧义的。所有新的司法解释都是在为澄清歧义而努力，而所有新的司法解释又多是在制造新的歧义，并导致司法解释无穷尽。而且，即使最高司法机关努力想使刑法规范更加明确，但是，并以此试图控制法院及法官的审判权，刑法在很大程度上曾经是、现在是，而且将来永远都是含混不清和不稳定的，因为明确性或确定性都只是相对的，不稳定及不明确才是绝对的。就像现实主义法学家早已指出的，法所要应付的是人类各种最复杂的方面。摆在它面前的是纷至沓来、变幻莫测的全部混乱人生，而在我们这个万花筒的时代里，这全部情况比任何时候更为混乱。如果说过去比较静止的社会未能创造出事先能预料到一切可能的法律纠纷，并预先加以解决的一套包罗万象、永恒不变的规则，那么，现代社会就更不可能了。因此，无论立法者或最高司法机关如何高明，刑法典条文或司法解释规定也不能网罗一切行为准则，不能覆盖一切具体的刑事案件。成文法的天然局限性恰好为法官解释刑法提供了根据，刑法规范只有通过法官来发现、补充及修正，才能获得运用裕如、融通无碍的弹性，也才能改变梁启超先生所说的我国法律于弹性之欠缺的不足。因此，无论是立法者制定的刑法典，还是最高司法机关颁布的司法解释，最终都离不开法官的解释，因为法典或司法解释这类白纸黑字的刑法规范最终是由其适用者即法官来解释运用的。而且，制定得再精细的司法解释如果没有好的法官来实施，最有学术价值的司法解释或崇高的刑法典也不会产生多大效果，"但是，如果有好的法官来实施，即使法典或法令不太完善也不要紧"[①]。

确立以法官自由裁量权为中心的我国刑法适用新体制是改变我国现存刑法适用体制之缺陷的唯一出路。如果按照我国刑事立法和最高司法机关对刑法规范明确性的追求，可以预见，日后的刑法典会越来越明确，或者说越来越烦琐；日后的刑法司法解释更会越来越多且内容杂乱。刑法条文将会变得浩瀚无边，卷帙浩繁。这样的刑法既难为法官员

---

① ［意］菲利：《犯罪社会学》，郭建安译，139页，北京，商务印书馆，2018。

适用，因为细密的刑法规范限制了法官主观能动性的发挥，以至于不可能克服成文法的局限性，也就难以实现刑法的精神；同时也难以为民众所遵守，因为烦琐细密的规定使人们难以全面了解，进而难以准确地预测自己的行为究竟属于违法还是合法，感到无所适从，刑法规范的规范指引功能就会付之阙如。丹宁勋爵指出："经验证明究于细节的立法可能弄巧成拙，它使得法律条文非常复杂而又含混不清、难于理解。这样就违反了法律应该以受其影响的人容易理解的方式来表达的基本原则。正是这一原则——明晰性原则——应该占上风。据此，应摒弃究于细节的立法，代之以原则性立法。我是说我们的立法应该以清晰的语言详细说明原则。在必要的地方，应该把细节留给其他方式、其他途径来解决……即便如此，也还存在一定漏洞——由于疏忽或缺乏远见或立法技术的欠缺。这些漏洞应由法官根据他们的良好的判断力来填补，到现在为止，他们可以而且应该得到这种信任。他们正是通过这种途径发展了普通法。在成文法方面，他们同样应该受到信任。"① 开放的构成要件作为对某些犯罪成立要件未能——详尽予以列举规定的一种相对明确形态。可以说正是摒弃了细节立法的情况下所产生的构成要件形态。这样一种构成要件形态要求法官在适用时予以补充判断，这种补充判断正是强调法的适用、强调活法的体现。虽然我国不同于判例法系国家，但是，对于采成文法系的我国来说，正如丹宁勋爵指出，法官也应该受到信任。"启蒙时代所倡导的，严格禁止法官解释法律、将法官视为'法律之口'、将法律适用视为机械运用三段论的过程，即强调刑法适用应坚持绝对确定性，将法官视为侵犯立法权的观点，今天已被最严格的法律实证主义所抛弃。"② 禁止或过分地限制法官自由裁量权的运用，是与现代法治国家的精神相违背的。

二、法官解释体制的内容

基于上文所述，笔者提倡树立开放的构成要件及刑法概念的不确定

---

① [英] 丹宁勋爵：《最后的篇章》，刘庸安等译，115 页，北京，法律出版社，2000。
② 陈忠林：《意大利刑法纲要》，30 页，北京，中国人民大学出版社，1999。

第五章　开放的构成要件之司法适用

性，提倡司法实践中允许法官适用一般性条款与不确定刑法概念，通过法官技术上的法律解释，通过其自由裁量权的发挥，软化法典的刚性，尽最大可能地在满足普遍正义的同时满足个案正义。"对于各个案件，由制定法提供的一般框架应当通过解释——即贯彻制定法的一些原则——的方法来填满。毫无例外，在每个案件中，法院的事务都是为制定法提供其所省略的东西，但又总是通过一种解释的职能来完成。"①

由此，笔者以为，首先，我们应该抛弃传统的做法，即将对刑法的注意力集中在定义以及概念的说明上，集中在法条明确化的规定以及细则化司法解释的颁布上，而应将注意力转移到说明实际的法律生活和法律作用上。正如卢埃林指出，法律似乎是对官员（主要是指法官）发出的，指示官员应该做些什么的具有权威性的规则。如果官员半信半疑地听信，这些指示就是由承认"建立的"规则，或官员阳奉阴违的规则。如果官员非常留心地听从，这些指示就是官员相当精确地遵守的规则。在这个意义上说，法并不是本本上的官方命令，法存在于人们的实际生活之中，特别是存在于法官的审判活动中，在卢埃林看来，"法官关于解决争端所作的行为就是法律"②。既然法院的判决就是法律，既然"法不过是法院将做什么的预测"，那么，要想知道什么是法律，就必须着重研究司法程序和法官的活动，而不是写在纸上的规定，也就是说，应注意"现实"而不是"概念"，应重视法院及法官的判决活动而不是刑法规范的文字精密性。不过，如果以此认为实用主义刑法观提倡活法就是不要纸面上的法，是反对成文法典的存在，那是误解。实用主义法哲学在重视实际生活中的法，行动中的法时，也没有忽视写在纸面上的规则。这决定了法官中心论的刑法观亦然。"法律的核心是法官将要做什么。因此，对于我来说，关键是看法官做什么，他如何解决争端或处理任何别的问题；看法官在解决争端时是否有一套固定的行为规则——这套规则可以使人们有可能预测他们自己以及法官以后的行为。"③ 所

---

① Kiss, Equity and Law, Modern Legal Philosophy Series, Vol Ⅸ, p. 161.
② K. N. Llewellyn, The Bramble Bush, New York, Oceana Publications, 1960, p. 12.
③ K. N. Llewellyn, The Bramble Bush, New York, Oceana Publications, 1960, p. 13.

以，提倡活法，提倡法官及其自由裁量权的中心地位，只表明我们在观念上和行动上对"现实"的强调，反对对精确设计的刑法条文和概念的不切实际的依赖，而不是对成文刑法典或者说固定的刑法规则的全面抛弃。只有既以刑法典的规定为依据，又以犯罪现实为转移，由法官根据二者的特点将之结合，并且发挥其对法条的正确理解，那么，刑法规范才能既是纸面上的法，又是活的法。

其次，立法者与最高司法机关应该放弃对刑法解释权的垄断，而使法官充分行使自由裁量权，以作出更加妥帖的判决。活法或者行动中的法只可能经由法官的行为产生，而不是来自立法者或最高司法机关死的、硬性的规定。"正如法制史清楚地表明，将法律解释与司法适用分离出来是不切实际的。试图将找到法律、解释法律、适用法律的职能分离开来也是徒劳无益的。""经验很快告诉我们，可以提前达到目的的大多数人必然设定一个大前提或一个指导性原则，而适用细节必然是司法实践或司法经验的成果。"① 我国刑法典中的刑法规范应该说已经为刑事司法实践提供了所需的大前提，依笔者之见，最高司法机关的"两高"司法解释所解释的问题，比如数额较大的标准，比如嫖宿幼女罪中主观上是否要明知的问题，比如挪用公款归个人使用的认定问题，等等，应该全部交由法官去裁量，去判决。如此，既可避免最高司法机关处心积虑地为制定出一个完美的刑法体系而劳作，也避免了一劳永逸地制定出一个考虑到所有细节的刑法体系幻想破裂时所遭受的痛苦，并能够使刑法规范永远与社会生活保持一致的步伐，而不致随着新的犯罪出现而使司法解释惨遭淘汰。

最后，法官及其裁量权中心论的确立，要求法官能够准确地判断犯罪事实，引用刑法法条，并以适当的篇幅说明判决理由。刑事审判及判决所适用的法律有程序法和实体法，其中程序法对一切刑事审判都有用，但实体法只对有罪判决才有用。如何准确判断案件事实并准确引用

---

① ［美］罗斯科·庞德：《普通法的精神》，唐前宏等译，125页，北京，法律出版社，2018。

实体法的法条，是开放的构成要件理论及实用主义刑法观树立之后所要着重解决的问题。

中国部分法官的判决不习惯或不擅长说明判决理由，所有刑事判决的理由几乎可以说都是极其简单的。在一个类似于机械操作员的法律体系之下，法官仅作判决理由的简单说明尚可理解，因为法典及司法解释已经清楚地表明了判决的理由，法官只需将相应的法条解释规定用于判决书中，即为万事大吉。但如果要求最高司法机关大大压缩或减少其司法解释的速度与数量的话，要求法官于判决书中尽可能详细地陈述其判决的理由就显得极为重要了。因为，假设法官的判决只有相关的抽象刑法条文可以遵照，并无琐碎的司法解释可供引用，那么，法官的判决显然是将抽象的刑法条文加进自己的理解和判断之后，结合案件事实方才作出的。为了使人信服法官对法条的理解和补充判断是合理的，法官就必须从法理、刑法等各个方面展开对判决理由的说明。这实际上也是在构成要件不够明确的情况下，从司法审判的角度保证罪刑法定主义的人权保障机能的必然要求。

一般来说，法官所作的有罪判决书应该陈述以下事项的理由，即认定犯罪事实时所凭的证据及其认定原因，对于被告有利的证据不采纳的原因，科刑时就刑法量刑所规定的事项斟酌之情形，刑罚加重或减轻或免除的理由，处以训诫或缓刑的理由等。日本学者村井敏帮指出，对于被告的有罪判决，为表示对罪刑法定主义的遵守，刑事判决书的理由应引用被告成立的罪名或犯罪构成要件，以表示被告的行为符合刑法所规定的罪名或构成要件。[①] 而对于被告所判处的刑罚，判决书中也应该就来源于何条、何种法定刑或有关刑罚的规定加以说明。如果被告所犯的是多种罪名，则应将所有相关罪名及构成要件都引用；如果是竞合罪，则不但要引用判决最后所适用的重罪罪名及法条，也要引用与该重罪竞合的轻罪罪名与法条，并且对它们的竞合情况和最后所使用重罪的理由加以说明；对于共同犯罪及其处刑，则不但要引用分则中有关罪名及法

---

① 转引自蔡墩铭：《刑事判决与法条之适用》，载《台大法学论丛》，第21卷第1期。

条,还应引用总则中有关共犯及量刑的一般性规定;对于犯罪中止、犯罪未遂、犯罪预备等各种不同形态的犯罪的判决,同样既要引用分则中相关犯罪的罪名和法条,还要引用总则中关于犯罪中止、犯罪未遂、犯罪预备等的处罚规定,并要根据刑法中犯罪中止、犯罪未遂、犯罪预备等的理论,分析为什么行为人的行为是犯罪中止、犯罪未遂、犯罪预备等。

需要明确的是,判决理由的说明不仅仅只是一个法条的引用问题,更重要的是,法官必须运用其自身的刑法理论知识,对判决结论展开深入剖析,指出其之所以如此判决的原因,以及其判决结论公正性、正确性的阐述。唯有如此,方足以令人信服。对于开放的构成要件,对于规范性构成要件要素,这样的说明尤其重要。对如何具体适用开放的构成要件,笔者将在下文展开论述。而对于规范性构成要件要素来说,不仅要运用法律规范的知识,可能还要运用其他如伦理的、道德的等社会规范帮助说明。对于判决理由的说明也不仅以刑法规范为限,而有可能还涉及其他领域的法律,如宪法、民法、行政法或税法等。"有时依刑法条文而认定其犯罪之前,每每以适用刑法以外之法律为不可缺之前提,亦即先依刑法以外之法律认为一定之事实存在以后,始可依刑法为犯罪成立或不成立之判断。"[①] 然后才是关于成立犯罪与否的理由之说明。

三、相关问题的解惑

确立以法官及其自由裁量权为中心的刑法适用体制是否与罪刑法定主义相违背?是否与我国司法改革的要求相脱离?这两个问题是我们必须明确的,否则,法官及其自由裁量权中心论恐难为人接受。

1. 关于第一个问题

罪刑法定主义作为法治国的基本原则,其中心内容就是要制定尽可能明确的刑法规范,以使国民能够准确地预见自己的行为及其后果,以防止法官的主观擅断。可见,罪刑法定主义天生就与法官的自由裁量权

[①] 蔡墩铭:《刑事判决与法条之适用》,载《台大法学论丛》,第21卷第1期。

第五章 开放的构成要件之司法适用

相矛盾。也正因此,罪刑法定主义的产生是在封建司法擅断的最黑暗期。因此,提倡以法官的自由裁量权为中心的刑法适用体制就必然面对其是否与罪刑法定主义的法治国精神相违背的质疑。

前文分析已表明,现在各国的罪刑法定主义早已由早期绝对的机械的罪刑法定主义演变为当今相对的灵活的罪刑法定主义。罪与刑的相对确定性已被视为相对罪刑法定主义的当然内容,这样,各国刑事立法对于犯罪构成要件的规定莫不是采用一些概括性的或开放性的方式,而给法官适用法条进行合理判断留下了一定空间。因此,从罪刑法定主义由绝对到相对的发展来看,法官享有自由裁量权并不是对罪刑法定主义法治保障机能的违反,相反,它正是相对的罪刑法定主义的必要要求;而罪刑法定主义由形式到实质的变化表明,罪刑法定主义早已不是教条式的框框,而是具有实质内容的法治国原则。它要求刑法的规定除具备规范形式和程序的完备之外,还要求刑法必须符合公平正义观念,符合实体正当性原则,符合宪法精神。"法官作为社会中的法律和秩序之含义的解释者,就必须提供那些被忽略的因素,纠正那些不确定性,并通过自由决定的方法——'科学的自由寻找'——使审判结果与正义相互和谐。"[①] 而公平正义观念或者实体正当性或合宪性的是否具备,显然不是在刑法的法条形式之内兜圈子能找到答案的,它必须由法官根据一定的标准进行价值上的判断才能得出结论。此时,法官也必然要运用到自由裁量权。所以,形式的罪刑法定主义到实质的罪刑法定主义的转变也表明,法官的自由裁量权正是当今罪刑法定主义所要求之物,而非与罪刑法定主义精神相违背。

法官自由裁量权的行使实际上也是最有利于贯彻罪刑法定主义的人权保障精神的。罪刑法定主义无非是要求一切以法律的规定作为判案依据,它强调的是法律至上、立法权至上。但是,在法律难以完备,难以充分地实现法律至上主义之时,对于隐藏在法律条文背后的立法者意志

---

① [美] 本杰明·卡多佐:《司法过程的性质》,苏力译,5页,北京,商务印书馆,1998。

的贯彻,同样是对法律至上、立法权至上观念的贯彻。本杰明·侯德里主教的观点早已告诉我们,"无论是谁,只要他有绝对的权威解释任何写在纸上或说出来的法,那么就是他而非先写先说的人,才是真正表达所有意图和目的的立法者"①。所以,在没有充分实现构成要件明确性的情况下,由刑法的适用者——法官来行使自由裁量权,解释法条,适用法条,未尝不失为一种好的选择。

"要求法官必须仅从成文法中推论出判决而且至多只允许法官用不成文的原则去填补明显的漏洞,只会使法律的确定性降低而非增大。依我看来,司法判决震惊公共舆论并与一般性预期相背离的大多数情势,都是因为法官认为他不得不墨守成文法的条文且不敢背离(以法律的明确陈述作为前提的)三段论推论的结果所致。从数量有限的明确前提中做逻辑演绎,始终意味着对法律的'字面形式'而不是对法律的'精神实质'的遵循。但是,那种以为每个人都能够预见到那些在某一不可预见的事实情势中因适用那些已阐明的基本原则而产生的后果的看法,显然只是一种幻想。今天,这样一个事实已得到了普遍承认,即没有一部法典是没有漏洞的。我们从此一洞见中所能推出的结论,似乎不只是法官必须经由诉诸未阐明原则来填补这些漏洞,而且也包括,即使是在那些业经阐明的规则似乎给出了明确无误的答案的时候,只要它们与一般的正义感相冲突,那么法官就应当可以在他能够发现某种不成文的规则的情况下自由地修正他的结论,前提是这种不成文的规则不仅要能够为他的这种修正提供正当性理由,而且一经阐明就可能会得到人们的普遍认可。"庞德指出,"法官所具有的那种训练有素的直觉会使他不断得出正确的结论,尽管他很难就这些结论给出无懈可击的法律理由"。②

在现代法治国家,法官的自由裁量权实际上并不可怕。日本刑事司法的实践表明,对法官自由裁量权与罪刑法定主义之间关系的争论,从

---

① 转引自刘星:《法律解释中的大众话语和精英话语:法律现代性引出的一个问题》,载《比较法研究》,1998(1)。
② 转引自[英]弗里德利希·冯·哈耶克:《法律、立法与自由》,第1卷,邓正来译,181-182页,北京,中国大百科全书出版社,2000。

实践来看，范围就不是很大。"在犯罪论严密的理论构成、罪刑法定主义及构成要件理论的背后，防止法官擅断是很重要的。从历史上看，有的时代，此种政策深具意义，即使在现在，也是刑法的一个基本原则。不过，在现代，法官的恣意之危害程度实际并未大到可怕程度，司法实践中认为违反罪刑法定主义的议论也只是窃电、倾覆电车等这样的问题。把这些问题作为刑法学最大的任务未免过于夸大。"①

总之，提倡法官的自由裁量权并不是法治领域中的洪水猛兽，也没有与罪刑法定主义相违背。虽然法官在"审判和法律解释的过程中难免要进行主观的价值判断，这一点现在已得到比较广泛的承认。何况当代社会日新月异、已经变得这么复杂多元，普适性法律的地盘在缩小，临机应变的判断的需要在增强，完全的可预测性几乎成了天方夜谭，因而很少有人还要坚持那种法官等于法律拟人化的僵硬公式。"② 因此，"自由裁量是司法实践中所必需的，它不仅是法律所赋予的一种权力更是法官所应承担的一种责任"③。更何况，在同属于成文法系的我国刑法之下，法官自由裁量权的行使只可能在空白处或不明确处起作用，而不是如同英美法系国家一样去法官立法，所以，提倡以法官及其自由裁量权为中心的刑法适用体制并会如有些人所认为的那样弊端极多。

2. 关于第二个问题

从我国目前的司法改革来说，法院审判独立是我国司法体制改革中的关键，而法官素质的提高又是法院审判得以独立的前提。这样，让法官行使其合理限度内的自由裁量权，是司法改革能否成功的关键一环。高素质的法官受过系统的法律教育，知晓熟悉并能正确地理解法律，能够根据其长期培养形成的理性思维并结合法律的规定和个案事实，作出合乎法律精神的判决。

如果改变立法者、最高司法机关包揽一切，规定解释一切的刑法适

---

① ［日］平野龙一：《刑法机能的考察》，4页，东京，成文堂，1982。转引自罗树中：《刑法制约论》，51页，北京，中国方正出版社，2000。
② 季卫东：《法治秩序的建构》，增补版，95页，北京，商务印书馆，2019。
③ 张军：《法官的自由裁量权与司法正义》，载《法律科学》，2015（4）。

用体制，而确立以法官为中心、以法官的自由裁量权为中心的刑事司法体制，对于法官队伍整体素质的提高将会大有裨益。如果"两高"放弃事事都解释的做法，立法者放弃制定一部万能的刑法典的想法，对于不够明确的抽象刑法规范，让法官去理解、去适用，充分行使自己的自由裁量权，那么，必然需要法官对法律精神的领悟，对法条实质的理解，对立法意图的揣摩。这当然难度很大，没有一定的法律知识的职业训练者根本无法完成审判工作。而当不能胜任工作时，那些低素质的法官自信心会大大受挫，由此对自己的岗位产生怀疑，最后驱使其离开法官的职位。因为当一件工作变得不再如履平地之后，人们当然会考虑这项工作是否太难太累而不适合自己，并进一步重新考虑自己的工作选择。

从刑法学的角度看，对开放的构成要件的反对，就是对法官行使自由裁量权的反对。虽然我们也知道，让法官适用开放的构成要件，尤其是使素质偏低的法官来适用，会发生一些什么样的后果，可能因法官对开放的构成要件的不正当理解造成出入人罪，可能因对构成要件不正确补充导致刑法处罚范围的不当扩大或缩小，可能导致公民的权利受到法官自由裁量权的侵犯，使刑法无法充分发挥其人权保障功能等。总之，各种不好的可能结果都是有可能出现的。但是，笔者以为，如果我们要使我国的司法改革走向良性和成功，种种不好的可能就是我们在改革过程中必须付出的代价和经历的阵痛。就像一个婴儿，出生之初当然是不会行走的，但是，没有人会因为婴儿不会行走就永远不让他走路。相反，放手让婴儿自己去走路，并经历必要的跌打碰撞，最后他必然从不会行走达到行走自如。不经历这样的阵痛和碰撞，永远将法官视为低能者，永远不赋予其锻炼的机会，那么，法官队伍的整体素质永远不会得到提高。我们不可能在一日之内将所有的低素质的法官全部更换为高素质的，法官素质的培养是一个漫长的过程。而承认开放的构成要件，承认司法官对开放的构成要件的补充适用权，应该说是从刑事实体法方面展开的一个良好开端和实验。

作为一种于我国刑法学界属全新的刑法理论——开放的构成要件，作为于我国刑法研究属全新的研究方法——实用主义刑法观，将会由于其糅合了刑法规范的确定性与满足刑法规范的社会进化的双重功能，而成为我国刑事法学领域中的理论新思维和研究新路径。

第四节　开放的构成要件之适用方法

由法官补充适用开放的构成要件，这除了是一个刑法理念和体制层面的问题，更是一个实践操作的问题。法官究竟该如何具体操作以适用开放的构成要件？

法官对开放的构成要件的补充适用，对个案自由裁量权的行使，是通过对刑法规定的构成要件进行解释而实现的；因此，探讨法官如何适用开放的构成要件的问题，就是探讨法官如何运用法律解释学原理适用刑法中的构成要件的问题。为此，笔者拟从对法律解释类别的鉴定着手，根据开放的构成要件的"开放"情形之不同，而确定与之相适应的解释方法。

一、法律解释原理分析

为了判决具体案件，法官必须探讨法律的意旨以获得作为裁判的大前提，规范地获得处理一个具体案件的裁判大前提（der Obersatz）的过程，就是法学方法论上所说找法活动（Rechtsgewinnung），也就是通常所说的广义的法律解释。关于广义的法律解释究竟包含几种解释方法，在法律解释学上有不同见解，主要区分为三分说与二分说。前者以我国台湾学者杨仁寿先生为代表，并在大陆得到民法学教授梁慧星先生的继承以及民法解释学上的运用；后者以德国法律诠释学大师、价值法学的代表人物卡尔·拉伦茨（Karl Larenz，1903—1993）为旗帜，并得到著名民法学者黄茂荣先生的发扬以及于民法解释学上的运用。

三分说①认为广义的法律解释包括狭义的法律解释、价值补充以及法律漏洞补充三种方法。狭义的法律解释是对于不明确的法律规范，以文义、体系、法意、目的或合宪等方法确定规范意义的内容。价值补充是对不确定法律概念及概括性条款的一种解释方法。漏洞补充是指法律对于应规定未规定之事项，由于立法者之疏忽、未预见或情况变更，某一法律事实未设规定，造成"法律漏洞"，应由司法者予以补充。其中，法律规定不明确，系属法律解释的范围；而法律欠缺规定，则系补充问题。以上三种解释方法在梁慧星先生的《民法解释学》一书中被体现并运用。

二分说认为广义的法律解释分为狭义的法律解释与法律漏洞补充两种方法或两个阶段。狭义的法律解释（Gesetzesauslegung）是指探求立法意旨并使之适用于具体案件事实。解释的方法有文义、历史、体系、目的、合宪等几种。② 法律漏洞补充（Rechtsforbildung）则是在法律可能的文义范围外适用法律的情形。③

显然，三分说和二分说都承认狭义的法律解释方法，并对狭义的法律解释方法的见解大致相同。它们的区别在于：是否单独承认针对不确定法律概念和概括条款的价值补充方法。

笔者以为，二分说的见解更有道理。指二分说观点的学者在关于法律漏洞的看法上存在着分歧。有认为不确定法律概念与一般条款属于法律漏洞者，有认为不属于者。如果属于法律漏洞，自不待言，按照漏洞补充方法适用之即可；如果不属于法律漏洞，则对它们的操作适用属于法律解释。④ 这样一种理论较之三分说单独将不确定法律概念与一般条款的适用独立为价值补充的做法而言，更为合理。三分说虽然将不确定概念与一般条款的补充适用单列为法律解释之一种，但是，并无理由之

---

① 参见杨仁寿：《法学方法论》，135 页，北京，中国政法大学出版社，2013。
② 参见 [德] Karl Larenz：《法学方法论》，陈爱娥译，225 页，北京，五南图书出版公司，1996。
③ 参见黄茂荣：《法学方法与现代民法》，445 页，北京，法律出版社，2007。
④ 参见黄茂荣：《法学方法与现代民法》，386 页，北京，法律出版社，2007。

说明。此其一。其二，透视所谓的针对不确定概念与一般条款的"价值补充"法，其内涵极不明确，且与狭义的法律解释和漏洞补充并不能截然分开，易言之，这两种解释方法中并非不含价值补充的因素。可以说，任何解释都是一种解释者主观因素不同程度的介入，都具有价值补充的成分。再者，价值补充方法因其抽象性而并无自身的适用规则，其最终结局往往就是通过狭义的法律解释的方法来完成，所以即便持二分说的学者也指出，价值补充与狭义的法律解释方法关系"自属非浅"[①]。而所谓"自属非浅"实际上就是在价值补充的过程中离不开对狭义法律解释方法的运用。既如此，将价值补充单列为一种独立的法律解释方法就失去了其独立性的意义。基于以上理由，笔者赞成二分说，反对将不确定法律概念与一般条款单独作为一种需要解释的法律文本形式，并将其适用方法——价值补充单列为一种法律解释方法的做法。也因此，本文以下所说的法律解释均指狭义上的法律解释。

对以上法律解释学的观点阐释的意义在于确定开放的构成要件究竟属于何种需要解释的情况，进一步确定对之适用的解释方法。既然笔者赞同二分说的观点，这意味着对开放的构成要件要么使用确定规范意旨的法律解释方法，要么适用补充法律漏洞的漏洞补充方法。那么，在开放的构成要件中，何种情况属于法律漏洞，何种情况不属于法律漏洞，就是问题的关键了。明确了这一问题，确定相应的解释方法就是相对容易的事情。

笔者以为，目的犯属于法律漏洞，对之应以漏洞补充的方法适用之；不真正不作为犯、过失犯与情节犯不属于法律漏洞，对它们应以法律解释方法适用之。

二、目的犯之漏洞补充：目的性限缩

1. 目的犯漏洞补充的一般原理

法律是否有漏洞？这曾是一个在法学史上被争论过的问题。概念法

[①] 杨仁寿：《法学方法论》，189页，北京，中国政法大学出版社，2013。

学、纯粹法学学者否认有法律漏洞，法律体系在他们看来是封闭的完备的，是一个具有自足性的逻辑体系。自由法学、利益法学及现实主义法学学者等从"活法"论出发，认为成文法只是"活法"的文字形式，于此之外，现实生活中还存在许多未被文字化的"活法"，此即法律漏洞，它们有待于以科学的方法探求。21世纪以来则一般均承认法律漏洞之存在，"欧陆法系不论，即如美国亦均承认法律漏洞之存在，并进而肯定司法造法的功能"[①]。总之，无论从何种角度来看，或多或少存在法律所无法包括的意义上的法律漏洞（Rechtslücken in dem Sinne eines rechtsfreien Raumes）。[②]

目的犯为何属于法律漏洞？这须结合法律解释学上法律漏洞的相关理论分析。

按照卡尔·拉伦茨的观念，法律漏洞，是指法律对其规整范围内的特定案件类型缺乏适当的规则，或者立法者有意保持沉默，对应该规定的规则不予规定，或者依规则的意义及目的，其不宜适用于某具体案例，而导致的计划上的不圆满性。[③]

理解法律漏洞有几个要点：一是法律漏洞并非法律规定上的空白。对此问题，拉德布鲁赫曾在其经典的教科书中反复指出：缺少法律规定的法律真空并不存在，而应当认为法律在消极的意义上通过否定法律后果对其作出了规定。[④] "法律不可能只对一部分事务加以规制，其在选取一部分人际关系加以规制的同时，就已经对其他部分——通过排除法律影响的方式——表明了态度，法律并非对之不予规制，而是通过否定法律后果的方式消极地对相应事务进行了规制。"[⑤] 因此，法律没有规定，并不代表法律漏洞。二是违反计划性，即违反立法计划或立法意

---

① 转引自黄建辉：《法律阐释论》，27页，台北，学林文化事业有限公司，2000。
② Vgl. Sauer, Juristische Methodenlehre, 1940, S. 281.
③ 参见[德] Karl Larenz：《法学方法论》，陈爱娥译，281页，台北，五南图书出版公司，1996。
④ Vgl. Radbruch, Rechtsphilosophie, 8. Aufl., S. 1973, S. 294.
⑤ Radbruch, Rechtsphilosophie Studienausgabe, Dreier/Paulson（Hrsg.），2. Aufl., 2003, S. 181.

图。只有在立法者无意的沉默,即立法者疏忽或未预见或者情况变更,导致法律就其规整范围内的事实缺乏适当规则时,才属于违反计划性。如果是立法者有意的沉默,则不是法律漏洞。"法外空间"系立法者有意的沉默,不具备"违反计划性"[1],所以不是法律漏洞。换言之,只有在已属法律调整范围之内的问题上,法律的规定不完全时,才属于违反了计划性。而法律调整范围之外的诸问题,系立法者未加理会,属"有意"的沉默,不违反计划性,因而不是法律漏洞。[2] 三是不圆满性。这是法律漏洞的要点,又称不完全性,是指在法律规定有欠缺或不完全的场合,应承认法律有不完全性。依此见解,以法律规定的可能文义作为解释的界限,凡超过此界限,即应属于漏洞补充。换言之,法律规定的可能语义范围——违反字义,不能涵盖所要处理的事态,即存在法律漏洞。[3] 布克哈特(Jacob Burckhardt,1818—1897)认为,假使不加入法律欠缺的规定,法律规范根本无法适用,此时才构成法律漏洞。拉伦茨认为,这属于规范本身的不圆满性,可称之为规范漏洞。[4]

我们不妨对照以上几点分析目的犯。目的犯作为必须具备某种特定目的才能成立的犯罪,其犯罪行为在刑法规范中已得到明确的规定,法条所欠缺的,只是对犯罪目的的明确规定,因此,就目的犯来说,并非刑法未为任何规定,只是说刑法的规定不完全,有所欠缺——欠缺特定的目的规则。而该目的如果不经法官的补充加入,则不能适用于具体案件事实。目的犯之行为作为刑法调整的范围,当然不属于什么"法外空间"。对于目的犯来说,刑法已经为它设计了犯罪的构成要件,已将它作为一种犯罪类型规定在刑法典中了,只不过由于立法者的疏忽而致在其犯罪构成的设计上欠周全。

---

[1] [德] Karl Larenz:《法学方法论》,陈爱娥译,282 页,台北,五南图书出版公司,1996。
[2] 参见黄茂荣:《法学方法与现代民法》,422 页,北京,法律出版社,2007。
[3] 参见黄茂荣:《法学方法与现代民法》,378 页,北京,法律出版社,2007;黄建辉:《法律漏洞·类推适用》,38 页,台北,蔚理法律出版公司,1988。
[4] 参见 [德] Karl Larenz:《法学方法论》,陈爱娥译,282 页,台北,五南图书出版公司,1996。

最为关键的问题是，对目的犯的补充适用，并不是在法律规定的可能文义之范围以内进行的，换言之，对它的解释适用已经超过了可能的文义范围。以我国《刑法》第170条规定的伪造货币罪为例。该条规定："伪造货币的，处三年以上十年以下有期徒刑……"《刑法》对该罪并未规定必须具备某种特定目的。但是，刑法理论和实践一般认为，从限定伪造货币罪的处罚范围起见，构成该罪必须要求具备某种特定目的，如"以营利为目的"，或"以非法牟利为目的"或"以获取非法利益为目的"或"以供流通（或行使）为目的"等。又如我国《刑法》第205条规定："虚开增值税专用发票或者虚开用于骗取出口退税、抵扣税款的其他发票的，处三年以下有期徒刑或者拘役……"对于该罪，《刑法》也未规定主观目的。但是，在实践中，该罪的情况却很复杂，譬如有的作案人仅仅为了在年终汇报编造虚假的销售业绩而虚开增值税发票，此种情况是否定罪就有疑问。换言之，是否所有虚开增值税发票或骗税专用发票的行为，不问是否为了逃税或骗取国家税款，一律都定为虚开增值税、骗税专用发票罪？有反对者从行为的社会危害性以及限定刑法处罚范围出发提出，该罪必须主观上具备"骗取出口退税款、抵扣税款或者获取其他非法利益的目的"[①]，否则不构成犯罪。对于以上两罪作为目的犯当然还需作进一步的论证，观点是否成立不可遽下断语。但有一点可以肯定的是，如果我们认为此两罪是目的犯，那么，无论它们的目的如何表述，其目的内容都超出了伪造货币罪或虚开增值税、骗税专用发票罪的可能文义范围。从伪造行为本身并不能解释出营利或行使等目的，它只表明仿照真货币做出与真币一样外观的假币而已；虚开增值税、骗税专用发票也只表明开设假的增值税或骗税专用发票，而并不能从其文义推导出"骗取出口退税款、抵扣税款或者获取其他非法利益的目的"。其他目的犯如盗窃罪、诈骗罪等亦然。可见，对目的犯之目的的补充是通过超越条文文义可能的范围进行的。如果仅照其规范文义可能的范围之内，就不可能补充出某种特定目的。因此，目

---

① 赵秉志主编：《新刑法教程》，512页，北京，中国人民大学出版社，1997。

的犯具备了规范的不圆满性。

目的犯作为法律漏洞属于隐含的漏洞。制定法中的法律漏洞可以分为开放的与隐藏的法律漏洞。对于某种案型本应加以规范，而立法者竟未为规范，是为开放的法律漏洞。如果法律已规定有适用某种案型的规范，但该规范涵盖范围过宽，"在评价上未及此类事项的特质"，而将本应排除的案型包含在内，则属隐藏的法律漏洞。目的犯即属隐藏的法律漏洞。因为立法者对目的犯的行为已为规定，如对伪造货币、虚开增值税、骗税专用发票或盗窃的行为等的规定，只不过法律的规定过宽，尚未涉及案型的特质，如泛泛地只规定盗窃行为而不规定非法占有的目的，就不可能将盗窃与盗用或其他行为区分开来，因此，法条的规定对于实际的盗窃犯罪而言可谓涵盖范围过宽。通过目的限定正是为了对规范予以限制，排除其过宽的部分，以使其更好地适用于实际的案型。

隐藏法律漏洞的适用方法是目的性限缩。① 那么，对于作为隐藏的法律漏洞的目的犯当然就是通过目的限缩的方法来进行漏洞补充。为了贯彻立法者的意旨，对于目的犯通过违反字义的补充而生出特定目的——这是法律规范本身并未包含的规则——来将那些不具备特定目的的行为排除在外，以限缩规范的适用范围。

2. 以盗窃罪为模本的个案演绎

目的性限缩是基于规范意旨的考虑，依法律规整的目的或其意义脉络，将依法律文义已被涵盖的案型排除在原系争适用规范外。然则对于目的犯如何具体应用此项方法？对此，笔者拟以盗窃罪为例，分析目的性限缩方法之于目的犯这类开放的构成要件的适用。

我国《刑法》第264条规定："盗窃公私财物，数额较大的，或者多次盗窃、入户盗窃携带凶器盗窃，扒窃的，处三年以下有期徒刑、拘役或者管制，并处或者单处罚金。"该条并没有规定盗窃罪必须具备某种特定的主观目的。但是，刑法理论和实践却一致认为，盗窃罪必须具

---

① 参见［德］Karl Larenz：《法学方法论》，陈爱娥译，300页，台北，五南图书出版公司，1996。

备非法占有的目的，不具备非法占有目的的偷窃行为即使数额较大或次数较多也不构成盗窃罪。不过，近来理论上出现了相反的观点。有学者指出，非法占有目的不是盗窃罪的构成要件。[①] 笔者以为，在我们将未规定犯罪目的实际目的犯确定为开放的构成要件以后，根据我们对开放的构成要件所确定的相应的解释方法，分析最常见的盗窃罪是否应该具备非法占有的主观目的，具有典型性的意义。

由于目的性限缩主要是从法律规整的目的及意义脉络，也就是立法目的，来考察限制性条件，因此，欲以该解释方法补充盗窃罪的法律漏洞，就必须首先确定盗窃罪的立法目的是什么。这要从盗窃罪的保护法益着手分析。学说上有关盗窃罪的法益存在着本权说与占有说之争。本权说认为，盗窃罪侵害的是所有权及其他本权，本权是指合法占有的权利。据此，被害人使用秘密手段取回被盗财物的，不成立盗窃罪。占有说认为，侵犯财产罪的保护法益是对财物的占有本身，据此，上述行为成立盗窃罪。[②] 虽然在这两种观点中，学者间对承认哪一种并不统一。但是，我们可以看到，无论是本权说的保护所有权及其他本权，还是占有说的保护对财物的占有本身，刑法对盗窃罪的规定从根本上是保护财产所有人对财物的"占有"——无论是这种占有的权利，还是占有的事实状况本身。无论保护财产所有人对财物的合法"占有"的内容是什么，保护"占有"是盗窃罪立法的最基本目的。从此点来看，任何盗窃罪的成立必然要求侵犯了这种"占有"。但是，实施盗窃行为的人是否侵犯了占有并非仅仅根据客观的偷盗行为就可以认定的，因为有些时候，行为并不那么明朗。例如，行为人意图盗窃珍贵文物，当他刚潜入博物馆并将文物拿在手上观看的时候，报警器已响，行为人未能得逞。此时，我们不可能根据盗窃罪的通常定罪方法，以实际盗窃财物的数额为根据认定已到手的财物价值，并确定对被害人占有的侵犯之存在。那么，此时如何确定行为对盗窃罪保护法益的侵犯，并将相应的盗窃行为

---

① 参见刘明祥：《刑法中的非法占有目的》，载《法学研究》，2000（2）。
② 参见张明楷：《刑法学》（下册），6版，1221-1222页，北京，法律出版社，2021。

定罪？既然不能根据客观行为，当然就只有根据主观上的目的了。如果行为人三番五次行窃，都是为了非法占有属他人占有的财产，即使一次未得逞，也因为侵犯了盗窃罪的保护法益，而能够被认定为犯罪。因此，确定盗窃罪具有非法占有的目的，是我们根据盗窃罪的立法目的、立法者的立法意图，为了认定盗窃行为是否侵犯盗窃罪的保护法益而进行的必要的目的性限缩。否则，我们就无法将盗窃行为与一般的违法行为或其他犯罪行为区分开。例如，如果我们不要求行为人必须具有非法占有目的，就不可能将未得逞的盗窃与非法侵入他人住宅罪区分开来，或者将盗窃罪与窃得财物后又毁坏的行为区分开来，等等。同时，只有确定盗窃罪主观上具有非法占有的目的，才能将我们对违法性的判断由客观行为及其实害转向同时兼顾主观的方面。主观的违法要素同样是立法者在设定一行为为犯罪时所考虑的因素。因为主观的违法要素理论告诉我们，在不能通过客观行为判断行为的违法性时，就有必要将行为的目的甚至动机等因素，作为判断行为是否违法的必要因素，所以，如果有人不告而取他人之财物，虽然行为人实施了盗窃的客观行为，但如果行为人无不法所有之意思，即欠缺主观之违法要素，也不能认定盗窃罪成立。

另外，如果我们对盗窃罪应该具有非法占有的目的还有异议的话，那么，最高人民法院对盗伐林木罪非法占有目的的确定，实际上也为我们的观点提供了有力的支持。我国《刑法》第345条规定："盗伐森林或者其他林木，数量较大的，处三年以下有期徒刑、拘役或者管制，并处或者单处罚金。"显然，刑法对盗伐林木罪也没有规定主观上的特殊目的，虽然从实践来看，我们都是按照具有这样的目的来操作的。但是，在最高人民法院2000年11月17日颁布的《关于审理破坏森林资源刑事案件具体应用法律若干问题的解释》中的第3条明确规定："以非法占有为目的，具有下列情形之一，数量较大的，依照刑法第三百四十五条第一款的规定，以盗伐林木罪定罪处罚：……"显然，最高人民法院以司法解释的形式对盗伐林木罪这一开放的构成要件进行了补充，对它的目的作了明确的规定。盗伐林木罪作为盗窃罪的特殊犯罪，除了偷盗的对象不同，其他的构成要件是一致的。如果我们不能够理解将非法占有目的作为盗窃罪的主观内容，那么，高法对盗伐林木罪的解释则是有力的反击和说明。

综上，笔者以为，根据刑法规定盗窃罪的目的及意义脉络考虑，应当将成立盗窃罪之盗窃行为限缩为必须具有非法占有的目的。

三、不真正不作为犯、过失犯、情节犯与法律解释

1. 不真正不作为犯、过失犯与法律解释

不真正不作为犯与过失犯不属于法律漏洞。这两种犯罪乍看起来似乎是法律漏洞，因为它们也属于法律设定了的规整规范，但是对于根据规整的意义或脉络欠缺某项特定的规则——义务的规定；而且这种义务还需要法官的补充。但是，不真正不作为犯与过失犯并不具备法律漏洞的违反计划性和不完全性。立法者的疏忽或未预见或情况变更导致的立法者无意的沉默，即无意地对某项特定规则未规定才能谈得上违反计划性。不真正不作为犯和过失犯对特定义务的未规定均没有违反计划性，也不具备不完全性。

不真正不作为犯"几乎遍布刑法分则的各章之中"[①]，几乎刑法中的每一个犯罪都既可以由作为构成又可以由不作为构成。而就不真正不作为犯的义务来说，有法律上的规定，如民法中规定的父母对子女的监护义务；有职务和业务上要求的义务，如消防人员在火灾现场不能考虑自身安危，而必须救援他人；有自愿承担下来的义务，如自愿履行看护生病老人的职责；甚至在特定情况下，公共秩序和社会公德所要求的义务也有可能成为不作为的义务来源。如此多的不真正不作为犯罪，如此多的不作为义务来源，且每一种犯罪中的具体情况又复杂有别，如果说立法者对所有的不真正不作为犯的义务来源都——加以明确规定，这于立法技术上既不可能，也行不通，因此，对于不真正不作为犯来说，立

---

① 马克昌：《犯罪通论》，176 页，武汉，武汉大学出版社，1999。

第五章　开放的构成要件之司法适用

法者不规定作为义务,既不属于疏忽,也不是未预见或者情势变更。同时,对于不作为犯的调整已在法律的范围以内,它们也不属于"法外空间"。那么,不真正不作为犯中作为义务的未规定究竟属于何种性质?笔者以为,不真正不作为犯的作为义务系无须规定的事项,易言之,它们属于根据法条的规定就应该可以确定的事项。既然是不作为犯,当然就有作为义务的存在,这是成立不真正不作为犯的前提条件。作为义务是预设在每一种不真正不作为犯的构成要件之中的。那么,当我们进一步确定行为人是否有作为义务以及作为义务种类时,这都是在大前提——具备作为义务——已经明确的情况下所作的解释,此时确定作为义务的有无及种类如何,则当然都属于在"不(真正)作为"的文义之内的解释了,因此,不真正不作为犯没有违反计划性,对作为义务的确定也未超过法律规范本来的文义。

过失犯的过失预见义务是其成立要件。刑法总则就已经规定了过失犯的种类有疏忽大意的过失和过于自信的过失两种,前者是应该预见而疏忽大意没有预见以致发生损害结果的情况,后者是已经预见而轻信能够避免,以至结果发生的情况。那么,当我们分析分则中的具体过失犯罪时,毋庸置疑,每一个过失犯都应该具备注意义务,换言之,仅仅根据条文对过失犯的主观过失的规定,就已经明确其要具备注意义务,只不过在是否具备注意义务的问题上还需要进一步的解释确定,而这种确定因其大前提——应具备注意义务——已经明确,所以,在此前提之下,对是否具备注意义务以及具备何种注意义务,则当然属于在"过失"的文义之内的解释了,换言之,对注意义务的确定没有超出法条的可能文义。因此,过失犯不具备不圆满性。而立法者对于过失义务的未规定,显然也不属于疏忽或未预见或情势变更,因为立法者已经在总则中设立了一个概括性、总览性的关于过失义务的规定。

退一步,也许以上的分析未必合理,但是,如果我们进一步分析法律漏洞的有关理论,也可以断定此二者不属于法律漏洞。我们不妨先假设不真正不作为犯与过失犯属于法律漏洞并根据法律漏洞的补充方法分析之。法律漏洞的补充方法有:类推适用,即对于法无明文规定之事项，比附援引与之类似的规定适用之；目的性扩张，即对于超过法律规定之文义的范围将规范扩张适用于该文义原不包括的类型；法官造法，即就现存实在法毫无依据之类型，法官创造其规范依据以适用之。[①] 虽然笔者在此分析的正是不真正不作为犯与过失犯的适用方法，而这两种犯罪类型的适用方法在实践中已操作良久，但是，此处我们不妨将长期以来对这两种犯罪类型的适用做法视而不见，假设它们对于我们而言是全新的犯罪形态，然后我们再试着用以上三种方法适用之。先看类推适用，它不同于类推解释，它不是在可能文义的范围内阐释法律，而是一种援引其他类似规定适用于具体案件的做法，那么，对于某一不真正不作为犯中作为义务的确定显不属此列。不真正不作为犯作为义务的确定之所以成为问题，就在于法律上未有规定，因此，不存在有此不真正不作为犯可援引其他不真正不作为犯的作为义务规定的问题。过失犯也是如此。目的性限缩与目的性扩张也无法适用，对于一个没有规定作为义务的不真正不作为犯或没有规定注意义务的过失犯来说，对作为与注意义务的确定就是对"不作为"与"过失"含义的确定，是对不明确法律规范的明确，这里不存在限制，也不存在扩张，只有对是与不是的确认，即是否作为或履行注意义务，既没有限制什么也没有扩张什么。至于法官造法，显然离题更远。确定不真正不作为犯的作为义务及过失犯的注意义务，是就刑法中已然存在的实在法类型没有明确的部分内容进行确定，而与根据法理念或惯例造法无丝毫瓜葛。显然，纵或我们不明了不真正不作为犯或过失犯的适用方法，但是，仅根据这两种犯罪的法理分析，我们也可以断定，所有漏洞补充的方法于不真正不作为犯或过失犯均不适用。这意味着，不真正不作为犯和过失犯必定是通过其他方法来适用的，而无论其他方法为何，总之不是漏洞补充中的任何一种方法，因此，我们可以逆推，不真正不作为犯与过失犯均不属于法律漏洞。

---

① 参见［德］Karl Larenz：《法学方法论》，陈爱娥译，279页以下，台北，五南图书出版公司，1996。

综上所述，不真正不作为犯和过失犯不属于法律漏洞。根据笔者所赞成的二分说，既然它们不属于法律漏洞，那么，对它们的适用解释当然就是法律解释了。

2. 情节犯与法律解释

前文述及，"情节严重""数额较大""数额较大或者有其他严重情节的""情节恶劣、致人重伤或者造成其他严重后果"等情节犯之情节，均属于刑法已有规定的规范性要素，而且是规范性程度较高的规范性构成要件概念。对于由它们构成的开放性构成要件如何适用？笔者以为，这涉及对规范性构成要件要素在法律解释学上的理解和归类问题。如果它们属于法律漏洞，则应按照漏洞补充的方法适用；如果它们不属于法律漏洞，则按照法律解释的方法适用。

笔者以为，概括性定罪情节不是法律漏洞；对于这些定罪情节的评价，因而属于法律解释，而不是漏洞补充。

法律漏洞中还有一种情况为"法内漏洞"，它是指需要评价地予以补充的法律概念，又称为不确定的法律概念。它可分为两种：一种是内涵不确定但外延是封闭的法律概念，又称"描述性（不确定）概念"，如危险、物、行为、谋杀等。另一种是内涵不确定但外延开放的法律概念，又称"规范性（不确定）概念"，它们尚须评价性地加以补充，才能被运用到具体案件。这类概念包括如重大事由、显失公平、恶意、相当期间等。一般条款，如诚实信用原则、滥用权利之禁止等，与规范性不确定法律概念相当。规范的不确定法律概念与一般条款由于是针对概念含义的范围模糊，或者仅就原则设概括规定，都需要审判者进行价值判断以使之具体化，因此也称之为"有待具体化的法律概念"[①]。

"有待具体化的法律概念"是否属于法律漏洞，学者间有不同看法。德国学者卡纳里斯（C. Wilhelm Canaris，1937—2021）、卡尔恩吉施（Karl Engisch，1899—1990）等认为，这类概念虽然内涵不明，但就其

[①] 黄茂荣：《法学方法与现代民法》，382页，北京，法律出版社，2007；黄建辉：《法律阐释论》，117-118页，台北，学林文化事业有限公司，2000。

已形成法条文字而言，仍属法已有明文规定，因此，它们不是法律漏洞。吉尔曼（Germann）、凯勒（Keller）等认为，此类概念是立法者预见到某法律规范之不圆满状态而以模糊、概括性概念、条款给予一外圆圈框，其系法律明文授权法官补充的法内漏洞。我国台湾地区学者也持类似见解。①

笔者以为，"有待具体化的法律概念"或不确定法律概念不属于法律漏洞。前文已述，不圆满性是法律漏洞的要点，而不圆满性指的是，凡在法律规定的可能文义范围内能处理的事态就不是法律漏洞，超过这一界限的才是法律漏洞。而法律解释学上"关于法律解释与法律补充之界限的划分，通说以'可能的文义'为其标准"②。既如此，我们就应该以是否超出文义可能的范围来分析不确定法律概念是否属法律漏洞。笔者以为，情节犯中的不确定法律概念——概括性定罪情节——在经过解释之后能够在不超过文义的范围内涵盖所要处理的事态，而不存在超过文义范围的情况。以我国《刑法》第448条虐待俘虏罪为例：该条规定，虐待俘虏，情节恶劣的，处3年以下有期徒刑。当我们运用这一条款分析具体个案，就要分析行为人虐待俘虏的行为是否达到情节恶劣。实践中虐待俘虏的行为肯定是表现各异的，可能是偶尔打骂俘虏，或有时不给饭吃，或强制其从事一般性体力劳动，或对俘虏进行不人道的体罚、折磨，或强迫俘虏从事屈辱性的工作，或虐待重病中的俘虏，或长期虐待俘虏、屡教不改，或虐待俘虏导致其自杀、伤亡、闹事等严重后果等，不一而足。对这些不同的个案，如前三种，根据"情节恶劣"的含义和一般人的认知情况，显然不属于其范围，后面几种情况则应该属于"情节恶劣"的范围之内。总之，对个案的解释无论其属于或不属于"情节恶劣"的范围，都只是在理解"情节恶劣"时有区分，而所有的理解都不可能超出"情节恶劣"的可能含义范围。因为"情节"二字的内涵与外延都不固定，且其外延是开放性的，各种各样的情况只要是属

---

① 参见黄建辉：《法律阐释论》，119页，台北，学林文化事业有限公司，2000；黄茂荣：《法学方法与现代民法》，383-388页，北京，法律出版社，2007。
② 黄茂荣：《法学方法与现代民法》，378页，北京，法律出版社，2007。

于虐待行为的性质,都属于这里所说的"情节";而"恶劣"一词同样如此,它在字典中的含义是"很坏",但是,"很坏"到底有多"坏",又到底怎样"坏",甚至什么叫"坏",显然都是不确定的。如果将"情节"与"恶劣"联系在了一起,又将"情节恶劣"与虐待行为联系在一起,那么,审判官只能根据这样内涵与外延均不甚清楚的"情节恶劣"的规范性要素,通过自己的价值判断使之具体化——具体分析各种虐待行为的情节是否恶劣。对于这样一个内涵与外延都不确定的词语来说,它的文义范围本身就难确定,甚至可以说,它只有一个不太明确的文义范围。对于这样一种模糊的文义范围,不存在是否超过的问题。而且,就"情节恶劣"与个案的对照分析来说,只存在将某种情况理解或不理解为"情节恶劣"的问题,而不存在这种理解是否超出"情节恶劣"的范围问题,因为对所有个案中情节的分析都是界定在"情节恶劣"的概念之下的。

总之,不确定法律概念或"有待具体化法律概念"固然属于立法设计有所不足的表现,唯其本身系有机、开放、成长,可随时因需要而吸收法律外在价值,就(规范性)不确定法律概念而言,透过"可能文义"的法律解释即足,所以它们不是法律漏洞。[1]

因此,情节犯中概括性定罪情节作为规范性要素,不应该属于法律漏洞。既然不属于法律漏洞,对它们的操作分析就不应该适用法律漏洞的补充方法,而应该根据法律解释的方法进行。

3. 法律解释方法的综合运用

我们确定了不真正不作为犯、过失犯与情节犯均属法律解释的对象,换言之,对这三种犯罪都应该以法律解释的方法适用之,那么,究竟如何去解释?鉴于法律解释的复杂性,在此有必要作一个简短的分析。

法律解释的方法多达十多种,包括文义解释、法意解释、扩张解释、限缩解释、当然解释、目的解释、合宪解释、比较解释与社会学解

---

[1] 参见黄建辉:《法律阐释论》,119页,台北,学林文化事业有限公司,2000。

释等。如此多的解释方法，究竟以其中的哪一种为准或为主。对此，学者之间的看法均不一致，如黄茂荣先生认为：文义因素首先确定法律解释活动的范围；接着历史因素对此范围再进一步加以确定，同时并对法律的内容，即其规定意旨作一些提示；紧接着体系因素与目的因素开始在这个范围内进行规范意旨的发现或确定工作，这个时候，合宪性因素也作了一些参与；最后终于获得了解释的结果，于是再看它是否合乎宪法的要求。① 然而，将所有的解释方法一一验证以解释刑法规范，在理论上固然有其可行性，但在实践上，恐怕永远办不到。王泽鉴先生的看法也与黄茂荣先生有些相似。他指出，文义解释是基石，是确定疑义性法律用语的工具；体系性解释则用以探究法律条文在体系上的规范意义以及维护体系及概念用语的统一性；比较解释对于重要问题的确定具有重要意义；目的解释在以上所有方法均不能得出准确结论时得以派上用场；合宪性解释则应居于优越地位，但应谨慎为之。不过，王泽鉴先生制定的解释规则也许不一定会得到每个人的遵守，但是，他所主张的关于各解释方法运用的规则极有道理。他指出，各种解释方法之间不一定具有不变的位阶关系，解释者也不能任意选择一种解释方法支持其论点。法律解释是一个以法律目的为主导的思维过程；每一种解释方法，各具功能，但亦有限制，不可绝对化；每一种解释方法分量不同，但须互相补充，共同协力，始能获得合理的解释结果，于个案中妥当调和当事人利益，贯彻正义之理念。② 拉伦茨先生认为，文字的解释始于文义，因此首先应就一般的语言用法获得文字的含义，以此构成解释的出发点；在法律的语言用法包含不同意义可能的情况下，则探求某用语或某语句于某文字脉络中的意义为何，即进行意义脉络的解释；假使前两种解释方法使用之后，仍有作不同解释的空间，则优先采纳最能符合立法者规定意向及规范目的的目的解释；如若以上解释仍未已足，则通过探寻立法者的规范想法进行解释，再进行客观的目的论解释，最后以合

---

① 参见黄茂荣：《法学方法与现代民法》，360 页，北京，法律出版社，2007。
② 参见梁慧星：《民法解释学》，3 版，245-246 页，北京，法律出版社，2009。

第五章 开放的构成要件之司法适用

宪性解释来确定仍有的疑问。① 而梁慧星先生认为，对法条的解释，应先采文义解释法，如解释的可能为复数，继之以论理解释；作论理解释时，先运用体系解释和法意解释法，进而运用扩张解释或限缩解释或当然解释法。如仍不能确定法律语义的含义，则进一步作目的解释以探求立法目的，或在依上述方法初步确定法律意义后，以目的解释进行核实，最后作合宪性解释，看是否符合宪法的基本价值判断。经论理解释仍不能确定结论者，可进一步作比较法解释或社会学解释。论理解释、比较法解释与社会学解释的结果只有在不超出法条语义的范围时才能作准。经解释最终仍然存在相互抵触的结果时，应当进行利益衡量或价值判断，从中选出具有社会妥当性的解释结果作为结论。不过，无论依何种解释方法，原则上不允许作出反于法条语义的解释结论。②

以上解释方法的运用原理固然复杂，但在法官根据个案解释法条时，真正适用起来并不可怕，因为不同的犯罪需要解释的内容是什么，在法官的头脑中往往已经有了大致的想法。例如：如果是针对不真正不作为犯作为义务的解释，法官可能就会根据是否有法律上或职务上的义务来源等判断；对于过失犯，则会根据行为人在当时的情况下，是否已经预见或能够预见等确定，根据法意、目的等解释方法，往往就能得出相应结论；至于情节犯之概括性定罪情节的解释，法官一般都是先从文义着手，再使用法意等解释方法，一般来说，使用其中的两三种解释方法就可以得出结论。恐怕只有在极复杂的情形下，才会将以上解释方法一一用上。

需要特别指出者，由于刑事立法技术的关系，比如对什么是疏忽大意的过失，只在总则中作了一般的原则性规定，而未在分则各个具体犯罪中一一标示。而这些规定对于确定分则犯罪构成要件又是极有意义的。此时，这样一些总则性规定必然是我们确定相关分则条文时法官解释补充的重要依据。只不过，它们的具体化是通过分则个罪体现的。总

---

① 参见 [德] Karl Larenz：《法学方法论》，陈爱娥译，245-247页，台北，五南图书出版公司，1996。
② 参见梁慧星：《民法解释学》，3版，245-248页，北京，法律出版社，2009。

之，由于刑法总则和分则的关系，确定分则中的构成要件时，法官运用以上解释方法所解释的条文，与其说是分则条文，毋宁说是由总则性规定加上分则性规定所共同形成的条文，因为只有这样的条文才是完整的分则性条文。下文我们对有关个案的分析将会表明这一点。

4. 以交通肇事罪为样本的法律解释操作分析

(1) 作为过失犯的交通肇事罪的法律解释分析。

作为一种典型的过失犯罪，在交通肇事罪中法官需要补充的部分主要是，在疏忽大意的过失情况下，如何认定行为人是否具有预见义务。因为在过于自信的过失犯中，行为人已经预见，只不过因为轻信自己能够避免，而又未能避免以致发生了严重的危害社会的后果。此时，不存在行为人有无预见义务的问题，而且，客观危害后果的发生也是现实的，因此，过于自信的过失犯的违法性问题容易解决。而在疏忽大意的过失犯中，虽然同样发生了严重的危害社会的后果，但是，后果的发生究竟是由于意志以外的原因，还是由于行为人应该预见自己的行为有可能发生危害社会的结果，而疏忽大意没有预见而造成？具体到我们选定的模本——交通肇事罪中，如何确定存在疏忽大意的过失情况？对此，不妨以一个案例为演示。

如被告人甲于某日驾驶车辆往市区运送西瓜后返回西郊。途经一三岔路口，甲的车本应向右行使。但是由于甲连日开车，睡眠不足，精力不集中，而忘了打向右的方向盘，不慎将路边的两个行人当场撞死。

案情显示，本案中甲并没有预见到自己驾车经过三岔路口时会撞死人，换言之，不是过于自信的交通肇事，而是疏忽大意，其行为已构成了交通肇事罪。那么，我们是如何确定他具有应该预见的义务？而不是意外事件？

这就要根据疏忽大意的理论分析。疏忽大意成立的前提条件就是能够预见。对预见能力要从主客观方面的基础事实综合加以判断，即根据行为人的认识水平与行为本身的危险程度和客观情况综合来看，行为人可以预见。预见的内容，必须是法定的危害后果。就本案来说，甲作为司机，其职业要求他在驾车行驶的过程中必须遵守交通法规，注意路人与行人及公私财产的安全。驾驶职业本身就要求司机必须遵守一些规定，比如不能酒后开车，不能疲劳开车等，以保证出行的安全。而甲正是在疲劳的情况下，还驾车上路，因此，他有预见的义务。而从案发的实际情况来看，甲的认识水平表明，他对于车在行驶过程中遇岔路时，应该打方向盘而拐弯，是不难预见的。这可以说是司机驾车的一项基本常识。用这一注意义务要求他，并没有脱离他作为司机所具有的最基本知识的范围。何况，甲只是睡眠不足，精力不济，如果他稍稍将精力集中，打起精神，完全可以预见得到，在三岔路口不打方向盘会发生什么后果。至于本案发生的后果，也正是作为司机所应该预见的后果，换言之，它们是法定后果。我们要求甲预见的也正是这一后果。死亡两人的后果发生不是因为甲不能预见或无法预见，因此，本案不是意外事件，甲具有应该预见的义务，他的行为构成交通肇事罪。

在确立交通肇事罪中疏忽大意的预见义务时，显然我们运用了文义的解释方法。因为既然是过失，就必然要根据过失犯罪的含义来确定。如果根据过失犯关于过于自信和疏忽大意的分类，并结合案情将前者排除以后，剩下的就是根据刑法总则关于疏忽大意的过失犯罪的规定来分析，行为人是否有预见的义务。这一过程，实际上就是对一个具体案件中什么是疏忽大意作了解释，只不过，在交通肇事罪本身条文中没有直接规定疏忽大意的过失的定义罢了，但这种没有规定，前已述，只是立法技术上的处理，并不表明这一规定与交通肇事罪等过失犯罪无关。实际上，它们是属于交通肇事罪的构成要件的。而在文义解释的过程中，通过对意外事件的排除，实际上就运用了论理解释法中的反对解释方法。因此，就本案而言，通过文义解释和论理解释，我们得出了最后的结论。

（2）作为情节犯的交通肇事罪的法律解释分析——兼评最高人民法院《关于审理交通肇事案件具体应用法律若干问题的解释》（以下简称"解释"）之第2条。

第一，对交通肇事罪概括性定罪情节的解释演示。

对于情节犯的解释适用是开放的构成要件中相对较为容易的。因为情节犯与不真正不作为犯或过失犯虽然同为通过法律解释的方法来适用的开放的构成要件，但是，后两种犯罪还涉及复杂的刑法理论问题，如不真正不作为犯的可罚性问题，过失犯的注意义务之有无等。而情节犯只需就法条的规范性构成要件要素加以解释即可，很少涉及复杂的刑法理论。

以我国《刑法》第133条规定的交通肇事罪为例。该条规定："违反交通运输管理法规，因而发生重大事故，致人重伤、死亡或者使公私财产遭受重大损失的，处三年以下有期徒刑或者拘役……"本罪中，"发生重大事故，致人重伤、死亡或者使公私财产遭受重大损失"是构成交通肇事罪的客观要件中的内容。这一内容作为概括性的定罪情节，需要法官解释之后，方能适用。该规定中的"重伤、死亡"的理解不存在问题，"死亡"根据通说的脑死亡即可确定，"重伤"则根据人体重伤鉴定标准来确定。但是，何谓"重大事故"？"致人重伤、死亡"是指几人？"使公私财产遭受"何种程度的损失才属于"重大损失"？这些都需要法官的主观价值评价来解释。

我们不妨根据解释方法的一般运用规则来解释之。

为文义解释时，一般须按照语词句的通常意义解释。因为法律作为生活规范，其概念正是来源于日常生活。但是，日常生活用语在成为法律专有名词之后，则应按照法律上的意义来理解。根据"重大事故"及"使公私财产遭受重大损失"的文义，"重大"，是指作用、意义等比较大而重要；"事故"，泛指事情，现指意外的损失或灾祸；"财产"，是指金钱财富，产业物品；"公私财产"，是指国有财产、劳动群众集体所有的财产以及公民私人所有的财产；"损失"是指损毁丧失。这些词语的字义解释中对"重大"的理解就不宜采纳，因为该词的字义显然体现的是一种积极的正面的意义，而且从中看不出有量的界定。在刑法规定的情节犯中，当采用"重大"来修饰"事故""后果""损失"等词时，它所体现的是负面的消极的含义，而且不是作用、意义等比较大而重要的意思。根据刑法总则对犯罪概念的一般性规定，只有具备严重社会危害性的行为才是犯罪，而这一要求又体现在总则中，因此，当理解作为情

第五章 开放的构成要件之司法适用

节犯中修饰犯罪的构成要件情节而使用的"重大"一词时，主要是从负面的、消极的意义上来理解，且是针对程度、针对量而言的。因此，当"重大"这一日常词语成为法律用语之后，就应该按照法律上的意义来理解。其他的几个词语，日常生活中的意义与法律上的意义基本是一样的，经过文义解释之后，基本可以确定。这样，唯一剩下来需要确定的就是究竟何为"重大"损失，何谓"重大事故"？根据对"重大"含义的确定，便可确定"致人重伤、死亡"的人数问题。

由于文义解释无法解决以上问题，因此我们必须进一步使用论理解释方法。通过分析我国《刑法》第133条在法律条文中的体系地位，可以发现交通方面的犯罪仅此一条，因此体系解释方法无可运用。于是我们只能以论理解释中的法意解释来解释之。我们发现，这一方法就可以帮助找到问题的答案。

法意解释是探求立法者制定法律时所作的价值判断以及其所欲实践的目的，以推知立法者之意思的一种解释方法，因此，立法史及立法过程中所参考的一切资料，遂成为法意解释主要之依据。[①]《刑法》规定第133条的意图在于保护不特定多数人的生命、健康或重大公私财物及公共生产、生活的安全，其核心在于被损害法益的严重性。但因我国《刑法》第133条对何为"重大"损失未有涉及，因此立法者的意图并不很清楚，即究竟立法者欲保护达到什么程度的损失还有待进一步探究。但是，我们可以考察"立法史及立法过程中所参考的一切资料"。与之有关的"一切资料"主要就是道路交通管理方面的有关资料。资料显示，国务院于1991年9月22日颁布的《道路交通事故处理办法》（以下简称"办法"）第6条规定："根据人身伤亡或者财产损失的程度和数额，交通事故分为轻微事故、一般事故、重大事故和特大事故。具体标准由公安部制定。"公安部于1991年12月2日颁布的《关于修订道路交通事故等级划分标准的通知》（以下简称"通知"）中规定，"重大事故"是一次死亡1至2人，或重伤3人以上10人以下，或财产损

---

① 参见杨仁寿：《法学方法论》，162页，北京，中国政法大学出版社，2013。

失 3 万元以上 6 万元以下；"特大事故"是一次死亡 3 人以上，或重伤 11 人，或死亡 1 人同时重伤 8 人以上，或死亡 2 人同时重伤 5 人以上，或财产损失 6 万元以上。显然，以上资料是 1997 年新刑法规定的交通肇事罪中"重大事故"认定的一个重要参照，也因此是我们确认立法者所指的"重大事故，致人重伤、死亡或者使公私财产遭受重大损失"之内容的重要参考资料。

据此，《刑法》第 133 条中的"重大事故，致人重伤、死亡或者使公私财产遭受重大损失"起码是指一次死亡 1 至 2 人，或重伤 3 人以上 10 人以下，或财产损失 3 万元以上 6 万元以下。说是"起码"，是因为并不是达到以上标准就构成交通肇事罪，构罪标准有可能比以上标准要高。因为根据"办法"的规定，交通事故责任分为全部责任、主要责任、同等责任和次要责任四种；"办法"第 24 条及相关其他规定又表明[①]，只有在行为人至少负同等责任以上的情况下，才有可能成立交通肇事罪；而且责任的种类不同，行为人承担的行政处罚轻重也不同。换言之，责任大小直接影响到交通肇事的成立。所以，"通知"对交通肇事"重大事故"的规定，只是我们认定交通肇事罪的一个底线。根据以上分析，笔者以为，就人身伤亡来说，如果行为人对事故负全部或主要责任，就应该可以按照"通知"的规定，"一次死亡 1 至 2 人，或重伤 3 人以上"即可认定；如果行为人只是负同等责任的，则不妨按照"特大事故"的标准认定，即"死亡 3 人以上或重伤 11 人"。责任降一等，犯罪成立标准升一等，这样才能实现交通事故的责任与交通肇事罪性质处理之间的挂钩与平衡。

至于"公私财产遭受重大损失"的标准，笔者以为，应该与发生人

[①] "办法"第 24 条规定，造成交通事故尚不够刑事处罚的，对其违章行为依照《中华人民共和国道路交通管理条例》和其他道路交通管理法规、规章的规定处罚，符合下列第一、二项的，处 10 日以上 15 日以下拘留或者 150 元以上 200 元下罚款；符合下列第三、四项的，处 10 日以上拘留或者 50 元以上 150 元以下罚款：(1) 造成特大事故，负次要责任以上的；(2) 造成重大事故，负同等责任以下的；(3) 造成重大事故，负次要责任以上的；(4) 造成一般事故，负主要责任以上的；(5) 造成一般事故，负同等责任以下的；(6) 造成轻微事故，负有交通事故责任的。

身伤亡的情况有所不同。社会越进步,文明越发达,经济越发展,对人的生命和健康就应该越重视,而对物质的强调就越淡薄。这正是刑法中诸多经济犯罪的起刑标准日益升高的原因。因此,在分析《刑法》第133条中的"致人重伤、死亡"的人数标准时,按照底线标准操作,只是在行为人责任等同于伤亡者责任的情况下,才考虑因行为人的责任降低一级,而将伤亡人数标准升高一级。但是,在公私财产的"重大损失"的认定上,笔者认为应该超出"3万元以上"的底线标准。以3万元作为过失犯罪的起刑点,从当今社会经济发展的情况来看,显然还算不上重大法益,对之处以刑罚不符合立法者保护重大人身或财产法益的意图。

那么,应该超出多少才算合适?"重大"损失是作为与"致人重伤、死亡"相类似的条件以选择的形式规定在《刑法》第133条中的,这意味着,"重大"损失的程度应该有与人的"重伤、死亡"相当的价值。当然,此二者价值的可比性显然是没有的,因为人的生命和健康是无法用金钱来衡量的。但是,在诸多场合,这一无法也不应该用数字衡量的客体却因为法律的操作性要求必须要用金钱的量化来体现,譬如,人身险的赔偿问题,伤害后的赔偿问题,如果不用一定标准的金钱来衡量,所有法律上关于死亡或伤害的赔偿问题就无法进行。就我国来说,目前对死亡的赔偿数额最高的可能当属乘坐民航死亡后的赔偿,为20万元人民币,当然,那些由投保人自投人身险的除外。如果我们欲在"致人重伤、死亡"与"公私财产遭受重大损失"之间寻找一个可比点,那么20万元就可以作为一个参照数据。笔者以为,行为人负全部或主要责任的,应该以20万元为"重大损失"的起点,如果行为人只负同等责任的,则宜以30万元为起点。

综上所述,交通肇事罪中"致人重伤、死亡或者使公私财产遭受重大损失"是指:"负事故全部或者主要责任的,死亡1人或者重伤3人以上;负事故同等责任的,死亡3人以上,重伤11人以上;造成公私财产重大损失,负事故全部或者主要责任的,为20万元以上;负同等责任的,为30万元以上。有赔偿能力的,不在此限。"需要指出的是,之所以要加上"有赔偿能力的，不在此限"的规定，是因为财产损失具有可修复性，在行为人可以赔付的情况下，当其赔偿了他人因其交通肇事所遭受的损失时，该损失已经得到补偿，自不能算作重大的公私财产损失，因此可以不负刑事责任。

第二，对"解释"第2条的评价。

对于交通肇事罪中"致人重伤、死亡或者使公私财产遭受重大损失"的理解，"解释"第2条规定，"交通肇事具有下列情形之一的，处3年以下有期徒刑或者拘役：（一）死亡1人或者重伤3人以上，负事故全部或者主要责任的；（二）死亡3人以上，负事故同等责任的；（三）造成公共财产或者他人财产直接损失，负事故全部或者主要责任，无能力赔偿数额在30万元以上的。交通肇事致1人以上重伤，负事故全部或者主要责任，并具有下列情形之一的，以交通肇事罪定罪处罚：（一）酒后、吸食毒品后驾驶机动车辆的；（二）无驾驶资格驾驶机动车辆的；（三）明知是安全装置不全或者安全机件失灵的机动车辆而驾驶的；（四）明知是无牌证或者已报废的机动车辆而驾驶的；（五）严重超载驾驶的；（六）为逃避法律追究逃离事故现场的。"

笔者以为，"解释"中的规定值得商榷。其一，没有将事故责任影响交通肇事罪成立的基点贯彻到底。前文分析，事故的责任大小影响到交通肇事罪的成立，责任越大，成立犯罪的标准越低，反之，则越高。最高人民法院的解释中注意到了这一点，并且在规定"致人死亡"的情况下将死亡的人数与责任的大小联系在了一起。但是，在"致人重伤"的情况下，"解释"只规定了负全部或主要责任的重伤人数，而未规定负同等责任时成立犯罪的重伤人数标准，只规定了成立犯罪的死亡人数标准。最高人民法院一方面按照立法沿革进行解释，另一方面却又对立法者所追求的价值目标不贯彻到底，因此是一种不彻底的法意解释方法。实际中完全会发生在负同等责任的情况下，交通肇事未致人死亡而只是导致多人重伤的情形，如果按照最高人民法院的"解释"，此时就不能定罪了。这显然不合理。而且从价值可比性的角度，11人以上的重伤未必比3人以上的死亡社会危害性程度要轻，尤其是在一些重伤以至生不如死的情况下，危害更大。所以，最高人民法院不规定同等责任时成立交通肇事罪的重伤人数标准，换言之，认为同等责任下致人重伤即使再多也不构成犯罪的解释违背了立法者意图，也违背了保护社会重大法益的价值诉求。其二，关于交通肇事致1人以上重伤，负事故全部或者主要责任的规定。首先，该规定既违背了《刑法》第133条的文义，又违背了立法者意图保护社会重大法益的价值诉求。重伤1人以上，即使根据"通知"的规定，也只是"一般事故"，而《刑法》第133条规定的是"重大事故"。将一般事故认同为重大事故并且定罪的做法，于法无据。其次，虽然解释者对致人重伤1人以上定罪的情况附加了一些限制条件，如酒后驾车、超载驾驶等，但这些限制条件也是不合理的，因为所有的限制条件无非是发案的原因，而不是肇事的后果。而上升到刑法中犯罪的交通肇事行为，要考虑的恰恰是行为所造成的后果，因为在过失犯罪的情况下，行为人的主观恶性并不大，不具有主动的恶，只是消极的恶，因此，刑法中所有的过失犯罪都要求必须发生了重大损失或严重损害等严重后果，舍此，就不能成立过失犯罪。《刑法》第133条要求"致人重伤、死亡或者使公私财产遭受重大损失的"即为此考虑。而重伤1人仅属于一般性的事故，离过失犯罪的严重后果还有一段距离。置过失犯罪据以定罪的根据——过失时造成的客观危害后果——于不顾，却将导致交通肇事的原因作为定罪考虑的因素，显然违反了过失犯的法理，同时也违反了对重大法益保护的立法目标。因此，笔者以为"解释"中的关于交通肇事致1人以上重伤，负事故全部或者主要责任定罪的规定应该删除。

至于不真正不作为犯，我们一般可以确定，在法律对作为义务有规定的时候，例如父母有监护子女的义务，在行为人的职务对作为义务有要求的时候，例如海难救助人员不能看着海难事故的受害者见死不救，在法律行为设定了义务的时候，例如行为人自愿承担为他人看护房屋的义务，或者在由自己的先前行为引起的义务时，行为人的作为义务基本上比较容易确定。此时，可以根据这些法律、职务或法律行为的规定或要求确定作为义务的存在与否；而先前行为引起的作为义务问题，早已成为刑法理论通说之观点,确定此种情况的注意义务,则可参照理论上的学说。关键是,在涉及能否用道德伦理等标准来要求行为人对一些行为负有作为义务时,恐怕不可以轻易下结论。此时恐怕要进行利益衡量与价值判断。这需要从多方面展开探讨。不过,对于不真正不作为犯来说,当我们确定其作为义务时,恐怕常用的解释方法应该是扩张解释、论理解释以及比较法学解释和社会学解释,在多数时候,还可能要通过利益的衡量与价值的判断,来确定行为人作为义务的存在。总之,相对于另外几种开放的构成要件来说,不真正不作为犯的情形恐怕最为复杂,这也为今后这一问题的继续研究埋下了伏笔。

第二版后记

《开放的犯罪构成要件理论研究》一书是我博士学位论文同名著作，博士学位论文写完时是 40 万字，后删减为 35 万字。我于 1998 年至 2001 年在北京大学攻读博士学位，跟随导师张文教授研习刑法。博士学位论文完成于 2001 年，当年年底我通过了北京大学博士学位论文答辩。2002 年，我的博士学位论文获得了北京大学优秀博士学位论文，同年，我的博士学位论文在张文老师、陈兴良老师的推荐下，得以在中国政法大学出版社出版。毕业后，我回到了我当时的工作单位，也是我的母校中南财经政法大学法学院继续任教。2002 年"开放的犯罪构成要件与实用主义刑法观"，2002 年教育部"霍英东教育基金会"高等院校青年教师基金项目，也是以本书为基础的。2004 年，这本书获得第四届"湖北省社会科学优秀成果（2001－2002 年）"三等奖。虽然只获得三等奖，但对一位年轻的学者而言，这其实是很大的鼓励了。为了促进我国法学研究的繁荣发展，鼓励法学和法律工作者积极探索、勇于创新、多出精品，武汉大学韩德培法学基金会第三届理事会于 2019 年 6 月 29 日决定在全国范围内开展"韩德培法学奖"（简称"韩奖"）评选工作。我用这本书申报了"韩奖"。2019 年 12 月，《开放的犯罪构成要件理论研究》一书获首届"韩奖"青年原创奖。应该说，一篇博士学位论文能够获得如此多的奖励还是非常不容易的。这些荣誉，在某种程度上体现了本书的创新性和理论性。对于在读博期间老师们的指导教诲，对于博士研究生毕业后各位老师们的支持和关爱，我也一直铭记在心。同时，这一路走来收获的老师们的教诲和帮助，也早就内化为我的学术动力。

　　刑法的适用必须经过司法人员的解释，而这种解释，在很大程度上甚至还有补充适用的成分。尤其是针对开放的犯罪构成要件，如何补充适用其实是一个很大的理论和实务难题。这个难题之所以难，有两方面的原因：一是是否承认刑法中有开放的犯罪构成要件，二是是否允许法官解释适用刑法。关于是否承认开放的犯罪构成要件的问题，答案当然是肯定的。刑法中以盗窃罪、诈骗罪等为代表的非法定目的犯、不作为犯的作为义务，法定犯中违反前置法的规定等，都证明了在立法上，开放的构成要件是大量存在也不可避免的现象。既然如此，与其以应然的态度讨论该不该承认开放的犯罪构成要件，莫如以实然的态度勇敢面对这一立法上的现实。固然这个现实是有问题的，之所以说有问题，是因为如果按照严格的罪刑法定原则，就不应该有开放的犯罪构成要件或不成文的构成要件要素的存在，然而，理论研究不正是对不妥当的立法加以研究解释吗？所以，开放的犯罪构成要件必须得到承认。关于是否允许法官解释适用刑法的问题，答案也是肯定的。面对开放的犯罪构成要件，司法适用中就要讨论如何理解适用它们。这意味着，首先要承认并赋予法官一定的刑法解释权。贝卡里亚时代——不允许法官拥有解释法律的权力而只能对着条文"照本宣判"的时代早已一去不复返，法官的解释是法律得到适用并富有生命力的前提。法官的解释也不仅仅是法官自己个人的解释，它是在根据刑法条文，遵照立法机关的立法解释和最高司法机关的司法解释之后，再融合刑法学者的理论解释，并根据案件情况，加上法官自身的理解和判断，选取合适的学说立场，再将条文、立法解释和司法解释糅合进具体案件进行具体解释，从而得出最终的判决结论，实现普遍正义和个案正义的统一。

　　正是基于开放的犯罪构成要件的实然存在以及法官解释的不可避免，我发现，在具体刑法条文的司法适用中，解释结论的得出，往往是"透过现象看本质，通过文义看实质"，对开放的犯罪构成要件的适用方法，其实就是实质的刑法解释方法与立场。自此，我开启了对实质刑法

第二版后记

三部曲即《实质刑法观》《实质犯罪论》《实质出罪论》的研究，由此确立了我个人的学术标签。回首学术之路，开放的犯罪构成要件理论研究是我实质刑法研究的起点，它带给了我很多荣誉，也开启了我后来的学术生涯，所以我对这篇博士学位论文或者说这本书抱有很深的学术情感。

在2019年本书荣获"韩奖"之后，出版社联系我将本书修改后加以出版，感谢编辑老师的信赖，使得20年前曾出版的这本著作有机会和广大读者重新见面。本书第二版主要修订了以下内容：**一是修订了立法和司法解释**。根据20年来国家刑事立法和司法解释的最新发展，对所有的法条和司法解释都做了相应修改，比如将所有旧的司法解释都换成了新的司法解释，更改了书中关于法条、司法解释数量的论述等。**二是修订了有关内容**。主要是删去了大量在当下不必要的介绍或分析性文字。如原第三章"开放的构成要件与犯罪论体系"完全是在对比三阶层与四要件的异同，以论证开放的构成要件能够融入四要件，但是，在当下，阶层的犯罪论体系已成为我国刑法犯罪构成理论的有力学说，故本次修订时删除了本部分，将部分文字穿插至其他章节中；又如，本书第一版中用大量篇幅介绍了罪刑法定原则，这在1997年《刑法》刚颁布后的初期的确很有必要，但现在，罪刑法定原则在我国已实施了二十五年，此种介绍已不是非常有必要，故本次修订也予以了大幅删减。**三是修订了本书的分析工具**。原书的论述多是以四要件或社会危害性作为理论框架加以分析，本次修订则全部采用了阶层论或法益理论进行分析。**四是修订了本书的文献资料**。本次修订一方面增添了大量相关文献，包括德国学者对此概念的支持或反对观点，以及本书第一版在2002年出版之后，学界其他学者批评或者支持开放的犯罪构成要件理论的重要论述，并对相关观点予以针对性的讨论及引用；另一方面则是对部分注释进行了更替与更新，对书中所有脚注进行了校对与更新，能引用外文文献的原则上引用原文（实在过于古老，找不到的除外），有中译本的，原则上使用中译本，将绝大部分中文文献替换为最新版本，同时在必要处（如转引、论述国外学者的观点时）替换为外文文献。

受水平所限,本书第二版的修订难免存在疏漏或不妥之处,对此还请各位方家指正。对于本次修订中存在的任何问题,也欢迎诸君批评指正。对于读者的大力支持,在此表示感谢!对于参与本书校对工作的我的博士和硕士研究生的辛苦劳动,也在此一并表示感谢。对于中国人民大学出版社以及各位编辑老师的辛苦付出,尤其要致以诚挚的谢意!

图书在版编目（CIP）数据

开放的犯罪构成要件理论研究/刘艳红著．--2版．--北京：中国人民大学出版社，2022.12
（中国当代青年法学家文库．实质刑法系列）
ISBN 978-7-300-31161-6

Ⅰ.①开… Ⅱ.①刘… Ⅲ.①刑事犯罪-研究-中国 Ⅳ.①D924.114

中国版本图书馆CIP数据核字（2022）第203383号

中国当代青年法学家文库·实质刑法系列
开放的犯罪构成要件理论研究（第二版）
刘艳红 著
Kaifang de Fanzui Goucheng Yaojian Lilun Yanjiu

出版发行	中国人民大学出版社		
社　　址	北京中关村大街31号	邮政编码	100080
电　　话	010-62511242（总编室）	010-62511770（质管部）	
	010-82501766（邮购部）	010-62514148（门市部）	
	010-62515195（发行公司）	010-62515275（盗版举报）	
网　　址	http://www.crup.com.cn		
经　　销	新华书店		
印　　刷	涿州市星河印刷有限公司		
规　　格	165 mm×238 mm 16开本	版　次	2022年12月第1版
印　　张	20 插页4	印　次	2022年12月第1次印刷
字　　数	282 000	定　价	98.00元

版权所有　侵权必究　印装差错　负责调换